国际内审观点汇编

（第三辑）

中国人民银行内审司　编

中国金融出版社

责任编辑：刘红卫
责任校对：刘　明
责任印制：陈晓川

图书在版编目（CIP）数据

国际内审观点汇编．第三辑／中国人民银行内审司编．—北京：中国金融出版社，2021.1

ISBN 978 - 7 - 5220 - 1021 - 2

Ⅰ.①国… Ⅱ.①中… Ⅲ.①内部审计—文集 Ⅳ.①F239.45 - 53

中国版本图书馆 CIP 数据核字（2021）第 026778 号

国际内审观点汇编（第三辑）
GUOJI NEISHEN GUANDIAN HUIBIAN（DI-SAN JI）

出版
发行　　中国金融出版社

社址　　北京市丰台区益泽路 2 号
市场开发部　（010）66024766，63805472，63439533（传真）
网 上 书 店　www.cfph.cn
　　　　　　（010）66024766，63372837（传真）
读者服务部　（010）66070833，62568380
邮编　　100071
经销　　新华书店
印刷　　北京市松源印刷有限公司
尺寸　　185 毫米×260 毫米
印张　　16.75
字数　　365 千
版次　　2021 年 3 月第 1 版
印次　　2021 年 3 月第 1 次印刷
定价　　60.00 元
ISBN 978 - 7 - 5220 - 1021 - 2
如出现印装错误本社负责调换　联系电话（010）63263947

编委会

出版说明

　　近年来，人民银行内审工作深化发展过程中，编译整理了大量国际同业机构的理论成果和实践经验，其中部分对人民银行内审工作有较强的启发意义。宣传、交流国际内审观点，有助于吸收借鉴国际先进成果，提升整个人民银行内审系统能力和水平，推动今后的内审工作发展。

　　本书内容涉及国际内部审计协会和世界审计组织等国际组织、知名会计师事务所、各国国家审计机关、各国中央银行内审部门等机构的观点，是人民银行内审系统展示和交流研究成果的一个平台。本书的编辑校审，得到了人民银行上海总部成娜、南京分行夏青、济南分行路勇、济南分行林伟航、广州分行范良军、成都分行蒙王志芸、营业管理部朱东晖、重庆营业管理部沈雁鸿、南宁中支黄玉敏和拉萨中支田君红的大力支持。限于时间和水平，书中错漏难免，请大家批评指正。

编　者

二〇二〇年十二月

目　录

新公共管理理论与公共部门的绩效审计

——基于澳大利亚公共部门的数据分析

中国人民银行上海总部内审部编译组①

摘要：在全球新公共管理（NPM）浪潮背景下，本论文旨在探索澳大利亚绩效审计的兴起及其关注重点以及关键利益相关者在推动绩效审计业务发展中的作用，并由此探讨对人民银行绩效审计的启示。

关键词：新公共管理　绩效审计　利益相关者

一、前期研究

绩效审计在公共部门审计中的应用增长较快。新公共管理理论和 2008 年国际金融危机的出现，推动绩效审计得到更快发展。国际上，绩效审计通常是指对业务的经济性、效率性和效果性开展的审计。澳大利亚《审计师法》明确了绩效审计的范围：审计的效果性（预期目标的实现程度）、经济性（成本最小化）、效率性（产出和投入之比最大化）、法律和政策的合规性。随着实务界和理论界对绩效审计认识的不断发展，最终将效果性纳入绩效审计的范围。这一转变使得审计不仅要关注资金支出了多少，也要关注政府工作表现如何以及资金使用效果。将效果性审计纳入绩效审计范围，进而提出了审计应侧重于控制公共部门绩效还是改善公共部门绩效的问题。绩效审计范围的扩展一方面是新公共管理理论的重点反映，另一方面也促进形成公共部门问责机制。但是 Radcliffe（2008）指出，总审计师在报告中通过艺术化地处理报告内容及语言文字，既维持了审计机构的独立性，又满足了审计报告使用者的需求。议会的关注能够提高被审计方接受和执行绩效审计报告中列示的问题以及整改方案的可能性（Morin 和 Hazgui，2016）。与其他利益相关者相比，议会对绩效审计的关注对绩效审计的影响更大，可以带来更明显的影响效果。议会对绩效审计的政治兴趣又会引发媒体的关注，媒体向公众传播绩效审计的调查结果，在突出审计机构绩效审计成果方面发挥了很大的作用（Tillema 和 Terbogt，2010）。

许多审计机构对绩效审计的重点、范围和形式产生影响，主要涉及合规性、经济性、效率性和效果性之间的平衡，审计问责与审计建议之间的平衡。审计机构或企业自身最为关注的是什么机构什么时间进行审计、绩效审计报告怎样呈现给公众，以及

---

① 编译组组长：罗育全，组员：王秀春（执笔）、赵亚楠。

绩效审计报告关注的主要利益相关者。一些研究人员研究了媒体和议会的关注如何影响公众舆论和绩效审计建议的执行。但是较少研究审计机构如何优先考虑利益相关者①以及利益相关者关注的首要事项是否已经发生改变。绩效审计并非一成不变，而是受到利益相关各方的影响并不断演变。

本研究调查了澳大利亚公共政府部门的绩效审计，包括所有联邦、州和地区的审计机构及其管辖区。根据新公共管理理论和审计学会的文献，我们可以预测到绩效审计会有所增长，特别是审计重点将从合规性审查转移到效果性分析。在实践层面，重要的是将新公共管理和后新公共管理两种理论结合实践来探讨，尽管已经认识到审计师与外部利益相关者之间的关系会对绩效审计的过程产生影响，但怎样产生影响以及在何种程度上影响绩效审计的工作重点尚未得到研究人员的足够关注。

二、理论视角

我们的理论建立在 Guthrie 和 Parker（1999）16 世纪宫廷戏剧的比喻基础上，把社会比喻成戏剧，把绩效审计比喻成一个具有可塑性的假面面具。Guthrie 和 Parker 运用类比的方式来表述绩效审计的概念和可塑性。将各个利益相关者（如审计机构、议会和政府部门）分别视为假面面具的赞助商、演员和观众，他们相互作用，不断影响和改变绩效审计。如同假面面具，绩效审计的概念和目标可以通过与利益相关方的沟通被重新塑造，可以通过议会审查、立法变革等形式影响和改变绩效审计。因此，在绩效审计的报告中，被总审计师或者绩效审计委员会强调的内容会被作为审计报告最重要的部分，但实际上也只是全部审计报告内容的一个方面。我们将绩效审计理解为由表演者控制的面具，那么新公共管理的关键概念将成为用来支撑绩效审计合法性和理想化控制的一部分。因此，遵守和采纳新公共管理相关的概念和习惯用语是关乎绩效审计可信度的一个重要方面（Funnell 和 Wade，2012；Solomon 等，2013）。

绩效审计报告对所有使用者完全透明，这些使用者包括被审计组织、议会、政府行政部门和媒体。然而使用者却并不了解绩效审计的过程、目标和关注点。通过正式发布的报告，可以更好地呈现绩效审计目标和过程。绩效审计可以将审计对象和利益相关者联系在一起，不同的利益相关者可以从绩效审计过程和报告建议中寻找不同的观点和内容。

三、研究设计

本研究采用文献分析法和数据调查法，涵盖澳大利亚所有联邦、州、地区行政机构的审计，覆盖所有管辖区，涵盖审计机构的全部业务，对绩效审计的定位和影响提供更细致的分析和深入的见解。同时，结合政治、经济、社会和职业背景的复杂性分析研究关键利益相关者的看法和理解。

收集和分析的文件数据包含审计机构提供给议会的年度报告以及审计机构出版的

---

① 利益相关者是指议会、政府、审计对象、媒体和公众。

绩效审计报告。报告的时间跨度为 2006 年至 2017 年。在联邦、州和地区管辖范围内，总共出版了 1000 多份绩效审计报告，其中 500 多份出自澳大利亚国家审计署。我们从中重点选取了向议会提交的绩效审计报告进行研究。这样抽样是因为我们认为向议会提交的这些审计报告是最重要和最值得关注的。本研究分析不包含所有的后续绩效审计。

四、澳大利亚绩效审计

澳大利亚许多管辖区，绩效审计已经发展成熟。根据新公共管理理论和审计学会的文献，我们看到绩效审计在不断发展，审计重点从合规性审查转向效果性分析。接受调研的审计机构指出，最初从简单评估遵守政府准则的情况转向效果性审计，然后从效果性审计延伸至效率性，效果性第一，效率性第二，经济性第三。一些审计机构指出，由于无法从审计对象获取可量化的数据，衡量效益非常困难。对于审计机构，寻找具备评估效率性和经济性能力的审计人员很难，找到具备评估成效和结果技能的审计人员相对容易。在向有效性的转变上，对于应该关注的是实际结果还是应该分析审计对象为取得成果而采取的措施，目前绩效审计仍存在一些模糊之处。这可能是由于语言的模糊性引起的。无论是在被采访者的口语语言中还是在他们正式发布面向公众的语言中都存在模糊性。一些审计机构表明他们的审计重点正从关注过程控制转向直接关注结果。尽管审计机构已经表明绩效审计报告的重点在向效果性转变，但是这种转变不明显。控制仍然是审计关注的重点，结果是次要的。

绩效审计报告的重点受到议会的影响，但主要还是由审计机构决定的。从新公共管理视角看，对管理和结果的日益重视，将推动政府和议会启动绩效管理审计项目，并关注审计重点。然而，议会和政府对绩效审计报告的相对影响力在下降，其他外部团体的相对影响力在上升。不同的利益相关者融合在一起对绩效审计报告产生影响。这使得审计机构需要对审计报告重点作出决策：是关注政府的优先事项和偏好，还是关注其他利益相关者对实际结果和有效性的评估，两者有时会出现差异。

本研究与前期研究者的观点相反，前期研究者的观点认为：绩效审计作为一个政治敏感的评估工具却经常质疑政府政策，绩效审计表面上并不构成对政府政策的评估，事实上对政府政策的审查也超出了审计机构的授权范围。本研究证实了审计机构不愿意超越授权，因此也不愿意评估或批评政府政策。我们看到受访审计机构的领导人对效果性审计或有效性控制问题越来越感兴趣；同样地，这也吸引了议员、公众和媒体的兴趣。但绩效审计报告只涉及了控制方面。绩效审计报告可以通过其使用的语言和符号来管理传递给公众的印象。通过这种方式，审计小组成功地在政府主管和其他利益相关者不一致的期望之间达到了一种平衡：审计报告应将重点放在控制的评估上，同时兼顾政策的效果性分析与评价。

审计机构通过重塑绩效审计的概念，从而对绩效审计的重点和实施产生了直接和重大影响。在这项研究中，两个主要利益相关群体即议员和公众得到越来越多的关注与互动。不仅有直接进行的，也有通过媒体间接进行的关注与互动。Radcliffe（1988）

和 Bringselius（2014）认为最大限度地扩大媒体报道是审计机构提升自己与绩效审计影响力的一种方式。与此相反，本研究受访的审计机构表示他们没有故意利用媒体传播绩效审计的调查结果。但是，总审计师也指出媒体的报道为了获得议员和公众的注意，提供的是他们需要的绩效审计报告简介。更值得关注的是，受访的总审计师们认为媒体很重要，不仅因为他们传播绩效审计的审查结果，还因为媒体披露的事件或问题会影响审计师对绩效审计重点的决策。总之，本项研究表明澳大利亚的绩效审计业务看似矛盾但又有道理，这也进一步证实了 Guthrie 和 Parker 关于绩效审计可塑性的理论。

本研究发现绩效审计也受到其他利益相关者的影响，他们在绩效审计中扮演不同的角色。从关注效率向关注效果的转变正是利益相关者重视实效成果的结果。总审计师们观察议员和公众，并渴望与利益相关者互动，同时在媒体面前也积极表现。本项研究的一个新的重要发现是之前的研究人员假设审计师主要关注政府部门、议会和被审计对象。与之不同，本研究揭示了审计师除了关注前面的利益相关者外，还关注公众和媒体等外部群体。本研究表明审计师越来越多地关注并与议员和公众直接互动，同时也通过媒体与他们间接互动。媒体中讨论的公共利益问题可以影响绩效审计的目标。与此同时，媒体关于绩效审计报告中提出问题的报道又会引起议员们的注意，并引导议员们仔细审查绩效审计的全部报告。

这项研究的发现为进一步研究提供了许多途径。本研究强调了其他利益相关者的重要性，审计师与绩效审计关键利益相关者的关系，以及这些关系对绩效审计业务的影响都值得关注。

五、对中国人民银行绩效审计的启示

绩效审计是我国建设资源节约型社会的必然要求，是构建权威高效的审计监督体系的重要手段。政府绩效审计已进入全面推进阶段，对公共资源配置、监管与服务的效率和效果等内容进行评价和建议，使评价履职绩效成为审计工作的主要任务。

（一）确立绩效审计理念，拓展绩效审计范围

根据绩效审计的可塑性理论，审计实践能不断丰富和完善绩效审计的内涵和外延。人民银行开展绩效审计尚处于起步阶段，这就需要我们结合审计实践逐步构建符合人民银行实际的科学的绩效审计体系。

实践中，我们已经给传统合规性审计赋予绩效评价的新内容，从绩效的视角提出完善管理建议。如在履职审计中构建运转、决策和效果三方面的"管理＋绩效"审计评价指标；实施内控审计时设置指标，定量反映关键控制点的控制效率。更进一步地，我们通过选择合适的项目开展绩效审计以推动其全面深化发展，如基建管理绩效审计、预算管理绩效审计，对基建项目的资金支出、预算资金的使用和资源管理的经济性、效率性和效果性进行审核和评价，从而真正确立绩效审计模式在人民银行内部审计中的地位，成为人民银行内审工作的一大重点、亮点。

随着绩效审计的深入开展，将逐步形成我们自身适用的绩效审计体系，包括绩效审计的内容、适合开展绩效审计的业务领域、绩效审计的方式方法、绩效指标体系等。

（二）改进绩效审计报告的内容和形式

我们的绩效审计报告的使用者主要是管理层和审计对象，他们对报告的需求是不同的。因此，我们应当科学规划绩效审计报告的内容和重点以满足不同使用者的需求。按照绩效报告的使用者最关注和最需了解的情况确定报告的结构和内容，提高报告的针对性和时效性，简洁、鲜明地突出绩效评价和建议，同时使用专业化的语言提升报告的可信度和接受度，提升报告使用者对报告的认可程度，更好地实现审计目标。

（三）不断改进绩效审计技术

通常绩效审计是指对业务的经济性、效率性、效果性开展审计，但研究表明，管理层不仅关注政策的效果性，还关注政策执行过程中的控制有效性。相应地，我们在实施绩效审计时，不仅应适当关注控制有效性，还应当在审计报告中对控制有效性作出评估，并给予管理层适当的意见和建议。

（四）提升绩效审计目标的实现程度

审计的首要目标是审计对象能够认可审计报告所揭示的问题并认真整改，这一点对绩效审计尤显重要。研究表明，管理层的关注能够提高审计对象接受绩效审计报告中列示的问题以及执行整改方案的可能性。那么，绩效审计报告要如何才能引起管理层的重视？一是内审部门要增加与管理层的互动，了解管理层对绩效审计的想法和需求；二是内审部门要围绕各级行的重点工作与中心工作进行绩效审计的立项；三是绩效审计的内容与绩效评价要贴合形势，如在当前"过紧日子"的形势下，重点关注和评价项目支出的经济性和效果性。

参考文献

Parker Lee, Jacobs Kerry, Schmitz Jana. New public management and the rise of public sector performance audit ［J］. Accounting, Auditing & Accountability Journal, 2019, 32 （1）: 280 – 306.

内部审计的活动和范围应与组织战略保持一致①

中国人民银行沈阳分行　车大维　陈秀龙　乔云龙

摘要： 2018年12月，国际内部审计师协会发布了《内部审计的活动和范围应与组织战略保持一致》。该调查结果揭示了，在商业环境快速变化的今天，组织越来越多采用数据化战略，围绕组织的核心目标制订内部审计计划，对内部审计而言至关重要。本文对调查结果进行了摘译，帮助内审人员更好地理解当前环境和做好审计计划，总结了调查结果对人民银行内审工作的启示。

关键词： 国际内部审计基金会　数据化　战略　审计计划

当前的商业环境正在不断变化，许多组织正在转变战略以适应不断变化的商业环境。在此背景下，2018年国际内部审计基金会对当前审计状况开展调查和访谈，并对调查情况进行统计分析。调查和访谈的结果可以总结为以下两方面：首先，商业环境正日益走向数据化，组织也越来越多地采用数据化战略，因此未来IT风险将越发重要，这一趋势会给内部审计带来两方面影响，一是内部审计活动应更多地向提供咨询服务转移。二是要着力培养内部审计人员的IT技能。其次，组织的战略框架会对内部审计工作产生影响，内部审计人员也要参与到组织的战略决策之中，帮助管理层完善组织战略。

一、调查结果和发现

（一）内部审计计划应具有动态性，顺应组织战略的变化

图1的结果显示了大部分的调查对象认为内部审计计划应具有动态性。当前的商业环境正处于不断变化之中，组织必须及时调整战略，内部审计也应确保审计计划具有动态性，以适应组织战略的变化。内部审计计划的动态性包含以下两个方面：一是应根据风险评估结果的变化及时更新审计计划，以避免审计领域偏离组织的核心风险点。二是在审计计划中应留有缓冲期限，以应对管理部门或审计委员会安排的突发审计项目。动态调整的内部审计计划能够使内部审计活动更符合组织的战略目标，提升内部审计价值。

---

① IIA. Aligning Internal Audit Activities and Scope to Organizational: How the Business Environment Organizational Strategy Impact Internal Audit and Strategy ［EB/OL］. （2018） ［2019 – 01 – 15］. http：//theiia. mkt5790. com/20181212FoundationAligningIAActivities/? webSyncID = bae338c4 – 5529 – 028c – 7de7 – 3b82994b5343&sessionGUID = e8e2ea6b – 7391 – 2538 – 8bec – a905e7078110.

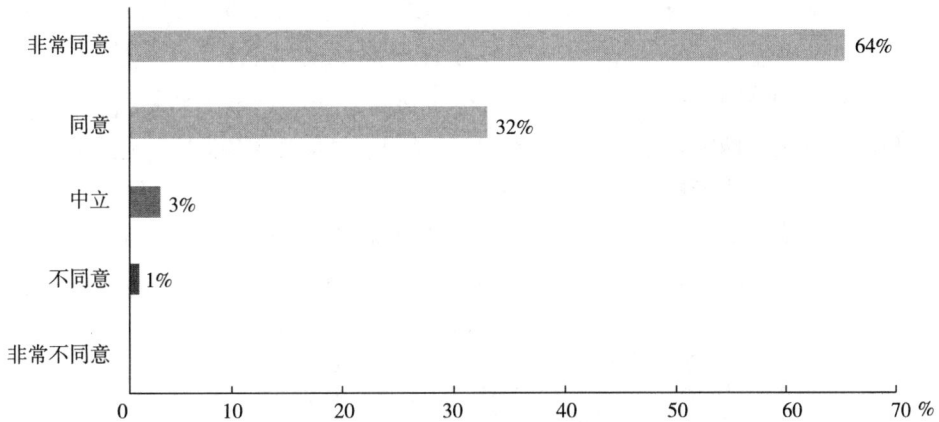

非常同意   64%
同意   32%
中立   3%
不同意   1%
非常不同意

注：调查样本量 n = 180（构成：内审首席执行师占 81%，董事和经理占 18%，内审员工占 1%）。

图1　内部审计计划的动态性

虽然大多数的调查对象表示他们能够根据风险评估结果制订审计计划，但他们的审计是基于风险的全面式审计，即滚动安排审计项目，并在规定时间内对组织的风险领域均进行 1 次审计。图 2 显示了同意使用全面式审计的人员百分比。

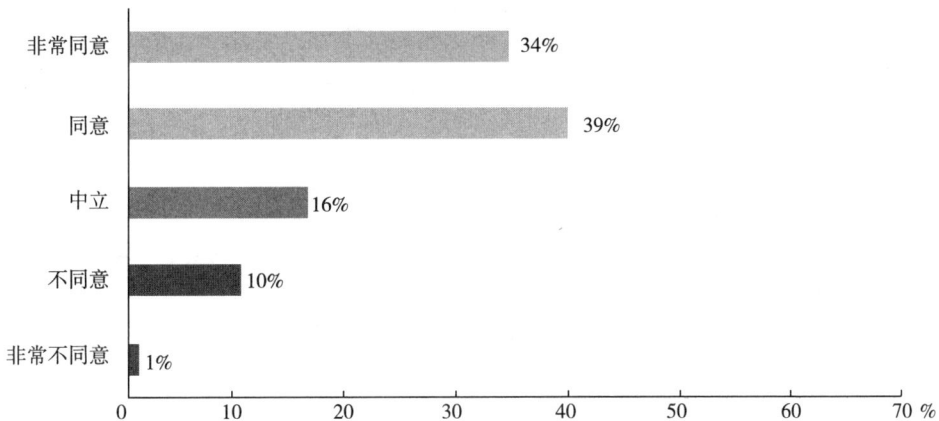

非常同意   34%
同意   39%
中立   16%
不同意   10%
非常不同意   1%

注：调查样本量 n = 180（构成：内审首席执行师占 81%，董事和经理占 18%，内审员工占 1%）。

图2　内审部门使用基于风险的全面式审计计划

全面式审计会削弱审计计划的动态性，因为该审计方式会造成审计资源和时间与核心风险领域的不匹配。比利时某金融机构的首席审计执行官表示"该机构计划在 3 年内实现高风险领域的审计全覆盖，其他领域在 5 年内实现审计全覆盖。部分业务领域风险度较低，但在全覆盖审计的模式下，不得不浪费大量时间对低风险领域开展审计。

满足管理层和审计委员会对内部审计的要求，有利于内审部门保持与利益相关者的良好关系。比利时某服务行业的首席审计执行官表示"如果管理层和审计委员会要求内审部门开展不属于审计计划中的优先事项的审计项目时，内审部门应安排部分审计资源来完成此项工作，这有利于保持与审计委员会和管理层的良好关系。"

（二）内部审计应参与组织战略，加强对 IT 和战略风险关注

调查对象被问及"当前的审计关注的前五大风险是什么"和"未来三年审计关注的前五大风险是什么"两个问题，图3、图4显示了调查对象关注各类风险的百分比。

调查结果显示，运营风险和合规性风险是当前审计关注的主要风险，但在未来三年，关注运营和合规性风险的比例下降，关注 IT 风险和战略业务风险的比例增加。

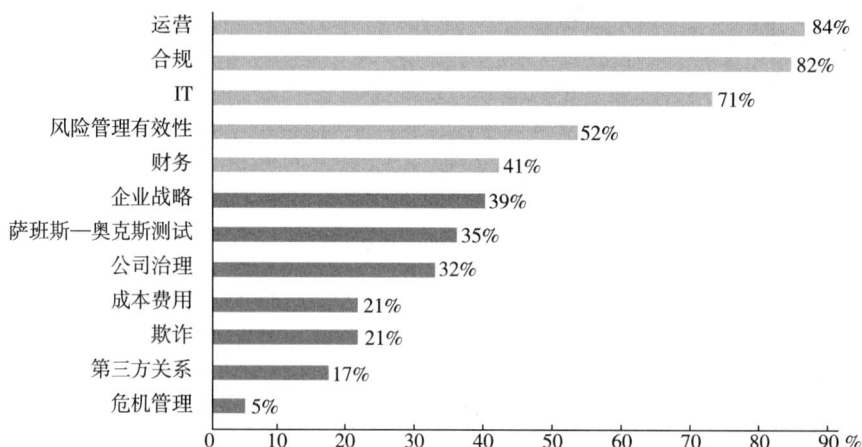

注：调查样本量 n = 180（构成：内审首席执行师占 81%，董事和经理占 18%，内审员工占 1%）。

图3　当前审计关注的前五大风险是什么

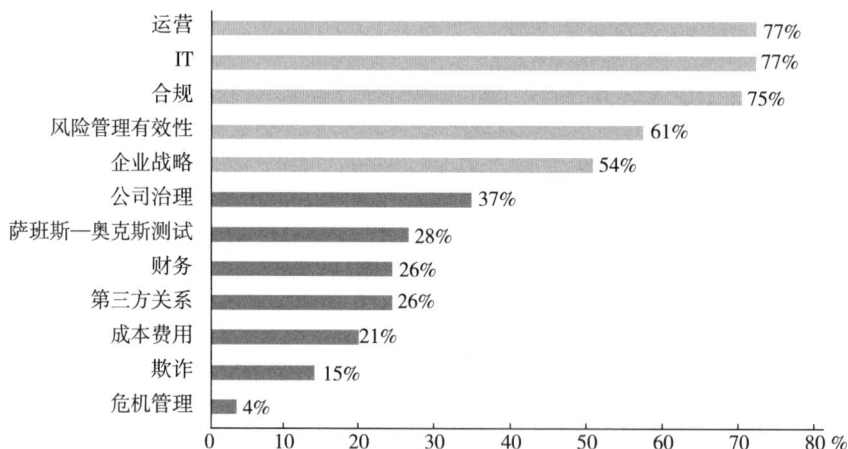

注：调查样本量 n = 180（构成：内审首席执行师占 81%，董事和经理占 18%，内审员工占 1%）。

图4　未来三年审计关注的前五大风险是什么

首先，商业环境和组织战略的变化导致了审计关注风险点的变化。大部分的受访者表示，IT 风险正日益成为审计关注的主要风险，一方面是因为商业环境的数据化，使得应对网络安全风险越发重要。另一方面是因为组织采用了数据化的战略，导致组织的业务流程更加依赖于信息技术。其次，审计关注的主要风险点仍然是运营风险。

虽然未来三年对组织战略风险的关注度有所上升，但与运营风险相比，其关注度仍然较低。但在国际内部审计师协会提出内部审计职能应更多涉及组织战略风险的背景下，未来内审部门应进一步针对组织的战略风险开展审计。

另一项调查是关于内部审计部门参与组织战略事项的调查，如图 5 所示。

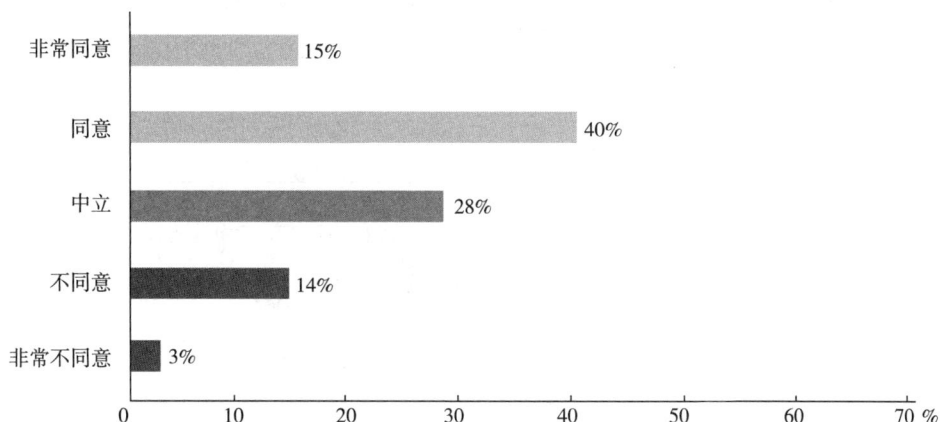

注：调查样本量 n = 180（构成：内审首席执行师占 81%，董事和经理占 18%，内审员工占 1%）。

图 5　审计委员会和管理层寻求内部审计参与重要战略事项

调查结果显示，55% 的调查对象认为内审部门应参与组织的战略决策，28% 的调查对象保持中立，17% 的调查对象不同意内审部门参与组织的战略事项。这意味着未来一半的调查对象并不会主动参与到组织的战略事项之中。部分调查对象表示，参与组织的战略事项可能会影响内部审计的独立性，但部分访谈对象却表示内部审计能够引导管理层改变战略。比利时某金融机构总裁表示"去年审计报告中的建议是该机构变更战略的重要因素之一"。因此，内部审计参与组织的战略事项会为组织增加价值提供帮助，管理层也会视内部审计为帮助组调整战略以应对风险的重要伙伴。

（三）内部审计更需要具有 IT 技能和数据挖掘分析能力的审计人员

调查对象被问及"当前内部审计最需要的五种技能是什么"和"未来三年内部审计最需要的五种技能是什么"两个问题，图 6、图 7 显示了调查对象认为当前和未来三年最需要的内审技能的百分比。

调查结果显示，分析和批判性思维及沟通能力是现在最需要的内部审计技能。特定的专业知识、会计和商业头脑是现在排名 3~5 位的内审技能。但未来三年所需要的内审技能会发生重大变化。第一，对专业知识和会计技能的需求显著下降。第二，对数据挖掘和分析能力的需求上升明显。这说明了针对商业环境的变化，发展数据挖掘和分析能力至关重要。比利时某工程公司的首席审计执行官表示"现在我更倾向于聘用 IT 技能人才，而不是财务技能人才。未来缺乏 IT 技能的审计人员将无法适应组织的发展变化。"

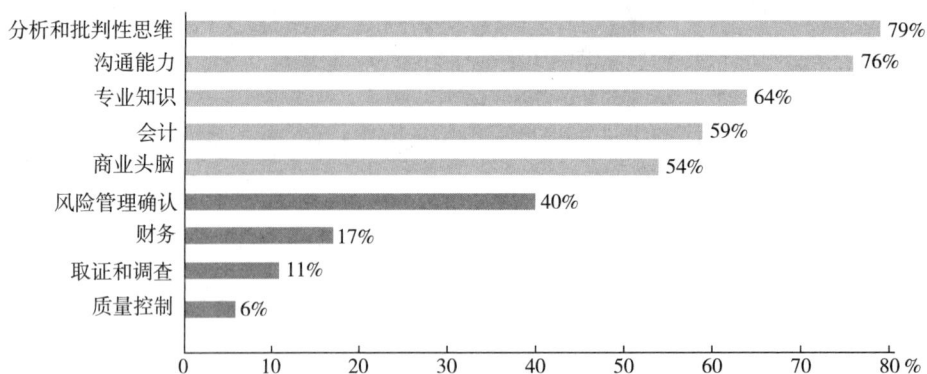

注：调查样本量 n = 180（构成：内审首席执行师占81%，董事和经理占18%，内审员工占1%）。

图6　当前内部审计最需要的五种技能

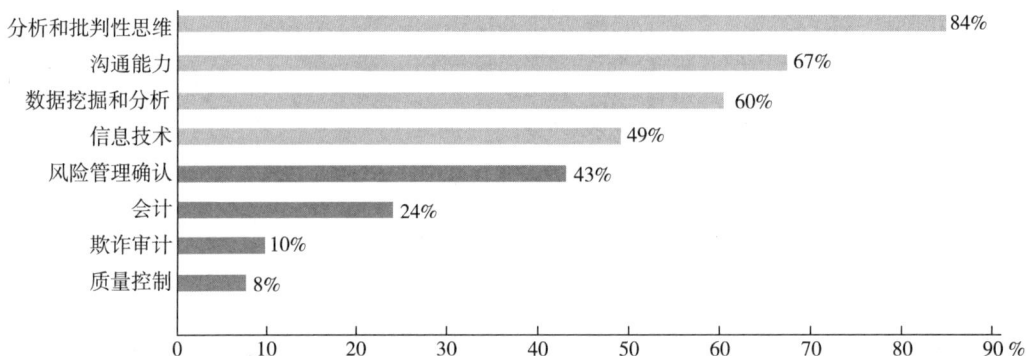

注：调查样本量 n = 180（构成：内审首席执行师占81%，董事和经理占18%，内审员工占1%）。

图7　未来三年内部审计最需要的五种技能

（四）内部审计要充分发挥咨询服务职能，帮助提升组织价值

调查对象被问及"分配给确认服务、咨询服务和其他服务（如调查服务）的工作时间"问题，图8显示了调查对象分配给不同种类内审活动的时间比例。

调查结果显示，提供确认服务占据的工作时间最长，是内部审计的主要职能。此外，不同种类的内审活动在金融机构和非金融机构之间略有差异。金融机构提供确认服务的比例相对较高，非金融机构提供的咨询和其他服务的比例相对较高。这主要是由于金融机构相对于其他机构而言，受到的监管比率更高。

但在访谈过程中，大部分访谈对象均表示提供咨询服务更有利于组织增加价值。美国某金融机构的首席审计执行官表示"过去该机构内部审计的主要活动是提供确认服务，但随着管理层向内审部门征求意见的增加，现在提供的咨询服务比例正不断上升。"美国某房地产公司的首席审计执行官表示"随着经济的迅速变化，管理层对内部审计的需求正不断增加，提供咨询服务更有利于提升组织价值。"

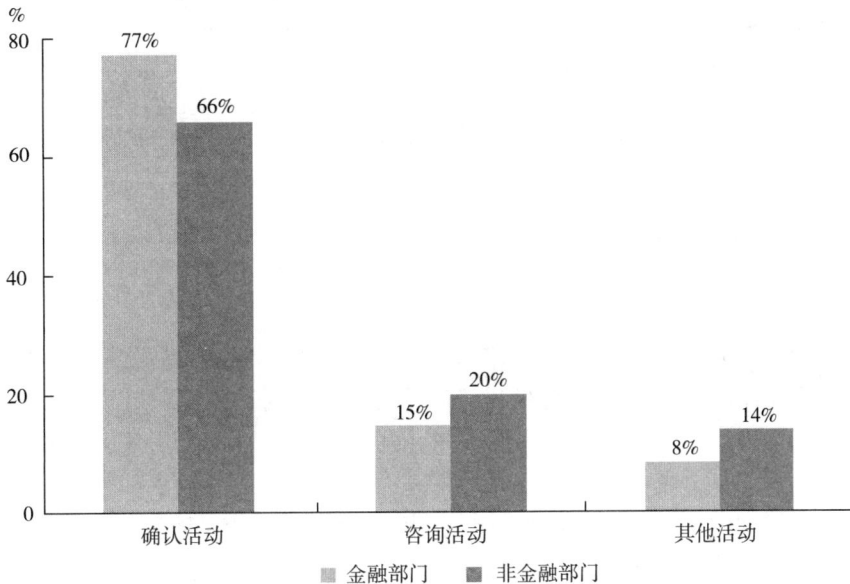

注：调查样本量 n = 180（构成：金融部门 56 个，非金融部门 124 个）。

图 8　分配给每种审计活动的时间比例

在对使用数据分析来支持组织业务决策和不同内部审计活动的相关性分析中发现，使用数据分析来支持业务决策的组织更需要内审部门提供咨询服务，如表 1 所示。

表 1　使用数据分析来支持组织业务决策和不同内部审计活动的相关性分析

项目	该组织使用数据分析来支持业务决策
分配给确认服务的比例	− 0. 262 *
分配给咨询和其他服务的比例	0. 262 **

注：Pearson 相关范围从 + 1 到 − 1。负相关意味着，随着一个上升，另一个下降。n = 87，* P < 0. 05（双尾显著），** P < 0. 01（双尾显著）。

在对主要采用数据化办法改善业务流程和不同内部审计活动的相关性分析中发现，采用数据化办法改善业务流程的组织更需要内审部门提供咨询服务，如表 2 所示。

表 2　主要采用数据化办法改善业务流程和不同内部审计活动的相关性分析

项目	该组织采用数据化办法改善业务流程
分配给确认服务的比例	− 0. 315 *
分配给咨询和其他服务的比例	0. 315 **

注：Pearson 相关范围从 + 1 到 − 1。负相关意味着，随着一个上升，另一个下降。n = 84，* P < 0. 05（双尾显著），** P < 0. 01（双尾显著）。

（五）内部审计要积极了解组织战略框架，获得高级管理层的信任

调查对象被问及目前所在组织的战略框架问题，表 3 显示了不同战略框架的组织与审计活动外包程度的相关性结果。

表 3　不同的战略框架与审计活动外包程度的相关性

项目	审计活动的外包程度
组织使用合并战略 n = 83	0. 370 **
组织使用收购战略 n = 85	0. 272 *
组织使用无关多元化战略 n = 86	0. 274 *
组织使用垂直增长战略 n = 84	0. 286 **

注：Pearson 相关范围从 + 1 到 – 1。负相关意味着，随着一个上升，另一个下降。n = 84 至 86，* P < 0.05（双尾显著），** P < 0.01（双尾显著）。

相关性分析结果表明，组织的战略框架会对内部审计活动的外包水平产生影响。一方面，一个采用多元化战略的组织开辟新的业务领域时，内部审计人员缺乏对新业务领域审计的能力，产生了外包审计的需求。另一方面，对于采用兼并、收购或垂直增长战略的组织而言，由于涉及业务领域的整合，一段时期内对内部审计的需求会显著增加，从而推动内部审计业务的外包。在审计活动外包的情况下，首席审计执行官必须处理好内部和外部工作人员的协调问题。

此外，对组织战略的了解程度和管理层或审计对象对内部审计信任度进行了相关性分析，如表 4 所示。

表 4　内部审计对组织战略的了解程度和管理层或审计对象对内部审计信任度的相关性

项目	内部审计对组织战略的了解程度
审计对象对内部审计的信任程度 n = 87	0. 294 **
审计委员会和管理委员会积极向内部审计咨询企业战略 n = 85	0. 417 **
审计委员会和管理委员会积极要求内部审计参与企业战略 n = 87	0. 348 **

注：Pearson 相关范围从 + 1 到 – 1。负相关意味着，随着一个上升，另一个下降。n = 84 至 87，* P < 0.05（双尾显著），** P < 0.01（双尾显著）。

显著的正相关性表明了审计对象对内部审计和高级管理层对内部审计的信任，将有利于内部审计人员更好地理解组织战略，发挥内部审计职能。比利时某医疗机构的首席审计执行官表示"高级管理层的支持是内部审计的关键。如果高级管理层想让内部审计工作做得更好，也想帮助内审部门做好工作，这将会为内部审计工作提供一个宽松的环境。"

二、对人民银行内审工作的启示

（一）围绕人民银行中心工作开展审计

各级人民银行内审人员要紧紧围绕人民银行重大金融工作决策部署，本单位的中心工作和行领导关注的焦点问题来制订年度工作计划，关注重大改革任务推进、重大政策措施落实、金融资源配置、金融改革创新、金融风险防范等重点领域，紧盯政策实施、任务落实、工作推进的及时性、有效性，及时审计发现并纠正执行中存在的履职不到位、重大风险隐患等问题，充分发挥内部审计在促进人民银行履职中的服务作用。

（二）持续推进审计信息化建设

各级人民银行内审人员应持续围绕信息系统重大风险开展审计，并密切关注人民银行大数据应用进展情况，关注新技术带来的新风险，顺应内审行业发展趋势，推动由技术审计向数字审计发展。此外，也应加强审计人员的计算机知识和技能的培训，锻炼出一支精通信息技术的高素质内审队伍，逐步适应信息化发展的时代潮流。

（三）充分发挥咨询服务职能

各级人民银行内审部门应以现代化的审计理念为导向，切实增强咨询服务意识，在及时、准确、客观揭示问题的基础上，围绕本单位中心工作，提出切实可行的审计意见和建议，为各级行领导及业务部门的管理决策提供参考。

内部审计中应用机器人流程自动化的探索和启示①

中国人民银行大连市中心支行 丁肖琦

摘要： 在现今企业和各类组织中，如何将数字技术转化为价值增值驱动力备受关注。机器人流程自动化（RPA）作为数字劳动力的一种，通过使用软件机器人来实现过程自动化。对内部审计来说，流程自动化可以帮助提高审计覆盖率、加速流程执行，将更多的审计资源从日常任务中解放出来，使他们能够更好地专注于组织战略、产生价值的活动。这必将对内部审计行业产生极大影响，在带来更多发展机会的同时对内部审计的潜在责任也提出了更高要求。大连中支内审处对国际内审协会（IIA）与德勤会计师事务所（Deloitte）共同开展的"推动内部审计跨入数字化时代"的系列行业研究进行编译整理，对机器人流程自动化的基本功能、对内部审计的影响、系统化实施方法等进行了较为具体的介绍，并借鉴其前沿观点得出对现阶段人民银行内部审计工作的相关启示。

关键词： 机器人流程自动化 内部审计 系统化实施方法

一、机器人流程自动化的发展现状

（一）基本功能

机器人流程自动化（Robotic Process Automation，RPA）实质上就是通过使用软件机器人来实现过程自动化，通过模仿人们与计算机系统交互的方式来执行日常业务流程。正如用户知道点击哪里来控制应用程序和操作数据一样，软件机器人也可以被编程来执行类似的操作。单个软件机器人可以跨不同应用程序和平台执行单个任务或整个端到端的流程，除管理异常情况外很少需要人工干预。RPA最适合应用在进行可重复、可预测的交互的流程，而这些流程通常缺乏部署新平台来实现信息化转换的规模或价值。实际上，这类软件机器人的优势就在于其简单性：成本较低，易于实现，可以快速培训和部署来自动化原有的人工手动任务，通过简单的编程（只需要很少的代码或不需要代码）而非基于大系统自动化相关的基本流程重新设计，就可以提高流程效率和服务效率。

---

① IIA，Deloitte. Moving Internal Audit Deeper Into the Digital Age：Part 1 ［EB/OL］. (2019) ［2019 – 11 – 22］. http：//theiia. mkt5790. com/MovingIADeeper/? sessionGUID = dc5156e6 – a358 – 2bd2 – 744a – 88a6b8eb7ea7&web Syn- cID = c1acd845 – 8e55 – 674e – d0c4 – a9b5ba72068e&sessionGUID = dc5156e6 – a358 – 2bd2 – 744a – 88a6b8eb7ea7.

需要注意的是，RPA 并不是通过自我学习或在某种程度上复制人类的感知和判断的机器学习（ML）或人工智能（AI）。RPA 不能进行阅读、解释或思考。在业务逻辑和结构化输入的控制下，RPA 可以被编程来执行企业资源规划系统（ERP）中的日常工作，如处理事务和数据、触发异常响应以及与其他系统的通信。在传统意义上，它们可以消除用户点击和计算的需要，但并不能进行用户分析和战略制定。

（二）应用场景

从生成响应到跨多个系统验证数据，再到端到端流程的完全自动化，潜在的 RPA 场景非常庞大。RPA 可以用于执行诸如在应用程序之间进行数据的复制和粘贴、在不同系统之间协调和交叉引用数据以及在业务流程的关键点上执行高级决策等活动。RPA 甚至可以被用于更动态的环境中，包括与客户和员工直接交互的活动，如处理客户保险索赔或为新员工设置正确的 IT 访问级别等。

RPA 对组织运营和竞争定位的影响在许多方面都是显著的，例如经济价值、劳动力优势、质量提升、执行灵活性、速度和快捷性优势等。普华永道会计师事务所（PwC）估计，现代企业和组织中 45% 的工作可以被自动化，这种自动化将为全球节省 2 万亿美元的劳动力成本。此外，RPA 项目还可以通过证明自动化技术的价值，使组织内的人员更适应数字劳动方式，为使用机器学习或其他形式的人工智能的更全面的信息化计划进行铺垫。

由于 RPA 不涉及用户分析和战略的制定，因此有些业务流程并不适合进行自动化。主要包括：一是涉及复杂的互动，如涉及非标准化方法获取数据或答案的处理流程；二是需要作出判断，如对超过审批权限金额的发票的复核；三是需要高水平的认知任务，如确定数据集群和预测模型的模式识别。

二、RPA 对内部审计的影响

就 RPA 的潜在好处而言，处理速度的提高、错误和成本的减少以及处理过程的简化等这些都很明显。对内部审计而言，RPA 有助于规范审计过程，减少人为错误，提高审计质量。它还具有很强的可跟踪性，可以更容易地检测错误并更易于纠正。通常，当全职员工从重复的工作中解脱出来，并转向更有意义的工作时，生产率和人才保留率会同时提高。审计人员可以将精力集中在更有价值的活动上，例如与企业管理层共同讨论战略风险、加入风险管理委员会、参与重大资本项目的管理和监督等，使内部审计更加关注组织真正的重大风险。

相对于统计抽样，RPA 通过启用总体测试，可以增强合规性和风险管理，从而加强第二道防线。例如，RPA 可以测试全部的境外交易，识别其中发生在制裁国家的部分，或者对财务控制不当的交易发出预警。这种跨业务部门进行全面检查的能力，可以增强内部审计识别政府监管合规性和声誉风险的能力，并为公司财务和技术控制的有效性提供更大程度的保证。此外，通过将风险分析和数据可视化工具与 RPA 结合使用，审计人员可以对业务流程有更深入的了解，并可以在总体测试的基础上执行更有重点的审计项目。

进一步说，通过 RPA 将组织内外的数据结合起来可以为组织的管理视野增加丰富性，并提供对风险更细致的理解。而且，可以通过使用包含 RPA 的基准测试、比较分析和趋势研究等来加强在职学习和开发，同时向利益相关方传递更有价值的信息。另外，构建并丰富现有分析技术的渐进式 RPA 部署可以帮助内部审计组织形成数字化应用和持续创新的文化，创建持续改进的良性循环。

RPA 为内部审计带来机会的同时，也带来了更多的责任。内审部门通过与其他职能部门和业务部门合作，可以在 RPA 重新设计和自动化业务流程时不断改进控制环境。在内部审计中，自动化过程将需要新的测试方法。同时，内部审计人员也有责任了解 RPA 带来的风险，并确保组织的内部控制设计良好并有效运作以减少这些风险。

三、内部审计进行 RPA 部署的结构性方法

随着业务功能现代化和数字化要求的不断提升，内部审计部门越来越认识到自动化在提高审计覆盖率、加速流程执行、释放更多审计资源等方面的潜力。因此，随着预算的限制和风险范围的扩大和多样化，对内部审计进行慎重的、渐进的 RPA 部署的需求也将越发强烈。

利用"重复和基于规则"的原则，内部审计组织通常可以找到一些容易实现自动化处理的目标。然而在这之后，确定和优先安排自动化改进机会的过程变得更加复杂。仅仅依靠诸如实施成本和节省的时间等财务指标，可能会导致诸如改善风险规避、人力资源配置和人才管理等可以带来组织价值提升的自动化机会被忽视。因此，组织需要通过系统的、结构化的方法来识别既能体现战略价值同时也有利于成本节约的高潜力自动化机会，同时逐步推进组织的数字化成熟度。理解标准化过程进行自动化改造将带来的价值，并对自动化的复杂性和优势进行客观评估是非常必要的。对此，德勤会计师事务所提供了一套结构性改进方法，旨在帮助内部审计组织识别合适的 RPA 机会，开发自动化路线图，驱动数字化价值。这套方法主要包括八个步骤。

（一）识别流程自动化改造机会

首先，需要对当前内部审计的状态进行审视，了解 RPA 可以嵌入的位置及方式，由此增加审计覆盖率，提高效率和有效性。这通常需要进行以下工作：审查审计计划，全面理解商业环境和关键活动；识别适用范围，如标准化和基于规则的、不受变量及决策（如分析和建议）影响的处理流程，可通过分析和对比大量数据集进行的测试，总体测试可行且有益的控制措施以及可以从增加范围中受益的测试等。这一步骤完成后，应该形成可被自动化改造的测试项目和特殊控制候选列表。表 1 列示了一些内部审计适用 RPA 的常见流程。

表 1　内部审计中可用于自动化改造的处理流程

序号	处理流程
1	从多个业务系统或来源收集背景信息和指标，以更好地确定审计范围
2	持续监控那些手动操作要求过高和/或成本过高的业务操作
3	根据审计范围生成工作书面申请
4	通过自动化大量文本文档来生成规划文档
5	更频繁地对更多数据执行"如果"分析
6	检测与 IT 系统相关的可疑日志
7	对金融系统中具有欺诈行为特征的实时报告
8	基于样本或整个总体测试控制有效性

（二）评估流程价值

确定潜在的自动化候选流程后，下一步是根据关键性指标来评估候选项目的潜在价值，对候选流程的总价值潜力对其进行评分。评分内容通常包括：时间和成本的节省效益、处理流程的固有风险、生产力的提高水平、客户和员工满意度、对风险降低的影响等。这一步骤完成后，应该根据候选流程的潜在业务价值得出比较结果，如表 2 所示。

表 2　候选流程相对复杂性及业务价值测量

序号	关键指标	业务价值 – 低	业务价值 – 中	业务价值 – 高	定义
B1	人力资源改善	<1 人	1～10 人	>10 人	现阶段分配至该处理流程的全职员工人数
B2	处理时间缩短	<10%	10%～90%	>90%	RPA 可带来的流程处理时间减少比例
B3	准确性及质量提高、风险降低	无明显影响	合规性目标提高 10%～20%	合规性目标提高大于 20%	流程涉及的风险级别是什么，当前流程中是否存在质量问题。如果存在，RPA 是否能通过减少风险步骤来提高合规目标
B4	客户等待时间减少	<10%	10%～90%	>90%	自动化流程后，客户所需的等待时间减少比例
B5	客户互动性改善	无明显提升	轻微提升	客户服务优化	RPA 将如何通过简化流程和/或通过集成客户渠道、业务数据和企业应用程序来改进客户服务流程
B6	重复任务的消除/增值效用的增强	无明显影响	消除特定性重复任务	重复任务完全消除	RPA 如何为用户消除重复的任务，是否有机会让劳动力转移从事更有附加值的工作，并降低员工流失率

序号	关键指标	业务价值－低	业务价值－中	业务价值－高	定义
B7	组成模块的可重复利用性	无法重复使用	经过重大调整后可重复使用	轻微调整后大部分模块可重复使用	是否能够通过重复利用已有模块以响应不断变化的业务流程，带来组织灵活性的增加。如果是，那么此项标准具有很高的业务价值，并且应该根据需要增加自动化改造的工作人员

（三）评估可行性

在执行价值评估之后，接下来的重点是确定自动化候选流程的可行性。评估可行性的一种方法是根据关键标准来评估流程复杂性，例如涉及的应用程序数量、持续时间、数据处理、访问安全性和地理范围。与前面提到的价值评估类似，复杂性评估的目标是根据自动化程度的不同对候选流程进行评分，将自动化复杂性解析为低、中、高层次。这一步骤完成后，应该根据候选流程的自动化可行性得出评分结果。

表 3　流程自动化改造可行性评估

序号	关键指标	复杂度－低	复杂度－中	复杂度－高	定义
C1	程序数量	<3	3	>3	一项处理进程涉及多少程序
C2	窗格/页面数量	<10	10～30	>30	在一个特定的应用程序中，流程与多少个不同的窗格/页面进行交互操作
C3	操作次数	<20	20～50	>50	一个窗格/页面中，需要执行多少次操作（如复制/粘贴数据、打开/关闭应用程序、下载/上传附件、创建/删除电子表格中的行、登录/关闭等）
C4	预期的异常处理规模	低	中	高	处理流程预可能在多大程度上偏离常规，处理这种偏差的步骤复杂程度如何
C5	数据类型	数字化、结构化和标准化	数字化、结构化和标准化	数字化、结构化和非标准化	结构化数据主要指具有通用格式或模板的电子邮件，Excel 电子表格等。非结构化数据主要指非标准格式的电子邮件，PDF 文件等
C6	数据处理要求	复制/粘贴	复制、粘贴、数据读取及修改	复制、粘贴、数据读取及扩充、PDF 数据提取	交互操作的目的是什么，如复制/粘贴、读取和修改、数据扩充还是数据提取

序号	关键指标	复杂度－低	复杂度－中	复杂度－高	定义
C7	访问安全	单点登录	应用程序管理的认证信息	身份验证结构没有记录或维护	安全基础设施的类型和需要许可/身份验证的接触点的数量
C8	流程的重新规划	不需要流程更改	需要较小的流程更改（超过 3 个步骤）	需要重新设计流程（超过 8 个步骤）	是否需要更改流程中的任何步骤以使其符合自动化条件，是否需要人工判断
C9	操作风险水平	非核心处理流程	时间或业务相关的处理流程	关键业务的处理流程	如果流程停止会带来的业务影响。需考虑金融风险，机器人犯错的可能性，满足服务水平协议（SLA）要求等
C10	开发时间	4～6 周	7～9 周	12～14 周	从开发到投入生产所需的时间

（四）确定符合流程

一旦确定了业务价值和复杂性，就可以将流程映射到选择矩阵或计分卡上，主要可划分为以下四类：立即自动化、路线图优先级、自动化难点和自动化机会。

对被分配到矩阵上的各个象限的流程，内审部门应与流程所有者/涉及部门进行沟通，主要包括：验证流程的价值和复杂性发现；根据价值和复杂性指标，优先考虑具有即时自动化机会的流程；理解完整的端到端流程，用以指导自动化文档的创建；理解利益相关者、数据所有者和其他业务成员的合作水平等。

通过选择矩阵或计分卡以及与流程所有者的讨论，内审部门可以确定哪些流程需要立即或近期采取行动，哪些流程可以延后，以及某些流程是否值得自动化。这一步骤完成后，应该形成自动化流程的优先级列表，如图 1 所示。

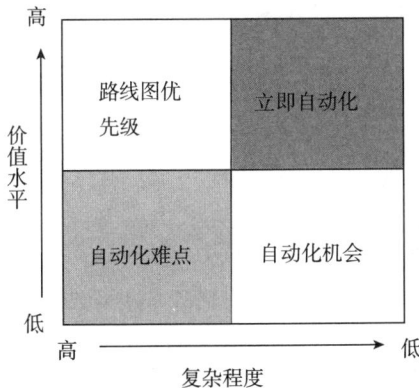

图 1 流程自动化选择矩阵

（五）创建流程资质文件

流程资质文件（Process Qualification Documents）可以为在较高水平上展示特定过程的重要信息提供框架。该类文件通常总结和描述处理流程，对现有困难及需要的改进作出解释，给出案例总结，汇总业务关联及所有权信息。对于每个被视为自动化优先级的流程，都应该创建一个过程资格文件，目的是促进与管理层的讨论，为获得批准和资金作准备。这一步骤完成后，应该形成各自动化优先级流程一一对应的流程资质文件。

（六）复核并签字

内审部门和 IT 部门应对上一步骤中创建的每个流程资质文件表示认可，并应以正式文件形式确认流程资质文件的准确性。正式文件中通常应至少包括以下内容：一是识别出的适用于自动化改造的流程列表，二是对应的流程资质文件及相应的选择矩阵。在内审部门、IT 部门和自动化开发团队之间达成最终协议后，可以进入设计阶段。这一步骤完成后，应该形成经领导签字的批准流程自动化改造的正式文件。

（七）编制流程设计文件

流程设计文件（Process Design Documents）为自动化开发提供了一个总体框架。它包括范围描述、分步处理流程、技术描述、所需的输入和文档以及变更请求等。用于指导开发实践的流程设计文件应包括具体到指令按键的细节和匹配的屏幕截图，这样开发人员可以更直观地体验处理流程。流程设计文件不仅可以指导开发，而且能促进各相关方就变更请求对处理流程和项目时间表所带来的影响进行充分讨论。这一步骤完成后，应该形成各自动化优先级流程一一对应的流程设计文件。

（八）建立内审自动化改造项目管理小组

自动化项目管理小组可以利用通用技术、集中的治理模型和标准化程序及流程带领内部审计部门规划 RPA。管理小组中的人员通常一人承担多项职能，并共同监督业务单元内或整个组织内当前和未来的自动化改造，主要包括：自动化发起者，提出 RPA 倡议并参与执行 RPA 会议；自动化项目管理小组领导者，管理内审部门内部的 RPA 管理小组，定义 RPA 策略，并作为内部审计 RPA 的倡导者；RPA 变更经理，作为整个企业的 RPA 改造的代理人，创建并执行变更和沟通计划；自动化解决方案架构师，定义架构，并从头到尾充当自动化解决方案的推行者。

自动化项目管理小组的工作通常包括制定策略、流程再造、IT 基础设施构建和开发、更改管理和客户支持。组织的自动化能力成熟度、可用资源和跨业务单元使用的工具通常是影响项目小组的重要因素。此外，内审部门内部的自动化项目管理小组还需要提供输入，并充当主题专家（Subject Matter Expert），为审计业务自动化流程创建风险和控制框架。

四、对内审工作的启示

（一）运用流程自动化处理是科技强审的有力手段和必然趋势

信息技术的迅速发展和应用对人民银行内审工作提出了科技强审的内在需求。围绕信息系统重大风险、重要金融基础设施和应用系统的业务连续性等方面需要不断深入开展信息技术审计。简单来看，流程自动化处理是计算机辅助审计技术更加深入发展后的结果，也是顺应内审行业发展趋势、推动数据审计的重要手段。现阶段，人民银行系统内已经初步具备了开展数字审计的基础条件，各类信息系统和业务应用系统可以提供较为充足的数据信息和相关技术文档。同时，除了控制测试的自动化之外，RPA 在提升内部审计的工作方式上也具有很高的价值。例如，在审计发现问题整改方面，可以通过设定一定的标准鉴别整改未完成项目，通过电子邮件或在办公自动化系统中向整改责任方发送整改提示函或提醒通知等，在逾期后实时跟进并记录整改状态；在审计任务管理中，可以跟踪年度审计计划的进度，或跟踪和监测关键风险指标（KRI）；在审计文档方面，可以形成自动化报告模板，或内部审计部门自身的平衡计分卡；在风险评估或审计项目的数据搜集阶段，可以在各个系统中评估数据质量，例如在数据文件中检查数据域的完整性、数据重复部分和正确性。

（二）规划流程自动化处理需充分了解对组织风险的影响

内审部门利用流程自动化，可依据梳理清楚的内控预警规则，实现智能抽样、风险评估、合规数据分析等，使得内部控制管理充分发挥作用。但实现这一理想状态的根本前提是，内审部门必须在前期充分了解组织将如何使用流程自动化，全面考虑不同风险类别，确定流程自动化会以何种可能影响到组织的整体风险轮廓。例如，在整个组织层面，流程自动化会不会影响治理框架和结构？原本分散在各业务部门的风险管理职能权限是否需要上收并再分配？现有的控制活动能否有效监测数字化劳动力的工作绩效？而在具体应用层面，更涉及访问权限、变更控制、保密管理等实际的操作风险。例如，流程自动化操作是基于标准的方式执行任务，不会进行选择或自主变化，所以一旦"标准"出现差错，任何错误都会成为跨业务流程和各数据集的系统性、广泛性的问题。再如，当业务流程更改，但是并没有设置必要的控制手段或监控来修改自动化流程来及时更新，则这一自动化流程可能无法执行或产生错误的结果。而一旦自动化处理流程被未经授权的人员获取并使用，就可能被改变或用于进行未经授权的处理流程。这些风险都是内审部门在考虑实施流程自动化改造时需要充分考虑的。

（三）利用流程自动化处理的最终目标是更好发挥内审人员的主观能动性

流程自动化技术是基于规则和标准的程序，通过执行重复的任务将人工活动进行自动化的一种技术。其虽然能处理大量的数据，但不能自动产生价值。利用流程自动化技术的根本是为人所用，为了更好地发挥人员在分析、决策等更具有价值的活动中的作用。对内部审计来说，通过流程自动化执行大量的审计测试，最主要是要将更多的审计资源用于需要人工判断的更高级别的审计活动，如交易分类、基于异常的测试等。例如，实施自动和实时的关键风险指标监测，内审部门应根据监测结果，及时调整项目安排和审计重点，使审计计划在满足年度总体规划的同时提升实时性的动态需求满足度，提高审计计划敏捷性。数字技术可能有处理大量数据、识别共有模式和异常的能力，但只有审计人员后续真正利用上自动化处理发现的结果，对这些审计线索进行挖掘和分析，才真正有意义。

参考文献

［1］陈琳娣．机器人流程自动化在内部审计中的应用实践［J］．中国内部审计，2019（4）：41－43.

［2］陈转萍．人工智能时代企业财务审计的应用分析［J］．中国国际财经，2017（11）：60－61.

［3］李视磊．基于人工智能技术的审计模式发展的思考［J］．财经界，2018（14）：111－112.

［4］邱国峰，邢文．人工智能对会计审计职业的挑战［J］．审计研究，2018（12）：78－83.

国内外审计机构加强审计制度建设的经验及启示

中国人民银行南京分行内审处　姜文军

摘要： 加强内审制度建设，形成配套完善的内审制度体系，对于提升内审工作的规范化、程序化水平，提高内审工作质效具有重要的意义。本文通过整理国际内部审计师协会、中国内部审计协会、国家审计署及国内大型金融机构内审部门公开颁布的有关准则、规章、制度、指引、意见等共计 40 余项，从宏观层面梳理审计制度体系的整体概况，从动态视角分析审计制度建设的主要特点，并对进一步完善人民银行内审制度建设工作提出相关建议。

关键词： 人民银行　内审　制度建设

一、制度体系的整体概况

（一）从架构上看，制度流程体系严密

国内外内审行业协会、国家审计署建立起覆盖审计工作全流程的制度体系，强化对审计工作的闭环管理。如国际内部审计师协会（以下简称"IIA"）颁布的《国际内部审计专业实务标准》涉及审计流程的工作标准有 12 项，中国内部审计协会颁布的《中国内部审计准则》涉及审计流程的具体准则有 7 项，均构建起从审计计划、审计实施到结果沟通、审计报告、后续审计 5 大环节的审计流程架构。国家审计署也建立起包括审计计划管理、审计现场管理、审计报告管理、审计成果管理等覆盖整体审计流程的管理框架，形成程序严密的制度体系，对审计工作进行全流程的规范和指导。

（二）从内容上看，制度涵盖范围全面

国内外内审行业协会、国家审计署构建起内容较为完备的制度体系，对审计工作进行全方位管理。如《国际内部审计专业实务标准》合计 52 条准则、《中国内部审计准则》合计 29 条准则，均建立了包括审计业务实施、审计质量控制、审计方法技术、审计档案管理、审计机构和人员管理、内外部协作沟通等一整套规范审计工作的准则体系。国家审计署则建立了涵盖审计业务管理、组织管理、质量控制、审计队伍建设、信息化建设、监督考核、成果运用等 7 大类共计 21 项审计工作制度，涵盖审计工作的方方面面。

（三）从类型上看，制度种类形式丰富

国内外内审行业协会、国家审计署、国内大型金融机构内审部门均建立了种类丰富的审计管理制度，形成效力层次丰富、整体有效性强的制度体系。如 IIA 颁布的《国际内部审计专业实务标准》分为强制性标准和推荐性标准两类，强制性标准对内部审计机构和人员提出强制执行的约束性要求，推荐性标准为内部审计活动提供一系列可行的审计指导方案，不要求强制执行。国家审计署、国内一些大型金融机构建立了包括规定、办法、方案、意见、操作手册、指引等多类型的审计制度，不同类型的制度在约束力度上有所差异。规定类制度，如《审计署审计业务综合管理规定》等对审计活动实施提出了具有约束性的行为规则，办法类制度，如《审计署审计计划管理办法》等制度则对具体审计业务领域提出具有规范性和指导性的操作方法，不同类型的制度结合使用，既提升了制度体系的整体有效性和规范性水平，又确保能够适应不同情况，提升了可操作性。

二、制度建设的主要特点

（一）注重保持制度体系的系统性和逻辑性

在系统性方面，国内外内审行业协会、国家审计署在审计准则、制度的构建过程中，强调制度体系的结构完整、层次分明。如中国内部审计协会颁布的《中国内部审计准则》采取总分的结构设计，以内部审计基本准则为总纲、内部审计具体准则和内部审计实务指南为具体规范和指引；IIA 颁布的《国际内部审计专业实务框架》，由"内部审计的定义"和"内部审计的核心原则"作总体目标统领，由强制性指南及推荐性指南做分类阐述，形成具有高度系统性的准则体系。在逻辑性方面，国家审计署、国内大型商业银行等在审计制度体系构建过程中，突出综合性制度和专项制度、上级制度和地方制度之间的协调衔接。如在国家审计领域，审计署不仅制定了《审计业务综合管理规定》，对审计活动进行综合性的规范管理，还制定了《审计项目计划管理办法》《审计现场管理办法》等专项制度，对审计计划、现场审计等审计重点环节进一步细化管理，形成互为补充呼应、逻辑性强的审计制度体系。

（二）注重保持制度体系的稳定性和连续性

在稳定性方面，国内外内审行业协会、国家审计署在制度体系的完善过程中，着力于维持制度体系的基础框架和核心要义不变，保留被实践证明较为成熟的准则和制度。如中国内部审计协会在 2012 年对《中国内部审计准则》进行修订时，注重保持原有准则体系的基本构成要素不变，对包括审计计划、审计证据、审计报告、结果沟通等 17 条已被实践证明较为成熟的准则予以保留，保持内部审计的核心工作流程和管理内容不变，维持了准则体系的整体稳定性。在连续性方面，则突出对制度体系的优化和发展，在具体制度内容、领域等方面不断进行调整和完善。如 2015 年以来，国家审计署根据国办印发的《关于完善审计制度若干重大问题的框架意见》，加紧落实上述意见提出的"加强对审计机关的监督""加强审计队伍思想和作风建设""实施审计全覆盖"等新任务新要求，相继修订、出台了《审计署对省级审计机关考核办法（试行）》《审计署关于加强审计队伍思想和作风建设的意见》等制度，拓展了审计制度规范的内容和领域，进一步优化了国家审计制度体系。

（三）注重保持制度体系的适用性和前瞻性

在适用性方面，国家审计署、中国内部审计协会紧密围绕自身组织治理特点和内外部环境变化构建制度体系，确保审计工作制度始终与自身实际和法律法规的要求相适应。如国家审计署充分考虑其审计机构规模大、层级多的实际，在审计项目流程管理方面，除了对必要的审计环节做严格规定外，对具体的审计实务操作，则统筹运用指导性的条款内容和语言表述（一般、原则上）加以指引，以便于各层级审计机关结合实际执行，提升制度体系的适用性。中国内部审计协会结合《国际内部审计专业实务标准》的发展变化和近年来审计机关、监管部门以及其他部门出台的一系列与内部审计相关的制度规范，不断修订完善《中国内部审计准则》，以适应新形势下内部审计工作的发展要求。在前瞻性方面，国家审计署、国内大型金融机构等注重吸收国内外审计理论和实务发展的最新成果，积极借鉴先进内容。如国内大型金融机构密切关注审计业务的未来发展趋势，积极借鉴国内外有关审计信息技术、审计服务外包的先进经验，并制定相应制度加以规范和指导，其中中国建设银行、中国农业银行针对审计业务外包出台了相关制度，对外包条件、适用范围、工作流程等进行了规范，以更好地指导实践活动，体现了审计制度建设的前瞻性。

三、对人民银行内审制度建设的相关建议

（一）做好制度建设发展规划

应统筹考虑中央成立审计委员会，审计工作的重要性进一步提升；审计署对内审工作的新定义、新职责、新要求；审计署派驻人民银行审计机构的设立，对人民银行监督力度进一步加大等新情况，结合人民银行实际，统筹谋划，加强制度建设组织领导，做好制度建设发展规划，将系统性、前瞻性、连续性相结合，明确制度建设路线图，围绕深化人民银行内审工作的目标，稳步推进内部审计制度建设，建立健全包括审计业务操作、组织管理、质量控制、审计队伍建设、信息化建设、监督考核、审计整改和成果运用等内容，形成包括制度、规定、意见、指引、操作指南、审计方案等类型的内审制度体系，为实现审计全覆盖、提升审计质效、促进高质量发展，更好地服务中心工作提供坚实的制度保障。

（二）搭建内审制度框架体系

应深入思考人民银行组织治理和风险管理的特点，探索建立与人民银行治理体系和治理能力相适应的内部审计制度规范体系。在制度内容上，应做到全面完整，覆盖内审工作的方方面面，改变目前制度主要集中在业务操作方面，而信息化建设、队伍建设、成果运用等方面比较欠缺的现状，切实以规范立业，提升内审工作整体的规范化、标准化水平；在工作流程上，应强化闭环管理，加强审计全过程管理，有效填补当前审计业务操作以具体类型审计操作为主的短板，建立既包括具体审计类型的制度体系，又包括从审前准备、现场审计、审后报告、后续审计等在内全流程操作体系，形成一套规范的审计业务操作制度体系；在制度形式上，注重将强制性、一般遵循性、

指导性和推荐性有机结合，根据人民银行系统不同层级的分支机构、不同性质单位的内审机构设置、人员配置、审计项目种类等情况，形成包括强制性的制度规定、一般遵循性的操作指南、手册、审计方案，指导性的意见、推荐性的指引等不同类型的制度，提高制度体系的整体可操作性水平，为进一步完善人民银行组织治理和风险管理提供有效保障。

（三）完善制度建设动态管理

应充分运用动态管理思维，紧密结合内审工作面临的新形势、新职责、新要求、新规定，不断优化内审制度体系。一方面，要充分吸收国内外先进审计理念，准确把握内部审计在理论上向管理型审计发展，在流程上向事前、事中、事后全过程发展，在功能上向评价、建议等增值职能发展，在方法上向科技强审发展等新趋势，结合工作实际，定期对制度内容进行全面梳理并调整。另一方面，要及时总结近年来内审工作深化发展的优秀成果和有益经验，并在广泛征求意见的基础上，及时固化成相关制度、办法，进一步丰富内审制度建设过程，实现对内审制度体系的动态管理，提升制度的生命力。

参考文献

［1］鲍国明. 国际内部审计之圭臬［J］. 中国内部审计，2017（10）：1-2.

［2］李官森. 国际内部审计专业实务标准变化趋势及对人民银行内审工作的启示［J］. 金融发展研究，2018（10）：83-85.

［3］韦群. 我国内部审计制度建设研究［J］. 财政监督，2016（24）：63-66.

［4］中国内部审计协会. 国际内部审计专业实务框架［M］. 北京：中国财政经济出版社，2017.

［5］IIA. International Professional Practices Framework（IPPF）［S］. 2017.

可视化图表在美英审计署
审计报告中的应用研究

中国人民银行南京分行内审处课题组①

摘要：当前，审计正面临信息过载和大数据崛起的挑战与机遇，如何过滤审计无效信息、专注呈现重点内容、提升报告可读性、促进观点深刻性，值得审计人员认真思考和研究。为此，南京分行学习借鉴国内外优秀的可视化图表设计实例，探索可视化图表在审计中的应用，使审计信息快速、简洁、直观地传递给阅读者，以提升审计价值。

关键词：可视化图表　审计报告　实例

一、可视化图表在审计中的应用情况

(一) 图表类型丰富，使用率高

美英审计署公开报告中涉及的图表类型十分丰富，除了使用折线图、柱状图、饼图等常见图表之外，还会使用雷达图、热力图、关系图、箱线图等。可视化图表在成果类报告、研究类报告中出现频率较高，图1是美国审计署在一篇专题研究报告中使用的可视化图表，类型丰富，实现了文字与图形的良好契合，使报告阅读者赏心悦目。

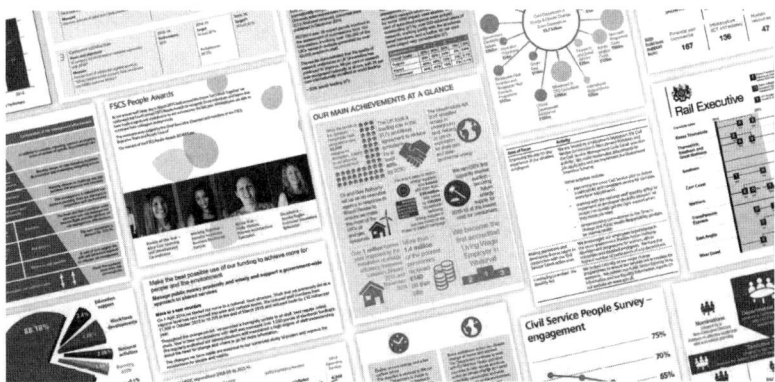

图1　美国审计署审计报告示例

---

① 课题组组长：李志清，课题组成员：王星明、戴荣波、邵昂、刘相宝。

（二）多图表有机融合，剖析问题深

为了全面有效的阐述观点，有时候需要建立组合图表，即多个可视化图表之间建立钩稽关系。传统的图表相互独立，而可视化图表能够通过对多个图表进行再加工，建立相互之间的关联。美英审计署通过运用可视化图表制作工具，对图表进行恰当组合加工，多层次剖析数据，挖掘审计线索。如图 2 所示，通过两个环形图的组合，揭示了 DaT resource 占劳动力的比例高于 IT 人才占劳动力的比例这一问题。

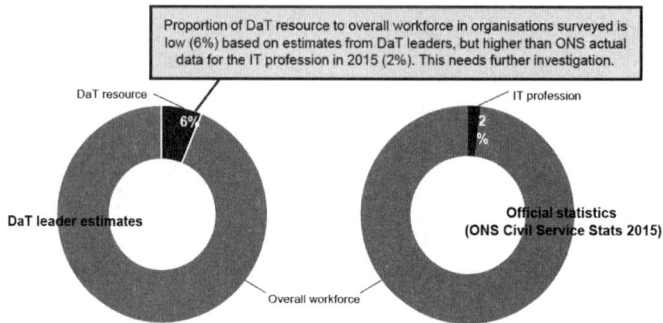

图 2　组合图表示例

（三）注重个性化设计，图例引用少

图表越简洁，阅读者能够记忆的信息量更大。在美英审计署审计报告的图表中，经常使用形象化的图标来替代图表中的图例，阅读者无须对照示例，就能准确了解各项数据背后的分组信息。在审计报告中大量使用折线图、柱状图等常见图表，往往容易给阅读者产生审美疲劳，这时候对传统图表的加工、改造，能够提升阅读者的阅读兴趣。

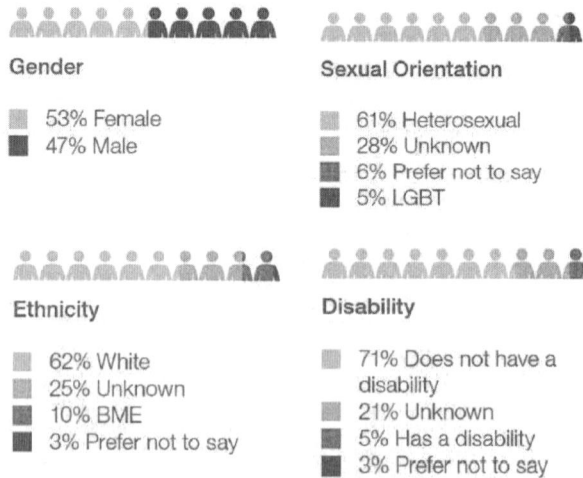

图 3　个性化设计图表示例

（四）探索场景式内容，信息容量大

好的可视化图表，在于讲好一个故事，这类图表不是简单的数字、文字、图表的堆砌，也无固定的章法可循，重点在于展示一个主题突出、逻辑清晰的链条，用最少的文字、图形阐述最简洁明了的观点主题，对审计人员的图表设计能力要求较高。这一类图表出现在美英审计署审计报告中的频率较少，但是在专题研究报告中出现相对较多。

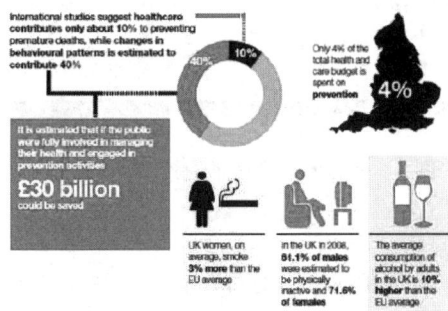

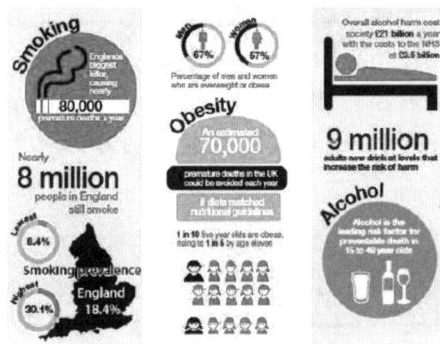

图4 综合分析类图表示例

二、可视化图表在审计中的作用

（一）突出风险导向，找准审计监督重点

可视化图表不仅能够突出重点信息，还能够强化记忆，使得审计人员掌握更多的有效信息。国外审计坚持风险导向，定期发布、动态更新风险领域或事项清单，将高风险领域作为审计监督的重点。以美国审计署为例，美国审计署每两年就会发布高风险领域清单。如图5所示，美国审计署使用信息图标清晰直观地展示了2019年风险领域清单的新变化，高风险领域共35个，新增2个，剔除2个。与2017年相比，3个剔除，7个领域风险有所降低。

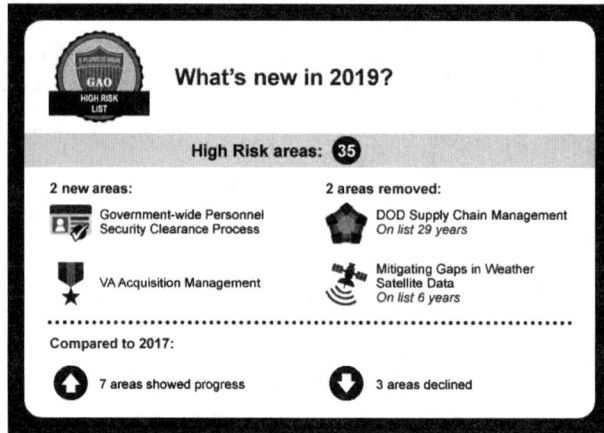

图5　美国审计署高风险领域清单图例

（二）突出时间节点，厘清纵向发展脉络

无论是发展战略还是规章制度，从实施到废止，都有特定的生命周期。借助于时间轴图表，通过在时间轴上标注战略或者政策的生效、废止时间，不仅有助于从宏观层面上把握政策的发展变化，还有助于规避使用新办法评价旧情况。2017年3月，英国审计署发布《政府数字化转型》报告，不仅绘制了从2010年到2017年政府数字服务中心（GDS）战略发展变化，还通过颜色变化划分为三个战略发展阶段，如图6所示。

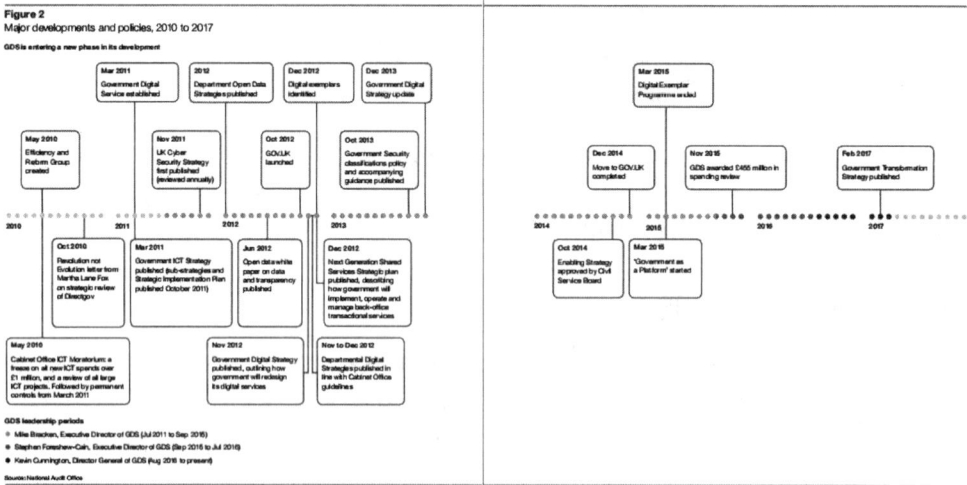

图6　英国审计署政府数字服务中心战略发展图例

（三）突出问题特征，准确把握问题性质

地理分布图暗含信息量巨大，不仅能够呈现相关问题的地理分布格局，还能够引导审计人员从交通环境、水文环境等角度全方位剖析问题背后的深层次原因。美国审计署在 2019 年 8 月对美国医保与医助服务中心（CMS）开展的医疗补助专项审计中，运用地理分布图揭示各州儿童接受健康筛查的比例，相比传统的折线图、柱状图，审计人员能够更加快速、直观地了解问题的地理分布特征。

（四）突出对比分析，深掘审计问题线索

运用可视化图表对被审计对象各指标达成情况进行对比分析，不仅能够找到标杆机构，而且能够找到提升和发展空间。美国审计署在 2018 年 9 月发布的网络安全专项审计报告中，在前期建立评级标准的基础上，披露了 4 类机构在安全和隐私控制、独立评估、纠正措施和持续监测四个方面的评价结果，通过可视化对比，能够直观看到四个指标下的领先机构，如表 1 所示。

表 1　联邦学生援助的流程制度中解决监督个人身份信息保护的主要做法

非学校合作伙伴	安全和隐私控制	独立评估	纠正措施	持续监测
贷款服务商	●	●	●	◐
私人托收机构	●	●	●	◐
担保机构	◐	●	●	○
联邦家庭教育贷款放款人	◐	○	○	○

注：●＝联邦学生援助局提供关键步骤所有方面的流程和程序的说明；◐＝联邦学生援助局提供了一些流程和程序的说明，这些流程和程序涉及关键做法的某些方面，但并非所有方面；○＝联邦学生援助局没有提供处理关键实践的流程和程序的说明。

资料来源：美国审计署联邦学生援助数据的分析（GAO－18－518）。

（五）突出整改效果，深化审计成果运用

审计建议的采纳率，是审计价值的重要体现之一。通过向被审计对象有效、清晰地阐释审计建议采纳的价值，有助于提高被审计对象的认可度，促进审计发现问题的整改以及审计建议的采纳落实。在图 7 中，美国审计署运用可视化图表，披露 2018 年审计整改情况，不仅全面揭示了不同整改状态的占比，还重点指出，采纳剩余的 365 条审计建议，能够为相关被审计对象节省数百亿美元。

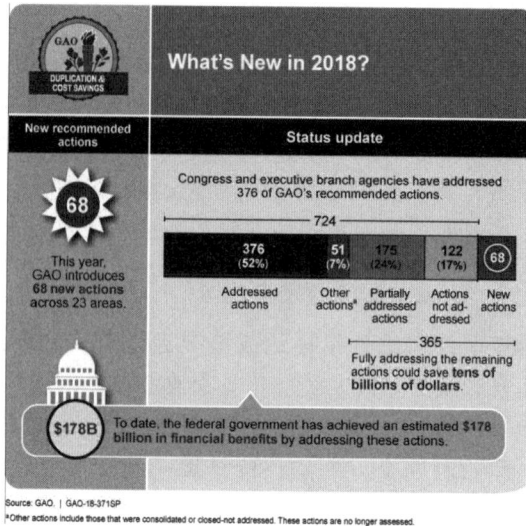

图 7　美国审计署审计整改情况图例

三、相关启示

为提高审计人员可视化图表应用能力，促进可视化图表在审计报告中的运用，提升审计报告可读性和吸引力，现提出以下建议。

（一）积极应用，提升可视化图表使用率

为了提升审计报告质量，增强报告可读性，应在审计报告中大胆尝试运用可视化图表。若要在审计报告中娴熟运用可视化图表，除掌握审计思路、内容和数据外，还应具备可视化图表设计功底，掌握常规办公软件的图表设计功能，如 EXCEL、WPS 等常用软件中自带的图表设计功能。另外，还应广泛学习借鉴国内外优秀的图表设计实例，如美英澳加等国家审计署网址公布的审计报告；SCI、IEEE、知网等学术网址刊登的研讨论文。

（二）开拓视野，扩展可视化图表应用领域

为了提升可视化图表的应用价值，应拓展图表的应用范围。除常规的审计报告外，将可视化图表的应用范围延伸至审计案例分析、问题跟踪整改、风险评估数据分析等各方面的报告中，以达到精准定位审计监督重点、厘清审计发展脉络、梳理审计问题线索、深化审计成果运用等目的，切实提高审计报告的质量，促进审计价值的提升。

（三）创新形式，增强可视化图表应用效果

为了提升可视化图表的使用效果，可在审计报告中探索使用新型综合分析类图表，如主题式信息图表、场景式可视化图表。在设计综合类图表时，首先应明确阅读者对报告的客观需求，并确定图表的主题。在图表的内容重点上也要有主次之分，摒弃无关紧要的内容、消除不直接相关的数据，将所有有效信息都集中起来，以便很好地讲述审计故事。另外，在图表中应减少文字出现频率，多运用符号和指示图形进行信息的传达，通过不同的色彩来区分信息。

参考文献

［1］审计署审计科研所．印度审计会计部《数据可视化和信息图表使用指南》［R］．国外审计动态，2019．

［2］GAO. 2018 ANNUAL REPORT：Additional Opportunities to Reduce Fragmentation，Overlap，and Duplication and Achieve Other Financial Benefits［R/OL］（2018）［2018 - 04 - 26］. https：//www. gao. gov/assets/700/691514. pdf.

［3］GAO. FISCAL YEAR 2020 BUDGET REQUEST：U. S. Government Accountability Office［EB/OL］.（2019）［2019 - 04 - 10］. https：//www. gao. gov/assets/700/698394. pdf.

［4］GAO. HIGH - RISK SERIES：Substantial Efforts Needed to Achieve Greater Progress on High - Risk Areas［EB/OL］.（2019）［2019 - 03 - 06］. https：//www. gao. gov/assets/700/697245. pdf.

［5］NAO. Managing Business Operations - What Government Needs to Get Right［EB/OL］.（2015）［2015 - 09 - 30］. https：//www. nao. org. uk/wp - content/uploads/2015/09/Managing - business - operations - what - government - needs - to - get - right. pdf.

［6］NAO. The Digital Skills Gap in Government：Survey Findings［EB/OL］（2015）［2015 - 12 - 02］. https：//www. nao. org. uk/wp - content/uploads/2015/12/The - digital - skills - gap - in - government - Survey - findings - December - 2015. pdf.

［7］NAO. Digital Transformation in Government［EB/OL］.（2017）［2017 - 03 - 30］. https：//www. nao. org. uk/wp - content/uploads/2017/03/Digital - transformation - in - government. pdf.

［8］NAO. Transformation Guidance for Audit Committees［EB/OL］.（2018）［2018 - 05 - 24］. https：//www. nao. org. uk/wp - content/uploads/2018/05/Transformation - guidance - for - audit - committees. pdf.

美国审计署重大政策落实
跟踪审计主要做法及启示

中国人民银行南京分行内审处　夏青　卢独景

摘要： 重大政策落实跟踪审计是近年来党和国家领导人及国家审计署关注的审计重点。人民银行也于 2018 年将系统内重大政策落实跟踪审计作为内部审计工作的首要任务。本文通过对近 3 年来美国审计署重大政策落实跟踪审计有关报告的梳理，发现其内容涉及医疗、扶贫、金融、资金拨付、鼓励创新创业等多个方面的法案、计划或项目落实情况，总结审计特点，提出了对人民银行系统实施重大政策落实跟踪审计的建议。

关键词： 重大政策　审计领域　审计方法　绩效

一、美国审计署开展重大政策落实跟踪审计概况

美国审计署开展重大政策落实跟踪审计最初源自 20 世纪 90 年代初克林顿政府颁布的第 12866 号行政令，其中规定"美国政府部门在评估现有公共政策、废除或修改已有政策或者制定新政策时都应进行政策效果分析"。在美国审计署每隔六年制定的审计战略规划中，均包括对联邦政府和社会有重大影响的重大政策事项，且事项内容长期保持相对稳定，体现出重大政策落实跟踪审计的重要性。通过对 2016 年 8 月至 2018 年 9 月美国审计署重大政策落实跟踪审计有关报告的梳理，发现其内容涉及医疗、扶贫、金融、资金拨付、鼓励创新创业等多个方面的法案、计划或项目落实情况，具体情况见表 1，有关做法具有一定的借鉴意义。

表 1　美国审计署 2016 年 8 月至 2018 年 9 月政策落实跟踪审计领域及报告数量

单位：篇

日期＼类型	医疗	金融	资金拨付	鼓励创新创业	环境	支农扶贫	合计	各类报告总数
2016 年 8—12 月	26	10	6	5	4	8	59	203
2017 年 1—12 月	47	17	17	20	22	19	142	640
2018 年 1—9 月	42	21	16	16	13	13	121	447
合计	115	48	39	41	39	40	322	1290
占比	8.91%	3.72%	3.02%	3.18%	3.02%	3.10%	24.95%	100.00%

二、美国审计署开展重大政策落实跟踪审计主要特点

(一) 立足国家战略部署选准审计领域

美国审计署每六年制定一次战略规划，围绕国家宏观战略部署，将应对人民利益、国家安全、联邦政府运营等国家层面的挑战作为总体目标，细化具体目标和关键环节，其中就包括对有关重要政策、法案或计划的执行情况进行审计，以确保将工作重点放在整个国家所面临的最严重的管理问题和最具风险的项目上。如表2所示，在2018年至2023年战略规划中，美国审计署将"提升美国人民福利和政府财政安全"这一总体目标，细化为"稳定的金融体系和充分的消费者保护"等19个具体目标，并针对这一具体目标，确定了"评估监管政策在防止利用金融产品实施金融犯罪方面的有效性"等关键环节。

表2 美国审计署2018年至2023年战略规划

总体目标	具体目标	子目标数量	关键环节数量
一、处理当前及潜在威胁美国人民福利及财产安全的挑战	1.1 满足老龄化和多样化的人口健康需求	8	40
	1.2 终身学习提高美国的竞争力	3	10
	1.3 保护工人、家庭和儿童的福利	3	12
	1.4 保障老年人的财产安全和福利	4	14
	1.5 快速、公正、有效的司法制度	4	16
	1.6 住房金融与社区活跃发展	5	21
	1.7 稳定的金融体系与充足的消费者保护	2	13
	1.8 对自然资源和环境的责任管理	5	23
	1.9 确保国家基础设施的便捷、安全、保险和有效	6	18
……	……	……	……

(二) 注重选取有典型性、代表性的审计对象

政策落实往往涉及多个机构或部门，在难以全面审计的情况下，为了得出较为系统科学的审计结论，美国审计署往往会选定多个具有典型性、代表性的机构或部门作为样本，从数据类型和业务量两个维度，确保样本能够覆盖大部分审计对象，使得审计发现具有较好的说服力。

例如，在维护公民信息安全政策执行审计中，美国审计署选择了联邦储蓄保险公司、证监会、国税局、人事局等多家机构作为审计对象，这些审计对象的核心财务系统中分别存储了大量的存款者、纳税人、投资者和个人的重要信息，审计对象覆盖了多种类型的公民信息，具有较好的代表性。又如，在联邦研究资助资金管理规则落实情况的审计中，美国审计署对以白宫管理和预算办公室为主、以能源部、国家航空航天局、国家卫生研究院和国家卫生基金会为辅的五家机构进行了调查。这五家机构占到2015年度研究资助资金的83%，经审计有效厘清了导致大学管理工作量和研究成本变化的原因。

（三）运用多种审计方法关注政策实施效果

除了灵活运用审阅法、查账法、询问法等审计方法外，美国审计署还通过外部调查、数据分析等多种方式，认真调查分析政策落实效果，将绩效管理理念运用到政策落实跟踪审计中去，凸显美国审计署对政策执行效果的重视。

1. 充分获取外部证据。美国审计署多次通过外部调查方式获取审计证据，从第三方的利益相关者那里了解政策实施效果，这种审计手段在针对防范化解金融风险的审计项目中运用得尤为突出，在"洗钱风险防范""存款准备金使用管理""存款保险管理"等审计项目中均有使用。如在"存款机构执行准备金规则效果"审计项目中，美国审计署对全部 102 个属于私人保险信用社的网站进行了审查，并依据资产规模和地理位置选择了 47 个信用合作社进行了实地暗访，查阅了其中 36 个合作社的现有资料，通过获取的外部证据得出了现行制度对信息披露管理不到位的审计结论。

2. 大量运用数据分析。为了精准量化某项政策执行过程中产生的成本或带来的效益，美国审计署充分搜集各部门所涉及的可用数据，为审计发现提供了有效支持。为了确定使用数据的可靠性，美国审计署还会对关键数据进行测试，确保为审计结论提供准确可靠的依据。如在低收入住房税收抵免计划实施情况的审计中，美国审计署分析了一个包含 12 个分配机构在 2011 年到 2015 年已完成的 1849 个项目成本和特征的数据库。这些机构横跨五个地区，占 2015 年收入住房税收抵免项目的一半。通过数据分析得出了低收入住房税收抵免项目在成本上有较大差异的原因。

（四）注重在审计报告中突出体制机制性问题

美国审计署公布的审计报告一般较为凝练，对政策执行过程中存在的一般性、操作性问题往往少提或不提，审计发现部分重点阐明某一政策落实过程中存在的个别体制机制性问题，从而提高审计报告的建设性。

例如，在 2015 年开展的针对全国范围内房屋抵押资助项目实施情况的审计中，美国审计署指出农村房屋服务中心运行该项目的政策和程序存在的若干问题，部分原因是其上级部门美国农业部农村发展办公室未建立相关程序以充分促进监管规则的实施。又如，在针对老年和残障健康保险计划实施情况的审计中，美国审计署揭示了政府医疗补助金额与医院免费医疗实际成本不一致的体制机制方面原因，促进有关法案真正发挥效用。

（五）注重持续跟踪建议整改落实情况

1. 审后与审计对象持续沟通。为了保证提出的建议得到有效实施，美国审计署不断与相关机构进行沟通，及时跟进整改进度。例如，定期跟踪一些机构以了解其实施这些建议的进展情况，在网络上发布审计对象当前运营状态，主动致函包括审计对象在内的主要政府部门负责人，以及在发现审计建议未得到完全落实的情况下，及时对有关部门官员进行访谈等。此外，美国审计署还会及时统计并发布审计对象因实施审计建议而带来的效益，提高审计对象的积极性和认可度。

2. 对某一政策长期持续审计。对周期性较长、更为核心的重大政策，美国审计署通常持续数年甚至数十年对同一政策进行审计，如 2013 年某项目新增的"气候变化引发的联邦政府财政风险"事项，至今仍在持续进行审计。另外，美国审计署还会根据政策变化，及时对之前提出的建议进行更新，确保审计报告具有较高的时效性。

三、对人民银行开展重大政策落实跟踪审计的启示

（一）提高政治站位，精准确定审计领域

定期组织人员对党中央、国务院最新出台的重大政策进行梳理，尤其是对与人民银行业务相关度较高的重大政策进行实时跟踪，及时掌握政策动态，准确把握审计方向和重点，提高审计安排的实效性和前瞻性，更好地服务国家宏观战略实施。

（二）做好审前调研，选择对象"有的放矢"

在确定审计对象时，要充分发挥审前调研作用，掌握辖区重大政策执行大体情况。结合各辖区分支机构在政策执行过程中表现"质""量""价"等多个方面要素，在突出审计对象典型性的同时，也要考虑政策执行的覆盖面，做到点面结合。

（三）丰富审计方法，掌握政策效果实情

探索从制度层面赋予人民银行内审部门外部调查权力，鼓励运用问卷调查、实地走访等方式，从第三方获取一手资料和数据，提高原始数据可信度。积极推广数据分析方法在内审工作中的运用，通过内、外部数据筛选、比对和分析，对政策执行效果进行精准度量，提高审计证据说服力。

（四）优化审计报告，突出体制机制问题

在审计报告中尽量压缩一般性、操作性问题篇幅，将个别体制机制性问题的来龙去脉讲深讲透，包括政策出台背景、历史沿革、各相关方权责、问题表现及根本原因等，提高审计报告可读性和建设性，更好发挥审计参谋作用。

（五）强化后续跟踪，建立长效审计机制

探索建立未整改问题提示制度，定期梳理审计对象主观上能整改而未及时整改的问题，通过发函、访谈等方式进行提示，主动督促其整改到位。对于周期较长、较为重要的政策，可以考虑建立长效审计机制，定期开展后续跟踪，持续推动有关政策落实。

参考文献

［1］GAO. Trends Affecting Government And Society：Strategic Plan 2018 – 2023 ［EB/OL］. （2018）［2019 – 03］. https：//www. gao. gov/products/GAO – 18 – 396SP.

［2］GAO. LOW – INCOME HOUSING TAX CREDIT：Improved Data and Oversight Would Strengthen Cost Assessment and Fraud Risk Management ［EB/OL］. （2018）［2019 – 03］. https：//www. gao. gov/products/GAO – 18 – 637.

［3］GAO. FINANCIAL REGULATION：Perspectives on the Swaps Push – Out Rule ［EB/OL］. （2017）［2019 – 03］. https：//www. gao. gov/products/GAO – 17 – 607.

［4］GAO. FEDERAL LOW – INCOME PROGRAMS：Eligibility and Benefits Differ for Selected Programs Due to Complex and Varied Rules［EB/OL］. （2017）［2019 – 03］. https：//www. gao. gov/products/GAO – 17 – 558.

［5］GAO. HIGH – RISK SERIES：Progress on Many High – Risk Areas, While Substantial Efforts Needed on Others［EB/OL］. （2017）［2019 – 03］. https：//www. gao. gov/products/GAO – 17 – 317.

［6］GAO. FEDERAL RESERVE：Observations on Regulation D and the Use of Reserve Requirements［EB/OL］. （2016）. https：//www. gao. gov/products/GAO – 17 – 117.

内部审计的前路：未来十年的五个大胆预测①

中国人民银行武汉分行内审处　王丰

摘要： 国际内部审计师协会秘书长理查德·钱伯斯认为未来十年内部审计的发展充满挑战和机遇，并作出了五个大胆预测：零工经济用于审计、数据伦理和人工智能、技术应用、内部审计在组织治理中的价值、内部审计服务于公共利益。

关键词： 内部审计　未来十年　大胆预测　科技挑战　人工智能

内部审计在成功进行调整以满足其利益相关者不断增长和变化的需求方面有着悠久的历史。从 20 世纪 90 年代基于风险的审计，过渡到应对贪污和舞弊的监管法律的变化，出具财务报告以及最近的数据隐私和文化，该行业历来适应于满足其主要利益相关者不断变化的期望。

在这最近十年即将结束之际，我期待着未来激动人心的新前景。上个月，我分享了一些有关宏观趋势的预测，这些趋势可能会塑造我们的生活并影响我们工作的组织开展。无论这些预测是否正确，几乎可以肯定的是，21 世纪 20 年代将为内部审计行业带来重大的新挑战和机遇。因此我们必须作出回应。

高科技挑战从根本上影响了审计工作方式，为了维持和延续我们过去 20 年的成功，内部审计人员需要再次转型，以应对其所带来的不断变化的需求。为了成功地适应这种需求，内部审计人员需要前所未有地重视技术。

这一主题是我制定内部审计的五个大胆预测时的主要思考框架。所有从业人员都应该认真思考，他们是否准备好迎接科技挑战，并再次将内审职业发扬光大。

一、"优步"审计的兴起

"零工经济"（Gig Economy）——以普遍存在的短期合同或自由职业（而非固定工作）为特征的劳动力市场——将适用于内部审计。对精通技术、能够熟练应对网络威胁和其他技术相关风险的内部审计专业人士将供不应求。这将使具有这些技能和其他技术相关风险的内部审计专业人士，通过短期按需合同提供服务的方式变得越来越有吸引力。

从首席审计执行官（CAE）的角度来看，采购战略将包括按需专业人员。很快就

---

① 理查德·钱伯斯. The Road Ahead for Internal Audit: 5 Bold Predictions for the 2020s［EB/OL］. (2019 – 11 – 04). https: //iaonline. theiia. org/blogs/chambers/2019/Pages/The – Road – Ahead – for – Internal – Audit – 5 – Bold – Predictions – for – the – 2020s. aspx.

会有这样一个时刻：更合理的做法是直接调用一项服务，或求助于一款应用程序，帮助找到所需的短期专家来完成内部审计业务或咨询项目。

二、数据伦理和人工智能（AI）治理将成为未来十年的"审计文化"

在这个十年即将结束的时候，这个行业已经接受了审计文化。就在 5 年前，许多业内人士还认为，从业人员很难掌握软技能来审计我们组织中的"如何完成工作"。但是，审计文化，或者更具体地说，理解文化如何影响组织运作的所有方面，有时可能是控制弱点和过程效率低下的根源，现在被视为健全的内部审计的重要组成部分。

在要求内部审计机构应对的风险种类方面，每一个十年都会带来新的惊喜，而 21 世纪 20 年代也会如此。我们将经历从文化审计到审计数据伦理和人工智能的转变。这两个领域将在如何完成工作方面发挥越来越重要的作用，因此审计如何收集和使用数据以及如何利用人工智能的道德规范将成为从业者的一个重要工具。

事实上，根据最近发布的 IIA 报告《风险 2020：风险理解、调整和优化指南》，首席审计执行官们将数据伦理认定为未来五年相关风险中增长第二快的风险。只有数据和新技术在风险相关性增长方面得分更高。

三、火炬将传递给精通技术、无所畏惧的新一代

《内审员》（Internal Auditor）杂志最近公布了其年度新兴领导人名单，阅读这些年轻梦想家的简介就像是透过一扇窗户窥视未来。

他们对数据分析、机器人和区块链技术的运用是必然的。许多人不仅懂技术，而且擅长编写代码和设计数据分析程序。这个多样化的跨国集团认识到将技术集成到审计和治理策略中的价值。这一发展最令人鼓舞的方面是，采用技术将使下一代内部审计人员保持可信赖的顾问地位。

四、内部审计师作为"精打细算者"的形象将最终消失

长期以来，内部审计主要是财务职能的延伸，这种有害的刻板印象阻碍了我们的发展。但是，随着该行业越来越善于应对新出现的风险和运用技术，利益相关者将越来越认识到内部审计的洞察力和远见所提供的价值。这将最终使公众认识到，独立的保证对于组织治理的所有方面都是至关重要的，而不仅仅是财务报告和合规性，而且内部审计可以在整个组织中提供这种保证。

五、丑闻将提高人们对内部审计服务于公众利益的认识

我曾多次引用丹麦哲学家索伦·阿拜·克尔凯戈尔（Soren Kierkegaard）的话，说明所有的变化都是在危机之前发生的。从过去 10 年引人注目的丑闻数量来看，可以说我们的公司治理已接近危机模式。未来 10 年极有可能出现新的丑闻，促使政府加强对治理的监管，其中可能包括对内部审计行业的某种形式的监管。

其中最重要的一点是，监管机构和立法者越来越认识到内部审计在服务公众利益方面的作用。长期以来，内部审计人员一直在争论这个职业是为公众利益服务还是为组织服务，答案是两者都有。从内部控制、财务报告到网络安全和企业文化，独立的保证对于良好的治理至关重要，而内部审计提供了这种保证。简单地说，内部审计支持良好的治理，良好的治理服务于公众利益。

这种关注可能体现在不同的方面，包括要求上市组织报告内部审计在风险管理过程中所扮演的角色，要求组织的创建和维护适当的资源和独立的内部审计功能，以及要求内部审计报告董事会。我们甚至可能看到，在某些司法管辖区，政府正推动向内部审计师发放执照，而 IIA 并不支持这种做法。最后一点是为什么我们必须时刻警惕监管利益和干预。

这五个对 21 世纪 20 年代的大胆预测是我为这篇文章考虑的更多预测之一，但我相信，即使不是全部，也会以某种形式实现。IIA 目前的战略计划包括一个 2030 年的行业愿景，即"内部审计专业人员将被普遍认为是有效治理、风险管理和控制不可或缺的"。我能做出的最大胆的预测是，我们将在 10 年内实现这一愿景。

六、启示

21 世纪 20 年代即将到来，人民银行内部审计也同样面临机遇和挑战，正如理查德·钱伯斯所言，我们应该做好准备，以应对党委对于内部审计不断提出的新要求新任务。

一是进一步加强与其他业务部门和科技部门的合作。一方面加强日常交流，在业务和科技层面开展合作共享，了解业务发展的最新态势，让内部审计始终不落后于时代，不落后于业务发展。另一方面加强人力资源共享，在开展审计的过程中可以借助精通业务、科技等技术的人才，通过这种短期按需调度人力的方式帮助内部审计在专业性方面不断进步。

二是进一步发挥内部审计在组织治理中的价值。财务审计是内部审计的看家本领，但我们应该不只满足于此，要及时跟得上时代的发展，响应党委所部署的新要求新任务。当今内部审计能够发挥的范围越来越大，除传统的财务审计，内部审计还肩负着领导干部履职审计、业务审计、信息技术审计、内部控制监督等多方面工作，如当前党委高度关注的重大政策贯彻落实审计，我们应该仔细研究，深入学习，紧紧围绕党委开展工作，进一步发挥内部审计在组织治理中的重要作用。

三是进一步完善知识储备。当今全社会的发展日新月异，内部审计在电子化、信息化、非现场审计等方面都面临着不小的挑战，将来的内部审计人员应是复合型人才，应当在审计、科技、业务等方面均有过硬的知识储备，这需要我们在新科技、新技术方面主动学习，练就过硬本领，在即将到来的 21 世纪 20 年代，将内部审计事业上升到一个更高的水准。

四是充分重视技术运用。当前数据分析、机器人和区块链等高新技术的广泛运用只是时间问题，在业务部门不断运用科技进步的同时，内部审计应该时刻紧跟不能掉队，我们应当未雨绸缪，主动学习相关技术，加强人员业务和科技培训，并将其运用到内部审计的工作实践中。

五是找准内部审计定位。应当强调内部审计是组织内部的审计，其使命和目的是促进组织治理，增加组织价值。对于人民银行内部审计而言，应当紧紧围绕党委中心工作，及时预警和揭示组织内部的各类风险，克服困难不打折扣地完成党委交办的各项工作任务，当好党委的好参谋、好助手。

机器学习（ML）在内部审计中的应用

中国人民银行武汉分行内审处　余子鹤

摘要： 随着信息技术的飞速发展，机器学习（ML）作为一种新型工具在内部审计中的应用越来越广泛，与传统审计方法不同，机器学习（ML）通过分析客观事实，使用概率论、统计学等理论知识，从大量数据中发现问题的关联，总结规律。本文编译了 2019 年 9 月出版于国际内部审计师协会（IIA）内部刊物《内部审计师》（*Internal Auditor*）上有关机器学习（ML）在内部审计中应用的文章《通过机器学习实现更强的保障》[①]，对文章中关于机器学习（ML）的概述、内部审计运用中的流程介绍以及面临的挑战进行了编译，并展望了机器学习（ML）在人民银行内审工作中运用前景。

关键词： 机器学习（ML）　内部审计　人民银行

为了识别数据中的不确定性，更好地进行内部控制，大多数内部审计机构已经开始使用基于算法的分析工具。这些分析工具在整个行业中发挥了很好的作用，提高了审计效率，创造了更多的价值。特别是机器学习（ML）基于规则分析之外的演化过程，将其纳入内部审计，可以预测潜在的结果，识别数据中的规律，获得独特的见解。

一、机器学习（ML）概述

机器学习（ML）涵盖概率论、统计学等课程知识，使用理论知识和复杂算法，将计算机作为工具，真实实时的模拟人类学习方式，对现有内容进行知识结构划分，以此进行分析预测。随着信息技术的不断进步，机器学习（ML）已经在制造、医疗、航空等不同行业有了广泛应用，既降低了行业成本，也提高了行业效率。目前，越来越多的内审机构开始加大计算机技术研发投入，使用机器学习（ML）工具开展审计项目。

在内部审计中，传统审计模型通过审计专家的经验，提炼出审计检查要点，对每一个检查要点总结标准化流程，开展审计活动。这类审计模式无法覆盖所有业务场景，灵活性低，且十分依赖审计专家的个人判断。而机器学习（ML）基于发生在不同主体的相同业务场景产生的数据，样本数量巨大，类型多样，时间跨度大，审计结论取决于机器算法而不是审计人员的主观判断，能很好地弥补传统模式下审计存在的缺陷。

---

① Lee Ying – Choong. Stronger Assurance Through Machine Learning [J]. Internal Auditor, 2019, 3 (9)：1 – 7.

二、机器学习（ML）内审分析流程

机器学习（ML）审计分析流程主要包括样本集与特征提取、训练集与数据清洗、算法与结果评估三个方面，具体如下：

（一）样本集与特征提取

样本集是机器学习（ML）中需要使用到的数据集合，根据业务的特征划分不同属性，并再对每一种属性划分，按类别录入数据。在内审实践中，从内审业务信息系统中收集不同审计对象各种业务场景中的数据，提取尽可能多的审计数据，并对收集到的数据抽取特征进行下一阶段的分类处理。

（二）训练集与数据清洗

将获得的审计数据进行筛选，剔除不合理的审计数据，分析每一类有效审计数据在样本集中出现的频率，得出每一类审计数据下特征集合的条件概率。通过对样本集进行训练，构造模型。在此过程中经常使用到的方法有简单交叉验证（Hold – out Cross Validation）、K折交叉验证（K – fold Cross Validation）等，用于选取有效审计数据。

（三）算法与结果评估

将每种有效审计学习模型进行测试分析，选取可靠模型，进行分类预测。机器学习（ML）算法可以被分为两种：监督类以及无监督类，根据问题和分类的可用性选择不同的学习方法。

1. 监督学习（Supervised Learning Algorithm）。监督学习是总结过去得到的经验，总结规律，应用到新数据的分析中。此类方法通过分析数据特征来学习，通常被称作训练数据。将训练数据集的分析作为确定某一审计问题特征与过去审计结果联系的桥梁，该方法可以用在审前预测中。

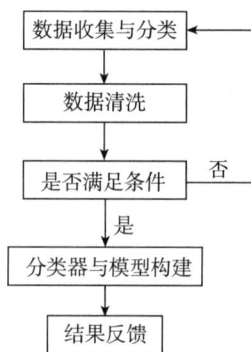

图1　机器学习（ML）内审分析流程

2. 无监督学习（Unsupervised Learning Algorithm）。无监督学习是按照现有数据的集中程度，推断式学习。不同于监督学习，无监督学习不是分析过去的审计结论数据，而是比较现有数据之间的相似性与不一致性，此类方法在数据多且不可用的时候是有效的。

机器学习（ML）在审计过程中的分析流程如图1所示。

三、机器学习（ML）在内部审计中面临的挑战

机器学习（ML）运用到内部审计时存在许多挑战：有效数据缺失、模型演化误差、经验运用不足以及存在安全隐患。

（一）有效数据缺失

为了得到有意义的结果，机器学习（ML）必须基于大量真实的、高质量的数据。

例如，对于财务支付异常的检测需要至少连续一年无间断的机密数据，寻找以及剔除错误。准确的数据对于机器学习（ML）是十分重要的，经验表明，在机器学习（ML）中，数据探索和分类总是花费大部分时间，由此产生的误差会导致模型输出结论错误。

（二）模型演化错误和误差

很多基于机器学习（ML）的项目在一些模型中会演化错误，得出不准确的结论。造成这些问题的原因包括演化无特征、演化方法不适配或者高质量数据稀缺。审计人员应该认识到每种算法固有的局限性，例如，如果数据关联很小或者完全没有关联性，则机器学习（ML）的算法可能会产生有偏差的结果。

（三）经验运用不足

由于机器学习（ML）算法的测试不足，可能存在系统漏洞，导致潜在风险。目前机器学习（ML）在实际审计中的使用场景很少，审计机构没有许多成功的审计项目可以学习。没有经验的审计人员可以从较为初级的机器学习（ML）解决实际审计的经验中，循序渐进地运用此工具。例如，可以使用集中学习的方法对简易模型进行改进，取得成功之后再考虑更高级别的机器学习（ML）方法。

（四）存在安全隐患

机器学习（ML）运行的基础是大量数据，而内部审计数据是机构运行的机密。目前计算机技术高速发展，如果机器学习（ML）在内部审计运用时，出现恶意的黑客攻击，或者由于内审操作人员操作不当，会给组织带来不可预估的后果。同时，在机器学习（ML）数据存储和传输阶段也有可能存在不同程度的管理风险，这些都是机器学习（ML）运用中不可忽视的问题。

四、机器学习（ML）在人民银行内审工作中的前景展望

机器学习（ML）技术的发展给内部审计实践带来了巨大的希望，通过自动化风险识别为审计结论的准确性提供了帮助，未来可能在一定程度上推动人民银行内部审计发展进程。

在大数据信息化时代的发展浪潮下，内部审计人员应当不断提升审计能力，学习智能信息化审计工具，培养审计能力。内审机构应当构建智能信息化审计平台，运用最新内部审计理念指导工作，促进信息类审计技术的革新，更好地发挥内部审计的作用。机器学习（ML）在人民银行内审实践中可运用于审计疑点智能识别、数字化审计建设、审计成果转化、智能审计系统建立，具体如下：

（一）运用于审计疑点智能识别

人民银行内审工作大部分采用现场人工审计，特别是经济责任审计中会调取大量的财务类凭证，而财务凭证的翻阅需要时间且人工查账会有一定程度的遗漏。利用机器学习（ML）技术，能够开发识别问题凭证的计算方法，通过查阅历史财务数据、建立样本集、训练样本、分类分析等过程，自动识别问题财务凭证。

（二）运用于数字化审计建设

数字化审计是发展的必然趋势，人民银行也非常重视审计数字化建设，总行内审司高度关注"内审业务综合管理系统"的使用，某分行也出台《某分行内审业务综合管理系统操作运行管理办法》，推动全辖对总行内审业务综合管理系统的运用与管理。机器学习（ML）审计工具的研发与推广基于海量数据，对审计数据的采集、传输、存储、处理、分析等方面的能力要求极高，可以倒逼以计算机和网络技术为基础的人民银行业务数据库的建立，将原有的比较分散的业务数据进行提取、转换，以此提升人民银行内部审计的效率。

（三）运用于审计成果转化

机器学习（ML）不仅局限于事前风险识别，对后续审计以及审计整改方面也有重要意义。通过对审计报告以及整改报告的数据分析，一方面探究问题产生的根源，推动源头整改；另一方面，对屡查屡犯以及敏感性问题严肃问责，充分发挥内部审计的作用。

（四）运用于智能审计系统建立

智能审计系统是大数据背景下，运用云计算、人工智能等技术处理审计数据、开展审计项目、实行科学决策的有力工具。该系统包括系统管理审计平台、审计数据中台、审计模型等，而审计模型是智能系统的关键部分，机器学习（ML）可以广泛运用于审计模型的构建，模拟审计评价指标体系，推断总结规律，构建决策以及限定条件下的数学公式，形成模型算法。近年来，国际内部审计组织发布了新版企业风险管理框架，强调内部审计需要"努力协调组织的持续监控和持续审计系统，最大化内部审计能力，提供更有价值的审计服务"，机器学习（ML）的使用有助于人民银行内部审计紧跟国际发展趋势，建立健全智能审计系统，更好地实现组织风险管理，促进高效履职。

美国审计署审计主要关注方向及相关启示①

中国人民银行梅州市中心支行　肖燕

摘要： 美国审计署成立于 1921 年，历史较为悠久，自身定位比较清晰，审计监督有明确的关注方向，并走在世界前沿，其成熟做法经常被世界各国学习借鉴。本文对美国审计署审计主要关注的六个方向进行了归纳分析，同时借鉴其成熟做法，从高风险领域监督、绩效审计、数据分析等多个方面提出了对人民银行内审工作的启示。

关键词： 审计署　人民银行　审计关注　借鉴

一、美国审计署审计主要关注方向

（一）关注战略评估

《2010 年政府绩效与结果修正法案》出台以后，从 2014 年开始，美国联邦机构每年都要评估自身在实现战略目标体系中实现每个战略目标的进度计划。法案要求美国审计署定期审查其实施情况，美国审计署对美国宇航局（NASA）、农业部、房屋和住房部等若干部门进行调查，总结上述机构实施战略评估的经验，调查发现，上述机构通过建立战略评估流程、明确每个战略目标及绩效目标的可衡量标准、总结影响目标实现的策略和因素、制作与战略目标达成相关的识别评估框架和清单等，可以有效促进战略实施，检验战略目标和年度计划是否达到想要的结果或影响。例如，美国宇航局的做法是，通过建立宏观长期战略目标，将战略目标分解到更具体的、以任务为导向的近期目标，来实现所要达到的结果。美国审计署也通过不断分解细化目标来合理评估该机构实施计划的有效性及最终目的实现的进度。图 1 为美国宇航局战略目标——绩效目标流程体系分解。

---

① GAO. Managing for results——practices for effective agency Strategic reviews［EB/OL］.（2015）［2015 – 07 – 29］. http：//www. gao. gov/products/GAO – 15 – 602.

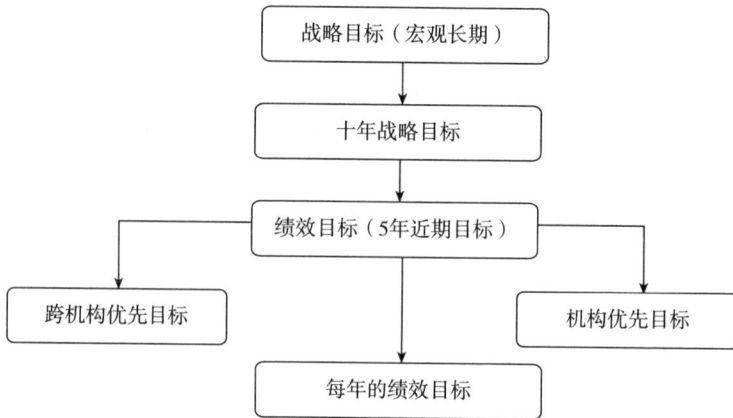

图 1　美国宇航局（NASA）战略目标——绩效目标流程体系分解

（资料来源：美国审计署官方网站）

　　表 1 阐述的是对 NASA 探索运用太阳系项目中，如何设置战略目标，并逐步分解至绩效目标。美国审计署通过明确每个战略目标的可衡量结果进行战略审计，关注每项战略目标在 10 年或 5 年内将取得哪些成功或影响，并使用基本的绩效目标、指标和里程碑来更好地了解项目近期进展。审计通过关注战略评估，旨在促进改进策略，推动战略目标实现。

表 1　美国宇航局（NASA）目标分解内容

战略目标 （宏观）	长期目标	多年（短期） 绩效目标示例	年度绩效 指标示例
了解太阳、地球和太阳系的相互作用及其内在联系，包括太空气候	进一步了解导致太阳发生变化的原因，地理空间、行星空间环境和日光层的响应方式，以及对人类的影响	增进对连接太阳、地球和行星空间环境以及太阳系外围的连接的理解，并作出研究进步	如 2015 年持续研究和开发太阳能探测的指标要求

（二）关注绩效

　　美国的审计已由传统的财务审计扩大到绩效审计，绩效审计是涉及公营部门管理的经济性、效率性和效果性的评价审计，主要审查项目是否实现预期效果，立法机构或其他权威机关制定的目标是否达到等。美国审计署 2018—2023 年战略发展规划中包括了三个部分，分别为"为国会和国家服务的目标""关键工作"及"影响政府和社会的发展趋势"。其中，"为国会和国家服务的目标"按照"总体目标—战略目标—绩效目标"的层次，共包括了 4 大类总体目标、19 项战略目标以及 95 个绩效目标。"关键工作"部分则阐述了有助于成功实现 95 个绩效目标的实质性重点工作，以清单方式详细列出绩效目标和关键环节。例如，以绩效审计为重心的美国环境审计，将政府投入的环保资金使用效率、效果及产生的效益作为关键点，审查相关管理部门对于环保项目的设计目标是否实现，分析项目管理、资金、人员、技术情况，评价项目实施过程中资金使用合理性，设备、技术投入的经济性和效率性，环境审计部门还会进一步跟踪环境项目建成运营后对环境改善的效果、效应是否明显，从项目立项、项目实施到项目结束均突出了以绩效为目标的审计监督。

（三）注重连续跟踪审计

美国审计署开展专项审计时，会采取连续性跟踪审计，不断追踪项目的进展情况，并有针对性地、动态地发现问题、提出建议，促进政策的贯彻落实和取得预期成效。例如，在美国复苏法案的跟踪审计中，该法案资金总额7870亿美元，在法案实施的19个月内发放并支出法案资金的70%，为了监督总额巨大的法案资金的发放，开展了历时四年的连续跟踪审计。在这期间，美国审计署发布了65份审计报告，审计报告包括摘要、引言、每个审计发现的基本情况、审计建议、被查方的反馈和审计人员对被查方反馈的表态，对该项目开展了持续不间断跟踪。

（四）坚持以数据定量分析为主

审计的科学化，借助公共基础数据开展数据分析，大量的数据分析为审计结论提供有力支撑。例如，美国审计署在对联邦儿童医疗保险制度（SCHIP）执行效果的审计监督中，按照审计理论的规范和该项政策的具体内容，设计了一系列数据收集系统，如SCHIP注册数据系统、SCHIP工作指标体系，并借助人口调查信息系统获取相关信息和数据，对获取的数据进行整理，形成审计结论。定量为主地开展审计工作，用事实和数据来支撑审计结论，提高了美国政策审计的权威性和审计结果的真实性、可靠性。

（五）关注高风险领域

美国审计署每两年发布高风险领域清单，并根据实际情况不断动态更新清单具体内容。被列入清单的政府机构和项目都易发生欺诈、浪费、滥用、管理不当等风险。美国审计署通过国会和行政部门关注程度、公众利益的相关程度和预算支出情况、机构战略规划中所处地位及对机构年度经营业绩的影响程度、已知项目将在业绩和问责方面存在高风险的可能性共四方面主要标准确定高风险审计项目，并进行持续评估。其采用五项评价指标和三个达标层级模型（见图2）对高风险跟踪审计项目的进行风险评估，当项目评价指标都达到达标层级时，会将项目从高风险中移除，从而进行一般监控。

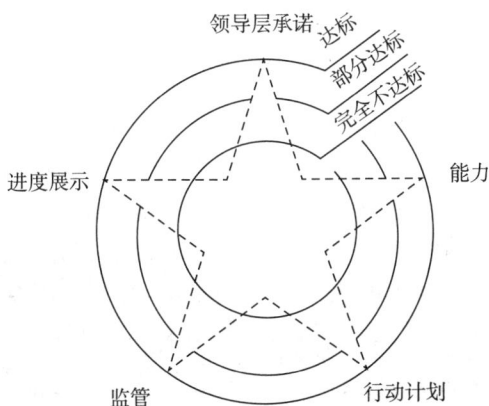

图2 项目风险评估五角模型

（六）关注审计后续监督

美国审计署高度重视审计整改，被审计单位和审计人员对审计发现问题整改拥有共同责任。被审计单位的单位负责人、管理人员、整改人员、监察长负责审计整改工作的开展，必须指定与审计人员相对接的管理人员。当被审计单位与审计人员有不同的意见时，被审计单位管理人员应当采取合理的方式解决，问题整改情况纳入管理人员考评。例如，美国审计署在对《政府绩效和结果现代化法案》的连续性审计中，通过设立专门的审计建议执行情况查询系统，系统跟踪监督责任部门的整改及采纳建议的进展情况，具体包括该项目所属的责任部门、涉及内容、当前改进状态、应当采取的行动、实时的执行进度和完成程度等信息，并通过优化组织设置和协调机构行动来促进法案取得成效。

二、对人民银行内审工作的相关启示

（一）提高审计站位，统筹战略目标和关键细节

一是提高审计监督的前瞻性，从注重预算执行等传统业务领域，不断扩大审计工作范围，转变到经济责任审计、重大政策执行落实等多层面审计监督体系，从单纯发现问题，逐步拓展到提出审计评价建议，提升审计监督服务的高度。二是既要从宏观大局部署战略规划，又要注重微观环节的具体细化，明确长期、短期审计战略目标及发展方向，细化每年的计划措施，明确各项审计应遵循的具体标准和程序，对不同领域的审计重点及关键环节进行详细介绍。

（二）坚持问题导向，优化资源，建立高风险领域工作机制

一是坚持问题导向，建立高风险项目清单，优化审计资源，将审计力量集中到重大风险的审计项目中，提高审计效率和效果。二是推进风险导向在人民银行内部审计的深化运用，通过评估分析风险，形成审计思路，准确确定审计重点，快速定位审计疑点。三是发布审计发现的高风险问题，进行通报和提示，更好发挥监督的重要作用。

（三）加强绩效审计，关注项目的效益性

扩展审计视角，从传统财务审计逐步扩展至绩效审计，从单纯查错纠弊拓展至对项目的绩效和管理进行评价，对前瞻性问题进行评估，注重价值工程分析，重点关注项目的经济性、效率性和效果性，促进提高单位和部门的履职效率。

（四）注重数据采集和共享，运用信息技术开展数据分析

一是整合数据资源，实现数据共享。可借鉴美国审计署的做法，充分运用当前互联网大数据的作用，推动审计云平台的建设工作，健全完善数据采集和定期报送机制，持续加大数据采集力度，开展信息共享。二是在数据分析方法上，在使用传统数据分析工具的同时，加强互联网软件的使用，创新数据算法，采用"系统分析、获取疑点、人工核实、精确定位"的数字化审计方式，不断实现数据运用在审计定量分析的作用。

（五）增大整改监督力度，持续推进内审成果运用

设立专门的审计整改建议执行情况查询系统，在线跟踪被审计单位的整改落实情

况，包括被审计直接责任人、相关负责人、整改期限、整改内容、整改进度、整改措施等信息，更加有力地推进审计整改和审计建议的后续执行。持续推进审计结果运用，充分发挥审计结果和建议在政策落实、问题纠偏、业务改革或者职能深化等方面的作用。

参考文献

［1］马莉莉，汪照全，陈超．美国联邦儿童医疗保险制度审计：分析与借鉴［J］．审计研究，2011（1）：47－52.

［2］陆晓晖，汪照全．美国审计署政策审计做法［J］．审计月刊，2015（9）：12－13.

［3］李红，张玉柱．借鉴美国经验加快我国环境审计实践步伐［J］．审计与理财，2018（10）：47－50.

［4］申琳燕，胡光辉．美国审计署2018—2023年战略规划及对我国审计规划的启示［J］．中国内部审计，2018（7）：78－81.

［5］GAO. managing for Results：selected Agencies' Experiences in Implementing strategic reviews［EB/OL］.（2017）［2017－09－07］. http：//www. gao. gov/products/GAO－17－740R.

内部审计应对改革性创新的主要做法及启示[①]

中国人民银行湛江市中心支行　周蕾　麦宗颖

摘要： 2019 年，玛格丽特·H. 克里斯蒂，马克·尤勒里奇和大卫·A. 伍德在内部审计基金会发表报告《内部审计人员对突破性创新的响应》，调查了全球各类组织机构面临的创新与风险，并提出内部审计要在保持有效控制和降低新风险方面发挥关键作用。本文对报告内容进行了编译，并提出对人民银行内审工作的几点思考与启示。

关键词： 改革性创新　内部审计

为提高业务效率，增强竞争优势，全球各类组织机构正进行各类创新，从技术性的创新（如机器人流程自动化或数字化）到更广泛的组织变革（如企业战略转变），许多改革性创新会影响、改变传统审计流程，产生未知风险。内部审计作为第三道防线，必须评估和管理一系列不断变化的风险，有效控制和降低新风险。本报告通过访谈和调查，探讨目前全球组织面临的各种创新，以及内部审计如何调整以适应这些变化，对此提出有益见解和应对措施。

一、基本情况

目前组织最常见的十大创新依次为数据分析、云计算、敏捷流程、移动技术、机器人自动化操作过程、连续审计、新的组织战略、人工智能、监管变化、数字化。下文从内审部门前期决策参与、事中应对措施、事后效果评价三个方面来分析内部审计如何响应组织创新。

（一）内部审计对创新决策的参与情况

在进行创新和组织变革决策时，42% 被调查的内部审计人员表示没有参与或至少早期不了解创新决策，内部审计人员经常处于被动状态，处理创新带来的风险的能力被削弱，导致组织易面临风险。34% 的被调查者在创新项目的初始阶段参与了审查和确定供应商或产品。仅 4% 的内部审计人员咨询了创新中涉及的风险以及缓解风险所需的控制措施，并增加了新风险领域的审计计划，在保持独立性和客观性的同时利用在风险识别和控制评估的优势，帮助组织更充分地理解风险。

---

① Margaret H. Christ, Marc Eulerich, David A. Wood, Internal Auditors' Response to Disruptive Innovation [J]. Internal Audit Foundation, 2019.

（二）内部审计对创新风险的应对措施

内部审计应对组织创新风险最常见的方法是加强人员培训和在年度计划里新增新风险领域的审计项目。由于创新持续存在，内审人员需持续接受培训，因此招聘时需要考虑应聘者的适应能力、学习能力和用创新的方式解决风险和问题的能力。在制订年度培训计划时考虑预算资金和工作时间协调上的安排。在不断变化的工作环境里，应对组织创新的关键是保持对审计技能、风险控制方法的钻研和精进。

（三）内部审计应对创新的效果评价

内部审计人员应对创新的态度不够积极，准备不够充分，审计工作效率提高不明显。根据德勤 2018 年全球审计调查，60% 的首席审计主管认为内部审计在组织内部没有强大的影响力。是否参与创新决策、对创新变化的准备程度，都会影响审计监督的有效性。若内部审计人员不能参与早期的创新讨论，对创新准备不足，则无法提供有效监督，也不太可能参与下一次决策讨论，这种负面循环导致内审部门的发言权被边缘化。内部审计在准备和应对创新风险问题时面临着较大挑战。

二、主要改革性创新及内部审计的应对策略

（一）数据分析

1. 定义。数据分析指运用 IT 技术从原始数据源中获取目标信息，并对其进行分析研究和概括总结的过程。在审计背景下，数据分析指"发现和分析模式，识别异常，通过分析、建模和可视化，从审计相关主题的数据中提取有用信息，以便计划或执行审计"。

2. 影响及风险。审计部门专注于数据分析，可能会降低审计人员执行其他类型审计的时间，而其他业务部门进行数据分析的风险与数据的不完整性、分散性、透明度有关。一是组织员工可能使用不完整或有缺陷的数据进行分析然后决策；数据趋于分散，且隔离，集合并有效地利用数据分析存在较大困难。二是较高的数据透明度意味着内部负面数据或不良信息难以控制，员工离职时会带走这些可能利于竞争对手的信息。

3. 应对策略。通过培训提升审计团队数据分析能力，将审计方法纳入绩效目标，促使审计人员更好地利用数据分析以提高审计效能；维护管理组织数据，制定数据库管理规定，以可控、有效的方式来保持数据安全访问；控制分析数量激增，提高结果质量，审查数据分析的执行、保存、共享和结果使用，避免具有不同结果的重复分析。

（二）云计算

1. 定义。云计算是指使用远程服务器网络来存储、管理和处理数据，而不使用本地服务器或个人计算机。云计算存储数据更有效、更安全、成本更低，极大地改变了 IT 部门，比如，IT 部门人员比一年前减少了大约1/3。

2. 风险及应对策略。云计算引发了与隐私、安全、数据泄露、数据敏感度、声誉和监管有关的风险。针对上述风险的建议措施有：围绕数据安全、隐私等内部标准对

云计算服务进行评估控制；雇用外部专家进行渗透测试，聘用具有编码、网络安全、信息学等专业 IT 技能的审计人员，加强有效监督；密切关注云计算合作公司，确保了解具体事务细节，准确传达计算结果。

（三）敏捷流程

1. 定义。敏捷流程是指满足客户快速变化的需求的软件开发能力，是一种以人为核心、迭代、循序渐进的开发方法，以低成本快速提供符合要求的软件产品为目标。

2. 影响及风险。内部审计须认识到敏捷过程有不同的思维方式和项目管理方法。敏捷流程伴随着持续的不确定性和快速的变化，业务部门在冲刺期间可能不会过多关注内控制度，当内审部门发现问题提供建议时，IT 部门可能已经发布了两个新的迭代产品，内审部门难以及时监督。从组织角度来看，内部审计是合规性工作，若无法跟上 IT 团队速度，则没有附加值。

3. 应对策略。内审部门须作出调整，快速执行审计活动和提供建议。争取与高级管理层进行开放式沟通，参与实施敏捷方法的决策，参加敏捷过程相关的产品培训或演示。在实施敏捷的早期阶段，雇用专业人才或购买服务，利用外部专业知识进行监督评估尤为重要。

（四）移动技术

1. 定义。移动技术是指使用蜂窝技术连接电话、平板电脑或笔记本电脑开展工作和进行联系，其应用范围很广，从跟踪人员和资产（如飞机、卡车等），到将纸质文档转换为电子文档，再到提供各种解决方案。从内部审计角度来看，移动技术能够用来监视和控制审计项目中复杂的、特定的风险，有效识别影响企业行为的内外部因素，对审计项目的进展和成果进行独立评估并提出建议。

2. 存在风险。移动技术存在典型网络风险（如隐私，数据完整性，安全性等），还有网络盗窃和未经授权访问的安全风险，甚至会遭到黑客的攻击导致信息受损。监视和控制移动技术环境中的风险对内审部门来说复杂且困难。

3. 应对策略。

（1）构建 COBIT（目标集）框架：COBIT 框架通常开发用于应对来自移动技术的潜在风险，识别所有影响移动技术的内部和外部过程和资源，以有效地控制移动技术使用风险。

（2）了解移动技术的战略和操作目标：内审人员必须充分认识移动技术的实施原因和方式，了解移动技术在审计工作如何发挥作用，运用移动技术识别潜在的风险和进行必要的控制。

（3）加强部门合作及增强风险意识：移动技术（特别是移动设备）用于多个目的和几乎所有部门，因此内审部门有必要与网络技术、安全管理等部门进行合作，扩大以技术通信为手段的风险控制范围，增强组织风险意识。

（五）机器人流程自动化

1. 定义。机器人流程自动化是一种自动化程序，通过设计"机器人"替代员工来执行例行的系统控制任务。机器人基本上会做与人类完全相同的步骤，但它们不完全和人类一样"智能"。

2. 存在风险。机器人流程自动化具有极高的工作效率，能够极大减轻人员工作量，减少人工输出。但该技术存在着重大风险，即自动化程序一旦出现错误，机器人不能自行修正，其极高的工作效率会导致错误迅速扩大，直到专业人员发现并修正它。当前内审人员对机器人自动化程序运行原理了解不足，面对程序出错，通常只关注是否及时修正，未深入挖掘程序出错概率及风险控制。

3. 应对策略。扬长避短，审计人员须意识到不是要审计他们并不真正理解的技术，而是需要帮助组织识别风险和确保风险控制到位，查找是否存在控制缺口。可通过事先集中反复测试控件，同时注重监视过程中的风险控制。在必要时，可通过聘用专家或审计外包寻求专业人士进行技术支援，确保达到审计目标。

（六）持续审计

1. 定义。持续审计是一种以技术为基础的审计活动辅助工具，采用计算机技术设定参数，以自动的、实时的方式进行风险评估和控制。持续审计让组织中的风险及控制以一个实时视图的形式呈现，可以让审计人员快速了解风险，集中注意力应对风险变化。

2. 存在风险。持续审计可能会给内审人员错误的安全感，内审人员会认为控制一直有效。但若计算机程序持续检查的判断标准设置不适当，或内审人员对程序运算原理不够了解，可能计算结果并不能反映真实的情况。

3. 应对策略。

（1）加强纵向沟通。持续审计的实现需要管理层的支持和帮助，内审部门需与管理层保持密切沟通，及时向管理层反映组织管理中的问题和风险，积极提供改进建议，提高内审部门在组织中的价值。

（2）拓宽横向沟通。持续审计和持续监控可通过第二条防线来解决，内审部门应加强与业务部门合作，形成完整的监督管理系统，减少重复监督。此外要积极与科技部门联系，以解决审计中遇到的技术难题，避免因技术难题出现无效监督。

三、对人民银行内部审计工作的启示

（一）提供有效信息服务决策，充分发挥内审咨询作用

一是做好组织创新中的预测者角色。随着新技术不断发展，央行内审部门要及时关注内外部环境的变化，足够了解新技术产生的影响及风险，增强风险意识，提早预测、评估实施创新技术存在的风险，确保创新策略和变化适应组织的风险承受能力。二是做好组织决策的出谋者角色。当使用新技术时，决策层需要获得新信息和了解潜在风险覆盖范围，内审部门要及时提供有关创新产生风险的信息及建议，以此来指导创新策略，避免组织做出错误决策，提高内审工作附加值。

（二）主动与各部门联系，提前了解风险共商对策

一是与业务部门保持积极沟通，面对业务部门改革创新时，足够的沟通能够帮助

内审部门更快速地收集相关部门的风险信息，更深入地理解业务知识，审计活动更易得到业务部门的接受和理解，有助于开展审计工作和达到审计目标。二是开展事中审计和实时监控。内审部门在专注事后审计的同时，可在早期阶段针对组织的创新流程和业务模型进行风险预测或开展审计；在创新策略实行过程中，注意实时风险监督，提早汇报潜在问题，与业务部门沟通并商定解决方案。

（三）丰富内审队伍知识结构，加强培训审计技能

一是充实审计人才队伍。在面临不断变化的内外部环境时，内部审计部门应适当招录多种专业的人才，拓宽队伍专业范围，丰富人员知识结构，提升审计整体技能。二是加强内审人员专业技能培训力度。内审人员要积极接受、学习新技术，理解和支持组织引入的创新技术，掌握足够的知识并运用新技术开展审计工作，主动解决新问题，总结新技术的优缺点并进一步改善，提供高时效和高价值的审计报告。

优化审计人才管理的做法及启示

中国人民银行惠州市中心支行　余海沣

摘要： 2019 年 11 月 7 日，IIA《全球视野和见解》发布了关于在不断变化的审计环境中优化人才管理的报告，从内部审计人才需求的演变、人才招聘与发展、人才保留等三个方面进行阐述一系列思想与见解。本文编译该报告主要观点并结合目前人民银行内审工作发展的趋势，提出几点启示。

关键词： 全球视野和见解　审计环境　人才

一、主要观点综述

（一）内部审计人才需求的演变

伴随着新兴技术、宏观经济、地缘政治等因素的发展，审计业务风险格局在不断变化，内部审计职能也从根本上发生了改变。因此，如何识别、监测和管理风险的性质，如何解决动态风险环境所需的人才，上升为内部审计急需重视和未来发展中最值得被关注的问题。

一是技术对人才市场的影响。内部审计未来发展的讨论最终都会指向技术和自动化主题，根据普华永道市场分析，目前，内审工作中约有 45% 可完全实现自动化，其中大部分是重复和常规的。从内部审计的角度来看，总体测试、风险评估、关键风险指标监测、数据分析，以及基于量化等方面的内容属于这类工作。使用先进的技术，能以更高的效率和更低的成本完成工作，事实上，为了让内部审计职能部门充分利用数据分析优势，还需集成机器流程自动化（RPA）。

总体来说，新技术对人才就业机会产生的影响是积极的。2018 年世界经济论坛发布的一项研究表明，自动化能创造 5800 万个就业岗位，超过它所能取代的就业岗位数量。不过也意味着未来相当一部分劳动力必须具备与技术相匹配的技能。在审计工作中，审计领导人要充分利用这些技能并纳入内部审计职能的人才管理战略，才能更好地克服人才短缺或财政资源紧缺等造成的障碍。

二是风险变化。随着技术边界的扩大，各组织面临的风险也在不断变化，为应对新的、动态的、与技术相关的风险，许多审计职能部门都在寻找专业性人才。其中，网络安全风险尤为突出，据国际投资协会 2019 年《北美内部审计脉搏》调查显示，有81% 的金融服务业审计主管将网络相关风险列为本组织的高风险或超高风险，比其他类型风险高出很多。目前如何吸引和培养人才，以解决现有的网络安全控制问题，以及协助管理层实施新的控制措施是内部审计关注的重点。

内部审计人员缺乏网络安全专业知识，对内部审计应对网络安全风险具有较大的影响，主要采取以下两种方式解决：将与网络安全有关的内部审计工作外包给专家或外部供应商，或将内部审计职能内容控制在能力范围内，但以上两种做法都有一定风险。

（二）人才招聘与发展

一是薪酬与人才供给的关系。全球人力资源咨询公司发布了《2020 年薪酬指南》，报告显示，内部审计经理的预计薪酬要远高于其他同级别的管理人员。优厚薪酬虽然是激励员工的因素，但同时也使内部审计存在不稳定性。另外，国际内部审计师协会（IIA）《2020：风险理解、调整和优化指南》报告显示，董事会、最高管理层和首席执行审计官对其组织管理特定风险能力的看法略有不同。其中对组织应对人才管理风险的能力方面相当一致，但董事会成员的观点略为乐观。这种轻微偏差，可能影响审计职能部门的预算。例如，审计主管可能更希望扩大预算，以争取人才，并解决部门关键技能缺口等问题，但董事会成员可能认为使用内部资源无法弥补这些缺口。所以，这种认知上的偏差使各管理层之间的矛盾更为复杂。另外，随着对人才需求的升级，求职者对职位认知也在不断提高。

二是全面的培训和发展计划。从外部雇用全能型人才并非改进和扩大内部审计职能的唯一途径，如对非专业外部人才进行全面的内部培训，也可以是审计人才管理的一种战略。他们与全能型人才的招聘应受到同等重视，这对组织和求职者是双赢的。首先，通过内部培训项目，审计主管能够在人才库中有更多的人选，让那些非全能型的人才也得到机会，同时避免雇用全能人才付出的高昂代价。

2018 年《北美内部审计脉搏》调查显示，大部分审计领导认为分析/批判性思维、沟通技巧、说服力和协作等技能是审计职能履行中最重要的能力。而基本的 IT 知识、数据挖掘和分析能力，甚至特定的行业知识则是更专业的技能，具体见表1。有了完善的培训计划，没有经验的求职者如果有学习意愿，在竞争激烈的人才市场上也可以是一个有利的选择。另外，国际内部审计师协会（IIA）的人才管理实践指南为审计领导提供了多种策略，以完善他们的培训与发展计划，包括：轮岗计划、指导项目、在职培训、网络学习等。

表 1　技能重要性

内部审计技能	重要性	内部审计技能	重要性
分析/批判性思维	95%	会计和财务	65%
沟通技巧	94%	行业专业知识	63%
了解审计流程	85%	风险管理	61%
说服力与协作	83%	IT 基础知识	60%

内部审计技能	重要性	内部审计技能	重要性
商业思维	80%	国际内部审计实务框架	58%
职业道德	79%	治理和文化	56%
创新思维	77%	数据挖掘和分析	50%
流程改进	67%	网络安全和隐私	48%
内部审计管理/监督	66%	欺诈调查和/或审计	41%

三是与相关机构建立合作。目前，部分地方 IIA 分会的学术关系委员会与地方学院及大学建立了合作关系。许多学校采用结合内部审计的项目，为学生提供从 CIA 考试培训到证书，到完整的本科和研究生教学的所有内容。内部审计职能部门获得了招聘、培训和保留人才的资源，学生获得更多的实习机会和内部审计职位。而且，在增加学生就业的同时，相关机构也获得了与公司交流学习的机会。为了最大限度地发挥与 IIA 分会和附属机构的学术关系委员会的这种合作关系，审计领导需确保他们的组织遵守协议，并提供对等的资源。另外，从 IT、IT 安全、会计等部门聘用经验丰富的退休员工以增加价值，也不失为一个有效策略。人才库的范围极其广泛，有效的人才管理战略应该强调以多元和开放的态度寻求公司价值最大化。

（三）人才保留

当今审计行业领导者面临的两个困难，分别是招聘高级审计人才和留住审计人才。现实中，组织无论花费多少成本去培养一个高级内部审计人员，往往最后很难留住。毫无疑问，如果未能适当对人才进行战略性保留，就无法充分发挥人才管理战略的潜力。因此，审计主管必须了解高级内部审计师决定留下或者离开组织的因素。

一是人才激励。制定人才保留战略时，除了薪酬之外，还有其他决定性的原因。如满足个人层次需求以及与之相匹配的企业文化等。

根据马斯洛的需求层次理论，大多数人的需求可以分为五类，从基本需求或"生理需求"到"自我实现需求"。一旦基本需求得到满足，个人就会习惯性地倾向于向上发展，试图达到马斯洛所说的"自我实现需求"的状态。虽然马斯洛关注的是一般意义上的人类需求，但这个理论同样适用于人才管理。根据经验法则，当人们认为这份工作能帮助他们达到"自我实现需求"的状态，他们更愿意留下来做好该份工作，具体情况见表2。

表2 就业相关需求

自我实现需求	富有挑战性的工作、个人责任、创造的机会、工作成绩、赞誉、晋升和奖金
自尊需求	社会认可、职称、高地位、工作本身的反馈
社会需求	工作小组/团队、监理、专业协会
安全需求	健康和安全、就业保障、雇用合同
生理需求	补偿金、利益、工作环境

根据《薪酬指南 2020》调查显示，超过三分之一的受访员工表示，如果职位合适，但公司文化不合适自己，他们也会拒绝这份工作。报告称："组织文化是招聘和留住人才的重要因素，它代表了求职者最重要的考虑因素。"对于内部审计来说，既要招聘和留住有价值的人才，也要创造一个让员工留在组织的动机，这种新的要求必须在职能部门的人才管理战略中得到重视。

二是关注千禧一代需求。根据德勤最近的一项研究显示，在未来的十年中，千禧一代将占全球劳动力的 75%。一方面，审计行业对风险的关注可能会吸引千禧一代，因为这一代人面临的风险比上一代人要多很多。如他们接触的领域有欺诈和交易监测、第三方风险管理、数据安全、身份和访问管理、云安全、数据控制和权力、数据保护等。另一方面，千禧一代认为内部审计的某些方面不那么有吸引力。例如，德勤的研究显示，78% 的千禧一代在决定是否要在这家公司工作时，更关注公司的创新程度。而内部审计作为一个行业，在采用新技术和更新流程方面较为保守。例如，根据 2018 年的《北美内部审计脉搏》调查显示，只有 13% 的首席执行审计官支持他们的内部审计功能尽快采用新技术。

因此，董事会和执行管理层需要作出行动，去改善人们对内部审计在创新方面进展相对缓慢的看法。另外，内部审计为组织内部提供风险提醒和咨询服务，也应优先成为组织内创新的引领者。根据标准 2100——工作性质，"当审计师积极主动，其评估提供了新的见解并考虑到未来的影响时，内部审计的可信度和价值将得到提高。"内部审计应成为新技术（包括 RPA 和数据分析）实施的倡导者，并在其组织内成为其他部门学习的模范。

二、对人民银行内审工作的启示

2018 年中央审计委员会第 1 次会议强调，要加大对党中央政策措施贯彻落实情况的跟踪审计力度，加大对经济社会运行中各类风险隐患揭示的力度。另外，审计署 11 号令拓宽了内部审计范围，强调内部审计要从传统管理向现代风险导向型管理审计转变。内审部门作为人民银行内部重要的监督部门，应紧跟中央步伐，提高政治站位，推进央行高效履职，这就对内审人才队伍提出更高的要求。因此，提出以下建议。

（一）培养信息化内审人才

目前，人民银行系统内熟练掌握计算机辅助系统、统计分析、数据分析等技能的人员较少，而审计项目正往信息化、数据化的方向发展，以往基于熟悉审计流程为主的审计方法，已无法适应在大数据环境下审计人才培养的需求。建议在年度内审培训时增加数据分析方面内容，融合有效发现、度量以及提升央行价值和收益的大数据思维，以提高内审队伍整体数据分析能力，并有效融入内审工作中，进一步提高内审工作信息化水平。

（二）实现内审人才库动态化管理

依托人民银行内审业务综合系统建立内部审计人才库，对内审人才队伍进行集中管理和维护。通过对人才库进行整体分析并结合审计项目要求，构建以内审工作需求为导向的培养方案，开展有针对性的人才培训，打造多层次人才梯队，做好人才储备。当由于提拔、轮岗等原因发生人员变动时，人才库有备用人选进行及时补充。有利于对审计资源进行配置分析、综合管理和统一调配，为人民银行内审工作提供充足人力资源支持，提高审计工作的建设性和前瞻性。

（三）搭建专业内审学习小组

为进一步促进内审人员高效开展工作，上级行可组建内审学习小组，促进审计人员积极主动研究审计问题，以达到转变审计思路、提高审计效率目的。一是明确工作重点。把内审工作视为整体，深入挖掘审计方案，明确工作重点的同时学习相关知识，让大家在边审计、边工作、边研究中提高审计工作能力。二是确定审计人员研究的侧重点。围绕具体的审计工作问题集思广益、群策群力，形成良好的沟通互动合作机制，实现内审人员的专精深。三是实现跨部门合作。例如与外部审计机构、其他政府内部审计部门建立合作关系，构建磋商机制、正式或非正式沟通、项目合作等多维度战略性协作模式，以拓宽人民银行内部审计人员在审计工作中的思路，增强审计工作针对性和精准度，为内部审计的有效性提供强有力的保障。

参考文献

［1］PwC. Robotic process automation：A primer for internal audit professionals ［EB/OL］. (2017）. https：//www. pwc. com/us/en/risk – assurance/publications/assets/pwc – robotics – process – automation – a – primer – forinternal – audit – professionals – october – 2017. pdf.

［2］Hamza Shaban. Machines will create 50 million more jobs than they displace by 2022，World Economic Forum says ［N］. The Washington Post，2018 – 09 – 18.

［3］IIA. 2019 North American Pulse of Internal Audit ［EB/OL］. (2019）. http：// contentz. mkt5790. com/lp/2842/263452/2019 – 1826% 20IIA% 20Pulse% 20Report – on-line% 20CX% 20March2019. pdf.

［4］Robert Half International Inc. Salary Guide 2020 ［EB/OL］. (2019）. https：// www. roberthalf. com/salary – guide.

［5］IIA. OnRisk 2020：A Guide to Understanding，Aligning，and Optimizing Risk ［R］. 2019.

［6］Deloitte. Big Demands and High Expectations：The Deloitte Millennial Survey ［EB/OL］. ［2014 – 01］. https：//www2. deloitte. com/content/dam/Deloitte/global/Docu-ments/About – Deloitte/gx – dttl – 2014 – millennial – surveyreport. pdf. 36 Daniel Mor.

Facebook 数据曝光对内部审计的经验教训及启示

摘要： 2019 年 4 月 8 日，国际内部审计师协会（以下简称"IIA"）发布了协会秘书长兼首席执行官理查德·钱伯斯撰写的《Facebook 数据曝光为内部审计师提供了重要的经验教训》[①] 一文，从数据安全的重要性、内部审计与数据的关系、防范数据风险等方面提出了重要的经验教训。本文对文章内容进行了编译，并结合人民银行内审工作的实际情况，对如何加强数据安全提出几点建议。

关键词： 内部审计　数据安全　风险

2019 年 3 月 21 日，著名的社交网络服务公司 Facebook 被爆其数亿的用户信息遭泄露。IIA 秘书长兼首席执行官理查德·钱伯斯认为，Facebook 数据曝光为内部审计师敲响了警钟，提出内部审计必须与数据保护法规保持同步，保证数据和分析过程本身的准确性，应重视数据保护。

一、Facebook 数据曝光为内部审计师提供了重要的经验教训

（一）Facebook 用户数据泄露

在用户和投资者眼中，Facebook 曾经是社交媒体的宠儿。但是最近它又遭遇挫折，一家网络安全公司的研究人员在亚马逊运营的云计算服务器上发现了 Facebook 的用户信息。

2018 年 3 月，一家名为"剑桥分析公司"的数据分析公司通过第三方小程序，向用户提供性格及心理测验，从而获取了 Facebook 数千万用户的个人数据和信息。尽管 Facebook 首席执行官扎克伯格当时保证公司将采取更多的措施来保护用户数据，但 2019 年涉及亚马逊的这起失误仍被曝光了。

（二）经验教训

从内部审计的角度来看，Facebook 所面临的困境给我们带来了一个重要的经验教训：数据过去一度被视为是一种可以杠杆化的资产，现在必须被视为潜在的责任或风

---

① Chambers Richard. Facebook Data Exposure Offers Critical Lesson for Internal Auditors［EB/OL］.［2019 – 04 – 08］. https：//iaonline. theiia. org/blogs/chambers/2019/Pages/Facebook – Data – Exposure – Offers – Critical – Lesson – for – Internal – Auditors. aspx.

险。人们对保护数据的需求正在增长，更确切地说，保护个人身份信息。避免这些个人身份信息被营销人员、零售商、政治活动以及其他想要影响公众思考和行动的人所利用。

越来越多的政府正在考虑立法，要求数据聚合来保护数据并确保隐私。IBM 商业价值研究院最近的一项调查清楚地表明公众也在要求建立问责制。IBM 调查中显示，有四分之三的受访者表示他们不信任公司的数据。此外，87%的受访者表示政府应该对管理个人数据的公司进行监管，40%的受访者表示管理个人数据的公司如果没能保护好个人数据，该公司高管应该被罚款或监禁。

挖掘和分析数据是执行战略业务决策的基本步骤。它可以帮助企业和组织根据历史信息构建模型，以预测未来的行为。但是，糟糕的数据管理以及数据的不可理解性也是一种风险。如果因为未能保护数据而损害了组织的声誉，那么风险就会变得更加明显和复杂。实际上，70%的首席审计执行官回应了 IIA 在《2019 年内部审计脉搏》的调查，他们将数据泄露引起的声誉损害列为其最大的网络安全问题。

（三）内部审计在数据安全中的举措

内部审计人员必须培养并保持对其公司和组织如何收集、管理、保护、使用和共享数据的敏锐嗅觉，还必须掌握过去和现在的数据使用和存储状况。可以肯定的是，内部审计可以为数据提供保证，采取的重要举措包括：

1. 保持合规性。从欧洲的《全球数据保护法规》到新的《加州消费者隐私法案》，新的数据保护法规正在迅速创建一个与数据保护相关的复杂的合规风险网络。内部审计必须与这些法规以及任何潜在的新法规保持同步，并提供与其公司和组织必须遵守的环节相关的见解。

2. 规范的操作流程。解决数据收集、管理和保护方式的政策和流程为数据安全提供了基本保证。与数据保护相关的一个关键领域是数据如何在内部和外部共享。对于许多组织而言，旨在保护数据的策略和流程并没有那些旨在通过其获利的策略和流程受重视，这无疑会增加数据泄露的风险。

3. 数据和分析的准确。董事会和高管根据包括数据分析在内的许多因素制定战略业务决策，因此内部审计必须保证数据和分析过程本身的准确性。

4. 了解公司和组织的文化。企业文化是数据风险最具挑战性且最不明显的地方之一。内部审计必须了解组织对数据的处理方法和决策如何影响日常运营。更重要的是，审计人员需要掌握适应不断变化的数据需求的能力。文化通常被定义为"我们如何在这里工作"。如果"我们如何工作"无视保护数据的需要，那说明价值观存在问题。2018 年高德纳调查发现，超过 87%的公司和组织被归类为商业智能和分析成熟度较低，表明这些公司和组织对数据使用的法律和道德影响知之甚少。

二、对人民银行内审工作的启示

（一）建立健全数据安全保护法规

我国在推动大数据产业发展的同时，十分关注数据安全问题，自 2012 年起相继出台了《全国人大常委会关于加强网络信息保护的决定》《促进大数据发展行动纲要》《中华人民共和国网络安全法》等一系列法律法规和政策，信息安全立法进程日趋紧凑。在人民银行内审工作中，与数据信息相关的制度和规范相对滞后，目前仅出台了《人民银行计算机辅助审计系统管理办法》和《内部审计数据文件接口规范》，对数据信息的来源、收集、分析与运用、审后保管等各环节的数据管理机制尚不健全，对数据安全未提出明确的审计要求。2019 年总行出台了《中国人民银行网络数据安全管理指南》，但在实际审计中，人民银行各级机构还未参照该指南对数据进行分级分类管理。建议立足人民银行审计工作实际，加快制度建设，出台相关的规定或操作指引，完善审计数据管理，明确各部门权责，确保数据信息安全，防范审计风险，构建数据信息审计的健康生态。

（二）提高内审人员数据安全意识

建立数据信息的健康生态，基础设施和技术是关键，核心要素是人的认识。人民银行各业务信息系统汇集了大批量的业务数据和业务信息，审计时内审人员会接触到大量的数据信息，应注重数据的安全性和保密性。所谓"心防要高于技防"，应加大对内审人员的安全培训和保密教育力度，提高内审人员的数据安全、数据保密意识。只有从思想上重视数据信息安全，才能从实质上做到规范数据使用。要把数据安全意识贯穿于审计的全过程，形成"审前培训、审中监控、审后检视"的安全审计体系。在审计中，还要养成良好的数据信息安全使用习惯，对自己的审计行为把关，保护数据安全，才能打造安全清朗的审计环境。

（三）搭建安全的数据分析平台

为了实现审计全覆盖，内审人员开展审计时常常需要调取相关的业务数据资料，利用数据分析查找审计线索，因此如何保证数据安全是内审人员在信息时代必须面对的一个挑战。为了保证从各层级、各业务部门获取的数据保持完整性、保密性、数据结构的一致性，有必要搭建一个安全的、受控的、数据集中式审计数据分析平台。一方面，该审计平台能自动采集业务数据，为开展审计数据分析提供充分的、有用的、可靠的数据样本。另一方面，数据分析平台能提供对业务数据中敏感字段的数据脱敏、数据加密、用户身份鉴别和认证、数据访问授权、数据访问日志记录等多种数据安全管理措施。此外，对平台中的数据可实施全生命周期管理，从业务数据进入平台到数据被清理整个生命周期里，对数据进行分级分类管理，根据数据的不同等级设置不同的安全策略、存储策略和数据销毁策略。

（四）加强数据的规范使用

内审人员必须与国家出台的数据安全法规政策保持同步，规范审计操作，加强数据全流程管理。一是审前数据准备阶段，做好数据采集工作。包括了解人民银行内各业务系统运行情况、目标业务数据收集、数据预处理，保障数据来源合法、接触权限有度。二是审中数据分析阶段，保证数据使用的安全、可控。做好必要的网络访问控制，敏感数据专机处理，采用正规的数据分析工具对目标数据进行分析、挖掘和处理，确保审计数据的正确使用，发挥数据的作用和价值。三是审后阶段，加强数据泄露的防控。一方面做好数据信息的存储和保密工作，明确审计数据的保管方式、保管时限和销毁事宜，防止数据被窃取；另一方面在实行审计数据内外部共享时，把握好审计数据的阅知范围、分享方式，防止数据泄露和被滥用。

《中央银行治理：使财务监督更上一层楼》①调查结论与启示

中国人民银行江门市中心支行内审科②

摘要：《中央银行治理：使财务监督更上一层楼》从"企业报告、内部控制、内部审计、外部审计"四方面出发，讨论了有效的审计委员会为实现中央银行良好治理应遵循的原则。本文对报告主要观点进行编译，从基层央行治理角度出发，探讨内部审计部门促进基层央行良好治理的做法。

关键词：审计委员会　内部审计　中央银行治理

财务监督是中央银行治理的关键因素之一，审计委员会在财务监督方面起着重要作用。《中央银行治理：使财务监督更上一层楼》对全球多家中央银行进行调查，研究有效的审计委员会具备的特征以及审计委员会在中央银行的财务报告、内部控制、内外部审计方面应遵循的原则和做法。

一、有效审计委员会具有的特征

建立有效的审计委员会是审计委员会履行职责的基础。中央银行有效的审计委员会应具备以下特征：（1）顶层基调；（2）明确清晰的职责；（3）保持独立性；（4）具备财务背景和经验；（5）保持前瞻性和敏锐性；（6）积极应对风险；（7）适当的结构。（见表1）

表1　中央银行有效审计委员会具备的特征

顶层基调	董事会在央行行长、首席财务官和其他管理层的支持下，明确道德操守和财务报告要求
明确清晰的职责	董事会考虑中央银行自身独特的需求、动态、文化 明确审计委员会的职责
保持独立性	保持独立思考能力 具备适当的怀疑和判断能力
具备财务背景和经验	部分审计委员会成员应拥有财务方面的经验 能发现一些容易被忽略的问题

---

① KPMG. Governance of central banks：Taking financial oversight to the next level［EB/OL］.［2018］. https：//assets. kpmg/content/dam/kpmg/xx/pdf/2018/11/governance－of－central－banks－2018. pdf.

② 作者：钟北锐、黄超雄、陈美华、黄雪婷、陈玉珠.

保持前瞻性和敏锐性	了解最新的财务报告和监管要求 了解行业最新知识
积极应对风险	与其他委员会进行适当的沟通和协调 考虑风险识别流程是否充分和全面 评估内部控制的有效性
适当的结构	适当员工规模 适时召开会议 具备充足的信息获取能力

二、审计委员会在企业报告、内部控制、内部审计、外部审计方面应遵循的原则和做法

（一）了解企业报告过程

中央银行公开财务报告是遵循透明制和问责制的做法。审计委员会必须采取有效的措施以评估财务报告是否全面、清晰。审计委员会可采取以下措施来了解财务报告流程：一是评估财务报表的完整性、清晰度和透明度。考虑财务报告提供的信息是否相关、可靠、可比较且易于理解。二是评估中央银行财务报告框架的适用性。了解管理层选择使用该财务报告框架的原因以及如何使用该框架；与利益相关者信息需求的相关性等。三是评估管理层的判断是否到位。考虑当前市场状况、内部控制情况、财务报告的作用、重大交易的事实、评估会计政策和重大判断的适当性。四是评估异常交易。了解异常交易所涉及的业务以及处理该项业务所涉及的内部控制。五是评估财务职能和首席财务官的专业胜任能力。可邀请首席财务官以外的财务人员参加审计委员会会议，讨论与财务职能、首席财务官专业胜任能力相关的主题；要求首席财务官进行自我评估；与经常接触财务职能的人员讨论该职能有效性等。

（二）通过内部控制主动管理风险

中央银行需要一套内部控制体系，以确保有效管理风险。审计委员会的目标是确定是否存在一个强大的内部控制系统，以识别和管理风险。审计委员会通常在内部控制评估方面被赋予明确的职责，并且可采取一系列措施评估内部控制有效性。

审计委员会利用COSO内部控制框架，以控制环境、风险评估、控制活动、信息和交流、监督活动五个要素为基础评估内部控制有效性。审计委员会可从管理层诚信和道德价值观、管理层对能力的承诺、管理层的理念和经营风格、权限和责任的分配、董事会提供的指导等方面来评估控制环境。在识别和评估风险时，审计委员会应当有足够广阔的视野、充分的前瞻性、能够识别快速变化的运营风险。控制活动是将风险降低到董事会可接受的水平的程序。审计委员会无须详细说明如何减轻和控制每种风险，但应确认已经建立了适当的控制活动并进行了有效的操作。审计委员会应从员工能否顺利获得和传播信息来评估信息和交流情况。审计委员会可从管理层设置的监督

活动的有效性、反舞弊风险控制的有效性、检举程序的有效性三方面来评估监督活动。

（三）内部审计

有效的内部审计能客观地评估内部控制和管理活动。审计委员会可以采取以下措施以增强内部审计功能。一是建立清晰的内部审计报告机制，详细做法：（1）建立明确的报告流程，比如部分中央银行内部审计向州长、审计委员会主席或者州长理事会报告；（2）审计委员会定期与内部审计负责人召开会议，增强信息交流便利性。二是明确内部审计的职责范围。根据六家中央银行的调查结果，中央银行内部审计的共性职能是确认内部控制有效性、发现并防范舞弊。随着中央银行内部审计职能成熟化，内部审计职责逐渐从保值转向创造价值（见图1）。三是评估内部审计资源，详细做法：（1）判断内部审计资源相对于中央银行的规模和复杂性而言是否足够；（2）评估招聘、培训、任用内部审计师的政策是否适当；（3）考虑是否有足够的技能培训方针。四是评估内审工作计划，详细做法：（1）审核内审工作计划；（2）监督审计进度。五是监督管理层的整改情况，详细做法：（1）定期阅读并评估内部审计报告；（2）了解审计整改情况；（3）关注审计重大发现问题；（4）阅读审计进度报告；（5）平衡与管理层的关系。六是评估内部审计的绩效，可从人员队伍、任职能力、经济和效率四方面进行评价（见表2）。

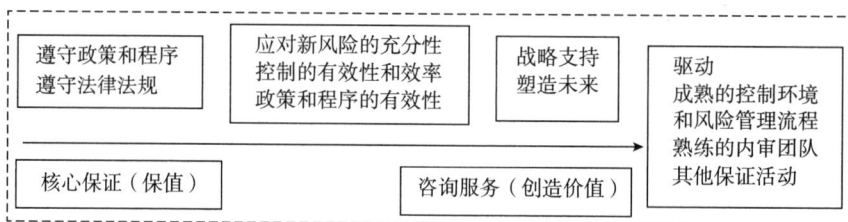

图1　内审职责的变化

表2　内部审计的绩效评价

人员	团队资格
	完成培训天数
	实际人数与预算人数
预算	经审批的预算
	未经批准而产生的未列入预算的费用
	实际费用与预算费用
质量	内部审计手册
	审计对象满意度审查
	内部审计报告的修改次数
	外部评论
效率	发布的报告数量
	审计工作与非审计工作的百分比
	关键交付物的及时性

（四）外部审计

审计委员会可采取以下措施增强外部审计的效果。一是建立有效的双向沟通机制，如邀请外部审计师参加相关的审计委员会会议；与内审审议项目。二是监控外部审计周期，如复核外部审计师的审计发现；讨论审计期间出现的问题；讨论任何其他重要事项。三是评估外部审计有效性，如考虑外部审计师是否完成商定的审计计划；外部审计师如何调整审计计划以应对风险；外部审计师作出审计判断时的全面性和恰当性；主要利益相关者对外部审计的反馈等。四是评估外部审计师的独立性和客观性。

三、对内审组织在提高基层央行治理水平方面的启示

中央银行各基层单位并没有设置审计委员会，但内部审计部门的监督职能使其在提供风险评估、确认、咨询活动过程中，参与到央行治理框架中来。

（一）在央行治理框架中，准确定位内审工作，增强内审独立性

日渐成熟的内审职能是组织实现良好治理的有力保障。近年来，基层央行内部审计部门的职能边界不断拓展，包括但不限于参与发行库检查、对经理国库的检查、参与采购管理等，内审职能的多元化一方面体现了基层央行领导对内审监督职能的重视，另一方面却给内审作为第三道防线的角色带来了挑战。参考《中央银行治理：使财务监督更上一层楼》对中央银行有效审计委员会的调查，基层央行为实现良好的治理，应当设置职责范围明晰的内部审计部门。因此，基层央行应当从顶层设计出发，合理界定内审的职能边界，以制度明确规定清晰的内审职能。

（二）设置集中审理委员会，增强内审功能

部分基层央行已设置集中审理机制，旨在集中审理审计发现的疑难问题。基层央行可在原有基础上，设置集中审理委员会，丰富集中审理委员会职能，既负责对内审职能的监督，又起到强化内审结论客观性的作用。集中审理委员会可通过以下方式，增强内部审计功能：一是定期召开审理会议评估内审工作计划、审查审计发现问题；二是从人力、物力、信息等方面评估内审资源；三是从人员水平、任职资质、经济效益和工作效率四方面评价内审绩效；四是定期与管理层一起探讨审计发现问题的解决方案，监督审计整改情况。

（三）强化风险管理意识，提高内审效率

基层央行应强化风险管理意识，明确风险管理三道防线职责，不断提高风险管理水平。依托"人民银行内审部门风险评估管理系统"，识别风险事项和业务职能，完善风险管理。根据风险评估结果，制订内审工作计划，加强对高风险和新形势、新业务开展带来的新风险的关注，落实风险导向审计，合理配置审计资源，提高审计效率。

（四）合理利用外部审计成果，提高审计效率

基层央行可在内部治理中引进外部审计，通过内部审计与外部审计的结合完善治理体系。大型修缮、对附属单位的管理、固定资产清查等项目有外部审计师出具的审计报告，基层央行在进行内部审计时可充分利用外部审计得出的结论，提高审计效率。在利用外部审计相关资料时，应注意审计报告的质量。

内部审计具有高影响力的十个领域及启示

——基于国际会计师事务所的研究报告

中国人民银行江门市中心支行内审科[①]

摘要：德勤会计师事务所发表研究报告《内部审计洞察力：2019 年高影响力的重点领域》[②]，指出敏捷内部审计、综合保证、网络安全内部审计、未来劳动力、持续风险评估、组织文化评估、应用机器人流程自动化（RPA）和认知智能（CI）工具、审计颠覆性技术、自动化保证等领域对内部审计保持高影响力的重要性以及内部审计在这些领域创新应采取的措施。普华永道会计师事务所对内审行业状况进行调查，发布研究报告《提升内部审计角色：数字拟合功能——2019 年内部审计行业现状研究》[③]，提出数字化审计对内部审计职能提升的重要性。本文对上述报告主要观点进行编译，并结合人民银行内审工作提出几点建议。

关键词：内部审计 影响力 创新 变革

高影响力的领域往往是最具创新性的。为了持续给组织创造价值，内部审计团队需要在一些高影响力的领域采取更多的创新措施，以使内部审计职能跟得上这些领域的变革。德勤和普华永道的研究均提出了内部审计应变革的领域以及相关建议。

一、具有高影响力的十个领域及具体建议

（一）应用敏捷内部审计方法

创新的内部审计团队积极采用敏捷方法，其好处可以概括为三个词：更好、更快、更愉快。更好是因为审计结果与业务风险、利益相关者的需求更相关；更快是因为内部审计师以协作、专注、迭代的方式与利益相关者合作，以快速确定他们需要做和不需要做的事情；更愉快是因为他们拥有自主权，可以确定如何完成工作。敏捷内部审计方法将审计团队引向更高风险的领域和更高价值的工作，并帮助职能部门吸引、发展和保留人才。内部审计师会更多地利用自己的能力，并感到更加投入。但是，应用

---

① 作者：钟北锐、黄超雄、陈美华、黄雪婷、陈玉珠。

② Deloitte. Internal Audit Insights 2019：High – impact areas of focus ［EB/OL］．［2019］．https：//www2. deloitte. com/us/en/pages/risk/articles/internal – audit – future – trends. html.

③ PWC. Elevating internal audit's role：the digitally fit function：2019 state of the internal audit profession study ［EB/OL］．［2019］．https：//www. pwc. com/us/en/services/risk – assurance/library/as sets/pwc – 2019 – state – of – the – internal – audit. pdf.

敏捷内部审计工作方法也遇到了障碍：试点项目相对容易，但实现转型更具挑战性。

具体的建议：敏捷工作方法不需要特殊的技术，只需要以不同的方式工作，这意味要学习新的合作方式。但是，这不仅仅是内部审计工作方式的变化，利益相关者也要参与其中。内审要转型，进行组织变更管理。组织变更管理的特定领域包括团队的工作空间、绩效评估和奖励以及组织结构。

（二）综合保证

组织对风险管理的关注和对法规的遵循要求通常导致保证活动的关注重点狭窄、工作冗余、成本高昂、对业务造成干扰、与价值和绩效驱动因素无关。综合保证不仅可以使保证活动合理化并提高效率，还可以将保证活动引向为组织创造最大价值的地方。然而，尽管综合保证有很多好处，但通常难以被采用。一是组织通常难以适当地制订综合保证计划，容易将其与合并保证相混淆。二是组织通常过高估计其复杂性，低估其价值或坚持使用现有方法。

具体建议：综合保证是以组织价值为驱动的，具有价值更高、组织负担更轻、业务结果更可靠、企业风险覆盖范围更全面、对业务战略和运营的洞察力更大的优点。采用综合保证之前要思考两个问题。第一个问题是保证活动是否都集中在最重要的方面？这个问题将揭示组织目前采用的保证活动与战略价值和业务目标的关联程度以及是否真正在支持价值的创造和保存。第二个问题是三道防线的保证活动现状如何？这将显示出过度保证、保证疲劳、效率低下和缺乏协调的情况。

（三）评估文化

IIA《全球视角和观点：新兴趋势》研究报告认为，文化包含了一个组织的信念和价值观，主要通过其员工的行动和行为表现出来，组织必须积极地理解和管理文化。当组织的价值观与领导者、员工的行为或组织系统不一致时，就会产生文化风险。德勤的全球研究表明，86%的高管将文化视为非常重要或重要，82%的企业将其视为潜在的竞争优势，但是只有12%的组织认为他们正在创造正确的文化。文化已成为成功和业绩的关键，同时也是法律和声誉风险的来源。

具体建议：文化是一种理论概念，但文化风险是真实存在的，将文化量化评估具可操作性。内部审计可以为管理层和董事会制定一个文化监控框架，内容包括员工敬业度、合规性问题、管理层为树立积极文化和管理文化风险所做的工作、对反映声誉的市场信号的监控等。另外，可以专门对文化开展审计或将文化评估并入业务审计当中。

（四）网络安全内部审计

网络的战略重要性日益增加，风险和机会也随之产生。内部审计需要从基于IT和合规性的审计方法转变为基于网络安全的审计方法。大多数内部审计小组均缺乏审计网络安全的资源和技能，因此必须加快变革。

具体建议：内部审计可以咨询外部专家或使用外包方式，以降低风险。首先，从网络安全治理评估开始，因为治理为网络安全计划和网络安全运营设定了框架和基调。其次，深入研究组织关注的特定领域，包括数据保护、身份和访问管理、云安全性及风险监控。最后，评估网络风险评估计划的成熟度。在风险评估等级基础上，制订审计计划，并指定每次审计的范围。

（五）未来劳动力

自动化、认知技术及替代人力资源配置模型颠覆了传统的人才、聘用和薪酬模式，所有员工都是现场工作的模式已成为过去式，这给组织带来了新的风险。

具体建议：一是从政策、程序和实际工作环境角度审查组织如何使用新兴人力资源。二是了解非现场员工使用其自身或组织的设备所面临的风险和法规问题，并提供保证和建议。三是扩大文化评估范围，包括评估聘用不受公司现场管理的员工的绩效、知识产权风险和遵守公司政策情况。四是内部审计定期更新自动化方法和替代人才模式。

（六）持续风险评估

传统的审计计划流程在评估当今风险方面的价值有限。持续风险监控、评估和跟踪可以帮助内部审计将其资源定到最需要的地方，并可改变利益相关者的动态，使内部审计能够更有效地预测风险并向管理层提供建议。持续风险评估可以利用监控工具，包括但不限于风险监控、分析和可视化工具。但持续风险评估应扩展至监测整个内外部环境因素，进而持续评估企业风险。虽然风险评估属于第二道防线，但内部审计应提醒组织采用应对新兴风险的评估工具。

具体建议：一是使用第二道防线的风险评估结果来制订更加动态化的审计计划，确定对业务或职能至关重要的关键绩效指标和风险指标。二是利用持续风险评估结果与利益相关者保持对话，如利用风险评估结果判断管理层是否已确定并解决风险或利用风险评估结果提供咨询工作。三是根据不断变化的风险格局和持续的风险评估结果重新审核年度审计计划。

（七）自动化保证

自动化保证具有以下优点：拓宽审计测试范围、进行持续的审计、带来更高的保证水平、将审计鉴证活动移至前线管理风险、将有限的资源重新分配并节约成本。

具体建议：一是制定自动识别风险的框架，自动化保证应先从核心业务流程开始。二是自动化保证应建立在具备监视、升级功能的操作模型上。三是管理层应对自动化保证活动实施有效治理，包括提供自动化测试方案和建立有效的变更管理控制。

（八）应用机器人流程自动化和认知技术

许多内部审计已开始朝着机器人流程自动化和认知智能工具（统称为 RPA&CI）前进，以提高效率，扩展能力，提高质量，并扩大审核范围。例如，一些内部审计小组已经试点利用人工智能工具识别风险，利用自然语言生成工具编写报告等。

具体建议：首先，制定明确的自动化愿景和策略。确定自动化技术如何嵌入内部审计活动中，以及这样做的原因。其次，建立基础架构以支持自动化功能的部署。确保运营和治理框架与企业标准和组织内的领先实践保持一致。最后，开发"目标状态"模型，以支持和维持自动化。该模型应该是现有操作模型的扩展，考虑自动化将以何种方式影响人员、流程和技术的相互作用，并要求以上要素进行变革。

（九）审计颠覆性技术的风险

机器人流程自动化和认知智能等新兴技术在创造价值和提高效率的同时，也带来意想不到的风险。但新兴技术带来的风险往往被忽视，因此内部审计必须了解在组织中是否存在这些技术风险并适时向管理层提出建议。

具体步骤：内部审计可采用以下措施尽早介入对这些颠覆性技术的审核：使用测试程序独立检查抽样测试、检查自动化对异常交易的监视和处理过程、鼓励利益相关者对自动化技术进行年度重新认证、使用数据分析和风险感知工具主动识别新兴风险等。

（十）内审的数字拟合功能

调查表明，组织将在由更多数据和自动化定义以及遭受更严峻网络攻击的领域中快速推出数字计划。一方面，数字技术的推出增加了技术本身以外的风险，比如，一个错误的人工智能算法可能会对财务会计造成严重破坏。另一方面，用于指导决策和管理风险的数据却越来越少。根据普华永道第 22 届全球 CEO 年度调查，领导者根据公司的风险敞口做出长期决策所需的数据质量水平与 10 年前完全相同，只有 22% 的 CEO 认为这些数据足够全面。

内部审计需要增加数字拟合功能，以更有效地应对这一挑战。内审的数字拟合功能有以下两方面的定义：一是具备向利益相关者提供战略建议的技能和能力，并具备鉴证组织数字化转型带来的风险。二是改变内审职能的流程和服务，使其更具数据驱动力和数字化能力，从而以组织数字化转型所需的速度和规模预测和应对风险事件。

具体建议：一是在组织整体数字化战略的背景下评估内部审计职能部门的现有员工，考虑重新培养或采用外包等方式获取更多具备数据能力的人才。二是与第一、第二道防线合作，帮助组织开发一个数字治理平台。三是考虑在审计计划中建立一个持续的数据治理审计项目以审核组织的数据。四是确定和评估整个内部审计生命周期中的活动，找到应用自动化的最佳领域。五是与其他防线保持一致，以形成应对数字风险的共同战略。六是确定新的数据驱动和技术驱动的能力和服务，如对关键控制的持续审计，以便实时监控高风险领域。

二、对人民银行工作的启示

（一）加快建设内审信息化综合体系，实现审计自动化、数字化、智能化

数字化、自动化和智能化必然是审计行业的"游戏规则改写者"。加快向数字化、自动化和智能化进程推进，是实现内审创新的必经之路，也是提高审计影响力的核心竞争力。人民银行内部审计要在现有信息化审计系统的基础上，建立完善系统建设、技术突破、数据整合、项目深化和人员提升"五位一体"的内审信息化体系，推动实现大数据分析、持续风险监控、自动化保证的数字化审计信息平台。

（二）逐步建立数字拟合功能，向数据驱动审计迈进

当前，信息技术的发展驱使审计环境发生变化，内审必须学习、完善、掌握数据

领域先进技术，才能积极、有效应对风险。结合人民银行内审实际工作，内审部门可从以下方面建立内审数字拟合功能：一是开发适合人民银行实情的数字化审计工具，并积极推广使用。二是建立一系列具备操作性的数据分析培训项目，逐步培养内审人员的数据分析技能。三是转变传统的审计流程和审计方法，试点开展数据分析审计项目，如从上至下，统筹开展基于数据分析的国库、征信、支付结算审计项目。

（三）探索文化审计途径，提升组织"软"实力

文化是组织战略目标的"软"实力，是组织中的"精神"框架。人民银行内部审计可采取以下方式，开展对单位文化的管理和评估：一是加强对组织文化的理论和实务探索，从员工管理、合规性问题、领导采取的监控措施、组织行为与价值观遵循一致性等方面入手，设立量化文化的评估指标。二是探索文化审计方式。试点开展文化专项审计项目或在业务审计项目中嵌入文化评估检查。三是发挥审计咨询功能，帮助单位营造积极的价值观和良好的文化氛围。

（四）吸纳、培养人才，加强科技领域的审计

人民银行各业务部门的信息系统繁多，一般审计人员对相关系统了解不多，容易造成审计效率低下或存在审计盲点、漏洞，导致审计质量不佳。此外，随着高新技术的日益发展，失泄密的形势日益严峻。对此，人民银行内部审计可以通过以下方面加强科技领域的审计：一是通过中国人民银行网络学院等平台对审计人员进行培训，提高审计人员的专业水平。二是加强和科技部门的沟通与合作，通过技术手段提高审计效率。三是加强对信息安全的关注，可考虑开展信息安全相关方面的审计。

变化时代的内部审计应对策略

中国人民银行汉中市中心支行　苏斌

摘要： 本文主要论述了内部审计如何在变化的时代里找到内部审计的价值增长点，有效开展内部审计，最后提出了重视确认工作、与利益相关者和专家保持密切联系、加大对变化性技术培训投入等应对方法，帮助内部审计人员对可能引起变化的技术手段进行有效管理。

关键词： 国际内部审计师协会　内部审计　审计职能

一、熟悉变化的具体内容

弗吉尼亚大学审计主管 Carolyn Saint 表示，"有时候变化来得确实很快，出乎我们的预计，坦白地讲，很多时候我们是可以估计到变化即将到来的。随之而来的就是一项无法避免的变化，如何向领导者说清楚每一次变化的实质，帮助组织采取正确的应对办法。"

历史上曾经发生过许多次这样的变化，而且通常会伴随着一些新变化的出现，如20世纪90年代互联网的兴起、21世纪中国经济建设的腾飞、近几年受到认可的云计算等。审计主管们也可以预测一下未来十年可能出现哪些新的变化：无人驾驶汽车、人工智能、物联网、贸易保护政策等。推动变化出现的因素有很多，包括科技（无线通信、GPS定位通信卫星等技术不断进步）、政策（"二战"后自由贸易成为发展的主流，但现在这一趋势目前有所弱化）、人口特征（"二战"后生育高峰转变了当时的政治环境，人口老龄化对经济活力产生影响）。除此之外，突发事件也可能会对当前的商业环境产生巨大影响（2001年的"9·11"事件、2008年国际金融危机以及1918年的西班牙流感）。

博茨瓦纳远程开放学习学院（BOCODOL）分管战略与企业服务副总裁 Lesedi Lesetedi 说，"我们无法控制业务变化本身，这是问题的要点。没有任何企业能够凭借一己之力阻止数字化变化的到来，也无法阻挡一个在全球范围内得到广泛认可的新商业创新的出现。组织最佳的应对方法就是依靠一位富有远见的审计主管去发现变化可能会带来的机遇和风险，帮助董事比较得失，针对变化做出正确的战略抉择。"

假设有一位从业多年的农业机械制造企业想要引进 IoT 技术。显然，为收割机、拖拉机和灌溉系统安装互联网传感器并不是一项困难的工作，将这些设备与无线网络连接起来也很简单，将收集起来的数据回馈至中央计算机也很容易就能办到。但是接下来呢？企业很快就需要为消费者提供能够分析数据的计算机应用程序，还需要引进 AI 技术帮助从事农业生产的消费者提高利用农机设备的效率。除此之外，企业还需要思考有关设备通用性的问题，比如，如何才能满足消费者的需求，允许消费者将自己的传感器接入制造商提供的设备中，并将其融入整个机器运转的体系里。简单地说，这位农机设备制造商有两个选项：一是继续从事设备生产，二是开展创新，涉足"农业数据管理"，或是其他以 IoT 为依托的新领域。显然选择后者可以获得更高的利润——那制造商为何不将设备制造业务外包出去，转而专注于系统开发和数据处理呢？（我们在中国经济发展的过程中看到了许多这样的例子）这场预想的变化很有可能会成为现实，而且距离我们并不遥远；这和 IBM 公司二十五年前面临的选择很像：到底是生产设备终端，还是把关注点转向 IT 服务，IBM 最终选择了服务。当然，对于一家制造行业的企业来说，董事会才是最终确定组织是否转向 IoT 领域的拍板者。但审计主管需要首先帮助董事会了解这项新技术的问世，然后确定组织一旦选择参与变化（哪怕是向变化的方向发展），又将会面临哪些机遇和问题。

二、寻找内部审计的"价值增长点"

审计主管们希望能够成为企业值得信赖的顾问，董事会和高级管理层也希望审计主管能够发挥这样的作用。但问题是当今的市场环境变化层出不穷，审计主管们是否真的有能力承担值得信赖的顾问这一岗位要求呢？普华永道国际会计师事务所（PwC）2017 年内部审计情况的调查结果显示，68% 的董事会成员和 77% 的管理层人员认为其所在企业的内部审计职能在帮助企业应对变化方面没有发挥应有的作用。超过半数的受访者认为内部审计缺乏管理变化所需的专业知识；还有 38% 的受访者称内部审计能够利用的有效资源相当稀少。为此，内部审计应该从以下几点主动寻找内部审计的"价值增长点"。

（一）主动迎接变化

哥伦比亚内部审计师协会秘书长 Ana Cristina Zambrano Preciado 认为，"这是一个类似先有鸡还是先有蛋的问题。组织最佳的应对策略就是依靠一位富有经验的内部审计主管去发现变化可能会带来的机遇和挑战，帮助董事比较得失，针对变化做出正确的前瞻性选择。如果审计主管不能认真思考变化，难以发挥值得信赖的顾问的作用。在董事会讨论变化以及应对策略的过程中，不能提供任何有价值的建议，从董事会成员的角度来看，他/她就会失去在这类讨论中的存在价值。"想要避免这一尴尬处境的直接办法就是提高内部审计职能的工作质量。比如说，内部审计部门可以创新工作方法，利用数据分析和机器人技术提高工作效率。内部审计可以通过利用流程自动化开发软件工具，帮助组织的第一道防线对整个数据库进行分析，而不是仅仅停留在部分样本的抽样分析上。内部审计通过这种方式推动变化，为第一道防线提供技术支持，使风险管理活动实现自动化运行。这样一来至少能够为审计主管留出更充足的时间来从战略层面思考如何应对业务风险。"时间是最宝贵的财富。如果你总是忙于处理日常工作中的各种状况，无法开展有效的大局分析，那你将失去存在的意义。"荷兰内部审计师协会首席执行官（CEO）Hans Nieuwlands 说，"因此我们首先要做的就是保证审计部门工作的宏观战略，比如说利用更好的分析方法或是引进更加自动化的技术手段等，只有这样我们才能省下时间思考未来可能会出现的变化。"

（二）加强内审部门与业务部门的沟通联系

今时不同过去，变化发生的难度越来越小，速率也越来越快。数字技术的发展正是影响这一切的根源。一个世纪以前，汽车行业的出现对于铁路行业来说是一个重大的变化。但是汽车行业花费了大量的金钱、人力和时间才慢慢发展壮大起来。数字化变化就完全不一样。斯坦福大学商学院讲师、SAP. iO 风投公司总经理 Max Wessell 在《哈佛商业评论》发表的文章中说："当今世界，变化带来的最明显的风险与过去相比已经发生了很大变化。新的变化趋势中，重资产模式已经不再适用，相反，轻资产模式成为潮流。这对缺乏经验的看客而言或许充满了诱惑，但对于直面变化的 CEO 来说，这样的变化却可能导致企业的毁灭。这是为什么呢？轻资产商业模式不再完全依靠银行贷款，而是通过出让股权等方式获得启动资金。刚产生的新生企业不具备历史悠久的企业通过长期经营积累下来的较高的信用能力，因此传统的融资模式对它们来说成本很高，而新模式的出现极大地缓解了这方面的困难。"虽然 Wessell 这篇文章的主要目的在于告诉企业的 CEO 和 CFO 关注可能出现的新对手，提防这类能够对市场做出灵活反应的竞争者。但是他的观点"如果内审部门不得不花费大量的精力来处理合规性审计问题，那内审主管就不可能认真考虑变化，难以发挥值得认可的顾问咨询的作用。"如今变化发生的速度越来越快，主要原因就是变化发生的难度和成本都已经降低到了前所未有的程度。从这一点出发，审计主管被授予了一项新的期待：与业务部门保持密切沟通，因为它们是变化的主要推动者。只有做到这点，才能及时关注行业创新的趋势和动向。马来西亚内部审计师协会会员 Nur Hayati Baharuddin 表示这种与业务部门之间密切的联系其实是审计主管的工作中至关重要的一环。"董事会最不希望看到的就是业务流程得不到有效的控制，"她说，"内审部门如何才能确保不会出现这样的情况？我们需要对流程中存在的风险进行评价，并确定组织是否设计并采取了适当的控制措施。当然了，如果管理得当，变化与普通业务流程在治理方面并没有什么两样，这才是内审主管真正发挥作用的地方。"

（三）要利用智慧来掌控变化

虽然应对业务变化有时会很困难，但是我们必须牢记，变化会导致经营方式的创新。新的经营方式尽管在刚出现时可能会令人大吃一惊，但最终会发展成为一整套成熟的商业模式。那么可能会出现哪些类型的商业模式呢？这些商业模式又将会带来什么样的风险——运营风险、财务风险、合规风险或是声誉风险？审计主管需要思考这些问题，这其实也是一种形式更为开放的风险管理。Tawazun 公司的审计主管 Karem Toufic Obeid 表示，通过了解这些问题的答案，董事会就能够逐步建立组织对这些风险的偏好。然后内审主管就能从组织的风险偏好出发确保业务部门的工作方向与组织的方针保持一致，并针对新的商业模式提供新的管理和控制工具。"这就好比是一个人在17 岁刚刚开始学开车时就具备了他人 45 岁时才有的判断水平。"Obeid 说，"每一个人在 17 岁的时候，一旦掌握了基本的驾驶技能，就会觉得整个世界大不相同，充满了各种可能性。但其中很少有人能够把控随之而来的风险。变化也是如此。企业的业务部门或许有很多思路，但是却不一定能预见到与这些新鲜想法相伴而生的其他问题。内部审计能够帮助业务部门了解这些可能出现的情况，使得在这些问题真正暴露的时候，组织不至于因此张皇失措。"说到底，这才是董事会真正想要看到的结果：要变化，但是也要利用智慧来掌控变化。企业的运营也要随着变化的潮流发展：安全地渡过变化时期，并找到利用变化的最佳措施。

三、建议和重点提示

美国俄克拉马州埃德蒙 BKD LLP 咨询公司的企业风险应对部门主管 Charlie Wright 2019 年 12 月在《内部审计师》杂志的"风险瞭望"栏目发表了一篇"我们首先要做的就是保证审计部门工作的战略性，比如，利用更好的分析方法或是引进更加智能的技术手段等。只有这样我们才能省下精力思考未来可能会出现的变化。"文中概括了内部审计人员帮助组织对可能引起变化的技术手段进行有效管理的几种方法：

一是关注鉴证工作。内部审计应继续重点关注自身的传统优势领域。审计人员通过重点关注组织的风险管理、控制和治理，即使在变化迅速发展的情况下，也能帮助组织确保流程设计和运行的有效性。内部审计要积极帮助组织对新的风险和技术变化进行预测，通过这种方式，内部审计才能成为组织内部的权威，帮助组织为应对变化做好准备。

二是与利益相关者和专家保持密切沟通联系。内部审计工作方向必须与关键利益相关者的期待的保持一致。除此之外，内部审计人员还要与研究实施变化性技术的专家保持紧密的联系，重点关注其中最具相关性和重要性的问题。

三是加大变化性技术培训。通过多种培训的方式，不断学习先进技术和面对的新兴风险。内部审计主管要根据实际情况，建立一套灵活创新的人力资源布局模型，为组织建立一个专业人才数据库，确保其中的专家不但具备较强的技术能力，同时能够快速了解和利用先进工具、技术和流程。

四是积极在工作中运用新技术。我们需要在内部审计工作中接纳并利用新技术。内部审计人员应当带头引进人工智能、认知计算和智能机器人技术。审计人员还需要了解各种先进技术，如区块链技术的工作原理，以及如何根据组织实际情况加以合理利用。在审计过程中还必须充分运用机器学习和数据分析——一旦组织建立新的工作规程，内部审计必须有能力对其开展现场审计。

四、结束语

内部审计与组织的开拓者、创新者的工作之间确实存在许多差异，要在两者之间形成合力很困难。但是对于变化性的事件——无论是组织内部发生的还是组织需要应对的变化——都是内部审计应当从一开始就积极参与到对变化的应对中去。通过重视鉴证工作、与利益相关者和专家保持密切沟通联系、加大对变化性技术培训的投入、在工作中运用新技术以及向组织提供有关新兴风险和机遇的建议等方式，内部审计很可能在未来会成为帮助企业适应变化的重要力量。

五、对央行内部审计工作的启示

通过学习借鉴变化时代中内部审计的应对策略，对我们做好央行内部审计工作很有借鉴价值，重点是要增强对"变化"的关注意识和合理应对，具体表现为：一是要关注国家重大政策措施的变化，关注本单位工作计划和履职重心的变化，提高审计的针对性、有效性；二是要高度重视央行新业务变化带来的新风险，强化风险分析评估，并根据风险评估结果合理配置审计资源；三是要主动学习探索大数据、云计算和人工智能等新技术在央行内部审计中的应用，顺应内审行业发展趋势，积极推动央行内部内审的科技含量。

在不断发展的审计环境中优化人才管理①

中国人民银行铜川市中心支行　任梦婷

摘要：随着时代的快速发展与审计环境的不断变化，对审计人员的要求也越来越高，审计工作需要更多的综合性人才，即具有 IT、数据分析等技能，从而为审计工作的高效开展提供便捷性与有效性。本文从内部审计人才需求的演变着手，分析新形势下如何做好人才招聘与长期留任，更好地优化人才管理，使得在内部审计工作中更好地发挥人才管理战略的作用，并进一步履行内部审计的监督与管理职能，为被审计部门的管理活动带来价值升值，也对人民银行内部审计部门的人才管理有一定的启发意义。

关键词：人才管理战略　审计环境　技术　风险　千禧一代

一、主要概述

随着审计环境的不断变化，审计工作需要更多的具备 IT、数据分析或相关技术专业背景的审计人员，使其可以将自己的专业优势和特长发挥在审计工作中。同时，受新兴技术、宏观经济、地缘政治等多因素的推动，时代飞速发展，风险日益加剧，导致人才市场供求不均衡，因此审计单位需要寻求更好的方式来引导审计人才市场的均衡发展。审计单位可以实施全面的人才管理战略，该战略横跨人才发展的整个时间周期，从初期招聘到后期发展再到长期提升，有利于促进人才管理的全面性和综合性；还需要了解人才市场不稳定的具体因素，并对人才管理战略的必要性和充分性进行清晰的评估。

二、内部审计人才需求的演变

科学技术的迅猛发展不仅从根本上改变了内部审计自身职能，而且也要求内部审计部门主动学会识别、监测和管理风险。

（一）技术发展对人才市场的影响

未来内部审计不可避免地向科技化和自动化转变，根据普华永道市场分析，目前所有工作中约有 45% 的重复性工作可以完全自动化。从内部审计的角度来看，这些工

---

① IIA. Optimizing Talent Management in an Evolving Audit Landscape［EB/OL］. Global Perspectives and Insights，2019，https：//na. theiia. org/periodicals/Pages/Global－Perspectives－and－Insights. aspx.

作包括总体测试、风险评估、对一些关键风险指标的持续监测、数据分析，有了先进的技术，每一项工作都能够以更高的效率、更高的精确度和更低的成本来完成。

一方面，技术发展所带来的好处不仅仅是提高生产力。例如，将重复性较强以及费时耗力的一些内部审计工作转为自动化运行，比较适合规模较小但效率较高的审计团队，可以规避审计单位规模较小的劣势，提高其工作的质效；另一方面，与其关注技术发展带给内部审计的冲击，不如抓住技术发展带来的各种机遇，这样会更有成效。虽然人工智能和机器学习取得了更大的进展和突破，但是人类仍将在失业的沙漠中拥有职业绿洲，因为，"没有任何机器或机器人具有我们的交流、沟通和同情的能力"。

有证据表明，技术的发展将对未来的就业机会总体上呈现促进和积极影响。2018年的世界经济论坛发布了一项新的估计，称自动化将创造5800万个就业岗位，超过其所取代的就业岗位。不过，这种乐观情绪也带来了一个警告——未来劳动力中必须展示出能够适应工作所需的技能，这就要求审计管理层要将重点放在人才管理战略上，以期克服如固有的人才短缺和有限的财政资源等障碍。

（二）风险变化

随着技术边界的扩大，各个机构面临的风险也发生变化，许多内部审计单位都在努力寻找必要的人才，以便有助于防范新的、动态的、与技术相关的风险。无论在哪个行业，网络安全风险的威胁都很大，已经引起了世界各地风险管理人员的注意。根据 IIA 统计，81%的审计人员将与网络相关的风险定为高风险，远远超过其他风险。

内部审计人员缺乏专业的网络安全知识对机构解决网络安全风险的能力产生了极大或非常重大的影响。据调查结果反映，90%的审计单位指出，招聘具有网络安全专业知识的人才非常困难。为了填补这种人才缺口，内部审计单位主要选择以下两种方式之一：将与网络安全有关的内部审计责任归属于专家或外部审计人员等第三方；有意将内部审计职能的范围仅限于其自身所拥有的能力，即对其不能胜任的职能进行回避。

前一种方式，依赖第三方提供这项服务伴随着一系列风险，对第三方的选择通常是临时或不确定的；后一种方式，将工作范围仅限于已经存在的技能更成问题，有意限制其职能范围将严重威胁到内部审计的使命。IIA 首席执行官理查德·钱伯斯在最近一篇博客称："我们应该挑战自己，扩充我们的知识、技能和经验，使之与审计单位的需求相称，同时确保我们在尚不具备相关专业知识的领域寻求适当的建议和援助"。

全球化的迅猛发展也为审计工作带来了新的挑战，根据美国劳工统计局的数据，"由于全球化的进程加快，各国之间的贸易往来较为紧密，因此对具备国际贸易和国际并购专业知识的人才需求会增加"。审计机构努力驾驭日益复杂的监管环境，将继续完善内部审计职能，不仅发挥内部审计的积极作用，而且成为更好的战略顾问。

三、人才招聘与培养

（一）薪酬与人才供给的关系

审计人员的薪酬具有很大的优势，全球人力资源咨询公司 Robert Half 发布的一份报告称，在中型企业中担任内部审计经理的薪酬有望达到 116500 美元，比财务经理高出 500 美元，比金融服务行业的运营经理多 17000 美元。然而，这是一把"双刃剑"，虽然具有竞争力的薪资可以对员工产生积极影响，但它也将内部审计置于尴尬的地位，会使企业整体的预算变得紧张，产生顾此失彼的结果。

随着对人才需求的增加，求职者对自己在就业市场中地位的认识也在增强，罗伯特·哈夫说，"提供低于平均水平薪酬的公司可能会失去聘用他们最喜欢的求职者的机会"。

不仅是内部审计与其他岗位之间会因为薪酬产生人才的竞争，跨地域和跨行业也会因为薪酬的高低蚕食本已有限内部审计人才库。例如，中国和印度等市场的经济增长刺激了更多的就业机会，这些机会可能会留住高技能人才，否则他们可能会向美国或欧洲寻求合适的就业机会。

（二）利用培训

针对非专业审计人员的内部培训应该是人才管理战略的组成部分，优先考虑这样的举措，可能对机构和审计人员都非常有利。审计高管会基于对全面培训和发展计划的考量，选择自身可获得的人才，IIA 的人才管理实践指南向审计高管提供了可实施的各种战略，以加强他们的培训计划，包括：

轮岗。轮岗计划为来自其他部门的内部候选人提供了培训机会。此外，它们还有助于分享做法经验，并有可能提高内部审计部门以外的工作人员对内部审计的认识。

客座审计专家计划。该计划聘请的人通常是某一业务方面的专家，可以促进审计部门内外的知识共享。

指导计划。指导计划在很大程度上是非正式的，没有官方文件，为新员工和有经验的员工提供了一个机会，使得在更有经验和更有知识的人的指导下提高他们的能力。

在职培训。在职培训可以为新员工提供相应指导，帮助新员工了解核心业务流程和任务。

课堂培训或研讨会。许多组织都有正式的内部培训计划，以提供基于工作角色、职责甚至更多技术能力（如数据分析和欺诈控制）的特定培训。

网上学习。网上学习具有很大的灵活性，不需要出差或缺勤。

（三）利用学习机构

审计部门可以与当地学院或大学建立合作，也可和 IIA 各地的附属机构或学术委员会建立伙伴关系。这种伙伴关系对各方均有益：内部审计机构获得了人才招聘、培训的相关资源；学生获得了在内部审计机构实习和全职工作的机会；学习机构获得了与公司接触的机会，同时提高了学生的就业率。

俄勒冈州国务卿的信息技术审计经理 Teresa Furish 发现，当面临公共部门的财政限制时，这一战略特别有价值。为了最大限度地利用与 IIA 各地的附属机构或学术委员会的这种合作关系，审计高管必须确保他们能够很好地履行自己的承诺，并提供价值相等的回报，包括：邀请优秀的学生参加项目，代表公司访问和参加外联活动；组织案例比赛；参加大学招聘会，以及举办学生可以参与的各种活动；与当地大学的学生协会和教授建立了沟通渠道；主办或与学习机构共同举办培训活动。

四、人才选择

优秀的人才希望他们的工作有意义，并为有意义的事情作出贡献，他们渴望自己的工作具有挑战性并可以得到适当的认可，同时他们还需要一条明确的升职路径。

（一）千禧一代

根据德勤（Deloitte）的研究，千禧一代（1981 年至 1996 年之间出生的任何人）在未来 10 年将占全球劳动力的 75%，人才选择应优先吸引他们。一方面，行业对风险的关注程度可能会吸引千禧一代，因为他们面临的风险比以前多得多；另一方面，千禧一代的员工发现内部审计的某些工作不那么有吸引力，"78% 的千禧一代在决定是否要在一家企业工作时，会对公司的创新程度进行考虑，但大多数人表示，他们目前的雇主不鼓励他们创造性地思考"。

内部审计在采用新技术和更新流程方面一直有些保守，这对千禧一代来说可能并不具备吸引力。内部审计应该提高对创新的接受程度，优先成为创新发展的领头羊，提高其风险应对和咨询职能的能力。同时，也应该成为实施新技术的倡导者，如果内部审计能够在技术革命的前沿确立自己的领导地位，千禧一代肯定会表现出更大的兴趣。

（二）女性

女性也是在人才招聘中应该着重考虑的资源。在福利方面，女性比较关注弹性工作时间和带薪育儿假，因此，审计领导应考虑灵活的时间安排以提高审计人才留用率。

虽然女性在就业中会面临性别歧视，但是报告显示，性别歧视正在缓慢缩小，审计领导应评估他们的人才管理战略、招聘和发展战略，以此确保招聘的多样性，同时在任何情况下，无论是性别、宗教还是性取向或其他方面，应该保持中立，不存在任何偏见。

萨米·巴里为建筑人员列出了可实施的做法，以多样性和平等的方式招聘和留住有技能的女性，虽然目标受众不是内部审计，但仍然适用：创造一种包容的工作场所文化，在这种文化中，男性和女性受到平等的对待；重视多样性，例如，在其网站和社交媒体平台上提供同等数量的男性和女性员工的照片；消除内部招聘人员的潜意识偏见；消除对工作描述和招聘广告的偏见；在面试时强调多样性和对女性友好的文化，并让女性员工参与招聘过程；符合女性员工偏好的发展机会；制定对女性有吸引力的福利（即灵活的工作时间、专业的指导、生育福利）。

（三）小结

人才管理的战略应该"考虑组织的需要和候选人的职业目标、能力以及发展潜力，来确定现有职位的潜在候选人"。内部审计领导在人才管理战略的制定和实施过程中倾听员工的意见，尽最大可能采纳他们的建议，并确保董事会和管理层也能听到员工想说的话。任何人才管理战略都不应该以单一的一方开始和结束，它应该是持续的、包容的和积极的对话，所有参与者都是因为要向机构提供有效价值的愿望而团结在一起。

五、对人民银行内审工作的启示

随着时代的发展与技术的进步，国家对审计工作和审计人员的要求越来越高，人民银行内审工作也面临着各种风险和困境，加强审计人才队伍建设迫在眉睫，同时也就要求审计人员能够自我完善、自我革新和自我提升，促进审计工作和审计技术的创新。

（一）完善人才引进制度，逐步优化人才结构

审计是一项涉及面广、政策性强以及专业程度高的一项工作，随着技术的进步，审计工作越来越需要具备 IT 专业背景的人员，因此在招聘的时候，把好人才准入关尤为重要，要根据审计工作的需求和现有审计人员的结构，在统一招聘的时候科学设置相关专业，重点招聘具有金融、会计、计算机、理工科背景的人才，以及对具备相关工作经历和相应专业知识的特殊人才放宽条件，同时，在给审计部门分配新人的时候可以考虑计算机专业或者理工科背景的人员，将人才选拔到最能发挥其作用的岗位，将专业对口、可以适应新形势要求、有发展潜能、有志于从事审计工作的人才吸纳入审计队伍中来。

（二）完善教育培训机制，促进人才素质提升

当今社会处于知识快速更新的时代，审计部门应该加强培训，完善培训机制，推进审计人才有规律、有组织以及有计划地获取教育和学习，推动审计工作平稳发展。在教育培训的方式上，审计部门应创新培训形式，采取丰富多彩的样式，如网上学习、座谈会、交流会等，拓宽培训渠道，建立分类和专业的培训体系，激发审计人员主动学习的动力与积极性，提高培训质量，重点突出审计业务能力，使其成为发现问题的高手、分析问题的能手、计算机辅助应用的强手。

（三）完善绩效考核机制，激发人员工作热情

适宜的科学绩效考核机制能够提高审计质量、激发工作热情、凝聚人员力量，因此审计部门应该主动作为、敢于创新，完善并建立绩效考核机制：一是坚持轮岗交流制度，不仅从审计人才库中选取专业人员参与到审计工作中，还可以从其他部门的专业岗位中对人员进行抽调，加强审计岗位与专业岗位之间的人员交流，有效解决审计人员专业能力不强的现状；二是健全人才考核评价机制，审计部门应该建立综合的考核评价机制，制定符合新形势内审工作要求的考核体系和评价标准，做到公正客观地评价审计人员；三是建立人才激励机制，对审计工作突出、有优异表现、专业素养高的审计人才给予奖励，加强培养，让他们对工作有归属感、荣誉感和成就感，更好地为审计工作的开展贡献自己的力量；四是注重培养青年专业人才，通过积极主动创新、改善审计技术环境来吸引年轻人，招聘更多的"90 后"，改善审计队伍的年龄结构、知识结构和专业结构，从而为审计部门注入新鲜的血液，同时，采取"以老带新"的模式，让年轻人担任主审，促使他们快速成为审计骨干。

第三代内部审计

——内部审计的未来从当下变革开始①

中国人民银行渭南市中心支行　傅永贞　陈思扬

摘要： 目前在内部审计界通常被忽视的一个重要问题是：在企业和商业环境发生巨大变化的当下，内部审计仍在使用与当前环境已经明显不符的"旧方法"来开展工作。如果不立刻进行创新，内部审计职能将会落后于技术的发展，届时内部审计将会面临无法满足经济监督需求且无法应对随时可能出现新风险的局面。为此，我们提出下一代内部审计也称"第三代内部审计"，该审计方式能够适应新风险和新技术的挑战，在满足管理层追求创新价值和交付价值的同时，还拥有能保护审计过程和企业资产的职能。就像更新应用程序到最新版本一样，第三代内部审计在提供新功能和特性的同时，还保留着"旧版本"的精华。因此，第三代内部审计可以被认为是一套使内部审计业务和职能能够更好地满足当下和未来需求的新"操作系统"。

关键词： 创新　第三代内部审计　新风险　内部审计职能

一、第三代内部审计

随着企业及商业环境的巨大改变，内部审计面临着急需创新甚至改革重塑的现状。首先，追溯现代内部审计的诞生：1941年内部审计协会（IIA）的成立形成了第一代内部审计；随后《萨班斯—奥克斯利法案》的颁布以及其对会计行业的影响形成了第二代内部审计（发展历程如图1所示），在此过程中，COSO框架、信息技术审计和数据分析等能力的提高，以及内部审计在全球金融危机后对各行业控制风险的补充指导作用有助于推动内部审计行业向前发展。然而，随着第四次工业革命的到来，新技术、数字化和人工智能正在极大地改变着商业局势，企业面临着策略、运营操作、金融经济、法规制度和网络方面的风险（如图2所示），因此，为了在多方竞争中取得更好的成绩就必须不断创新。

与第四次工业革命有关的风险类型，其复杂性和相互关联性前所未见，这也迫使企业为了创造价值而采用的战略、实践和技术也随之更新。最成功的内部审计是通过主动出击的方式，帮助各个组织部门及时地了解并领先于新出现的风险。

---

① Deloitte. Internal Audit 3.0——The future of internal audit is now［EB/OL］.（2018）. https://www. deloitte. com/content/dam/Deloitte/lu/Documents/audit/lu－internal－audit－3－0. pdf.

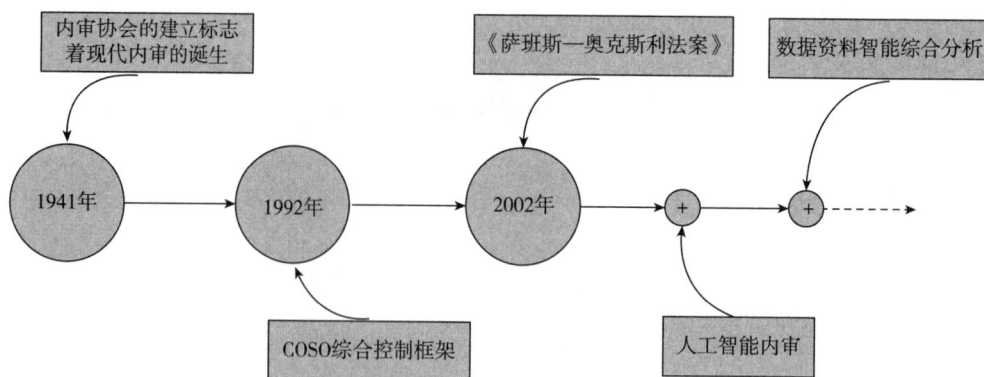

图 1　内部审计的关键里程碑

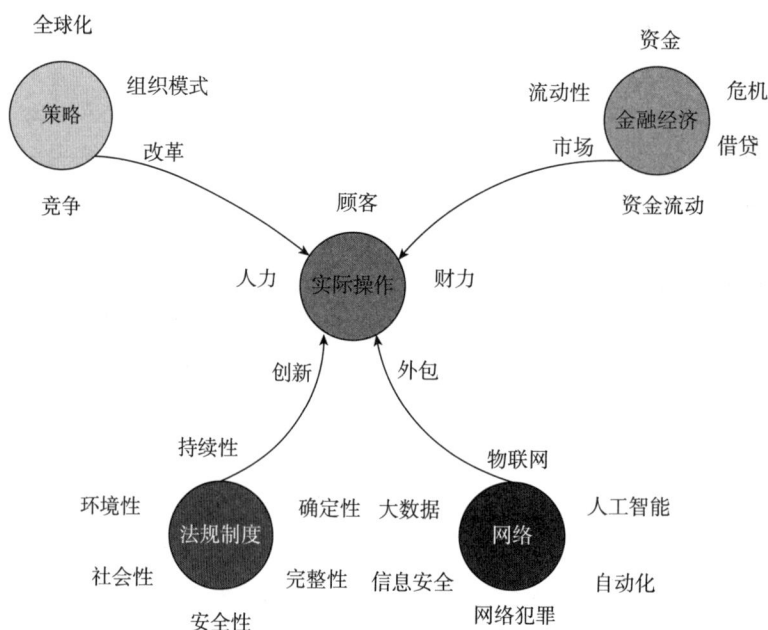

图 2　企业在各方面面临越来越大的不确定性

二、保证、建议和预测概述

（一）内部审计三大要素

保证、建议和预测是目前内部审计利益相关方最重视三大要素。德勤公司对多个行业的内部审计职能进行了外部质量评估，并采访了 200 多名高管和审计委员会主席、首席审计官和内部审计主管，所得结论都证明上述三大要素的正确性。以下是根据评估和采访整理出来的重要观点：

1. 保证是内部审计的核心。当前需要保证的活动、问题和风险的范围比过去更广泛、更多样化，且内部审计对核心流程和高风险事项的保证更是不可缺少的。与此同时，围绕决策治理、组织内行为的适当性、三道防线的有效性和对数字技术的监督的保证也同样重要。

2. 内部审计要从符合利益相关方期望的角度出发。经证实，强大的咨询建议作用是最大限度地发挥内部审计价值的关键。例如，向管理层建议对计划进行有效变更、对三道防线相关的风险进行管理以及包括业务有效性和效率问题在内的事项。

3. 预测风险并针对该风险制定预防性应对措施，这一职能使得内部审计从以事后监督为主转型为以预防风险发生为主，这就使得内部审计变得具有主动性，并通过之前提到的内部审计保证和建议职能，帮助管理层在风险出现之前进行干预。

（二）系统概述

保证、建议和预测组成第三代内部审计的核心价值，在图 3 中三个虚型框区域"保证模块""建议模块"和"预测模块"下的概述表明了第三代内部审计的核心特性。

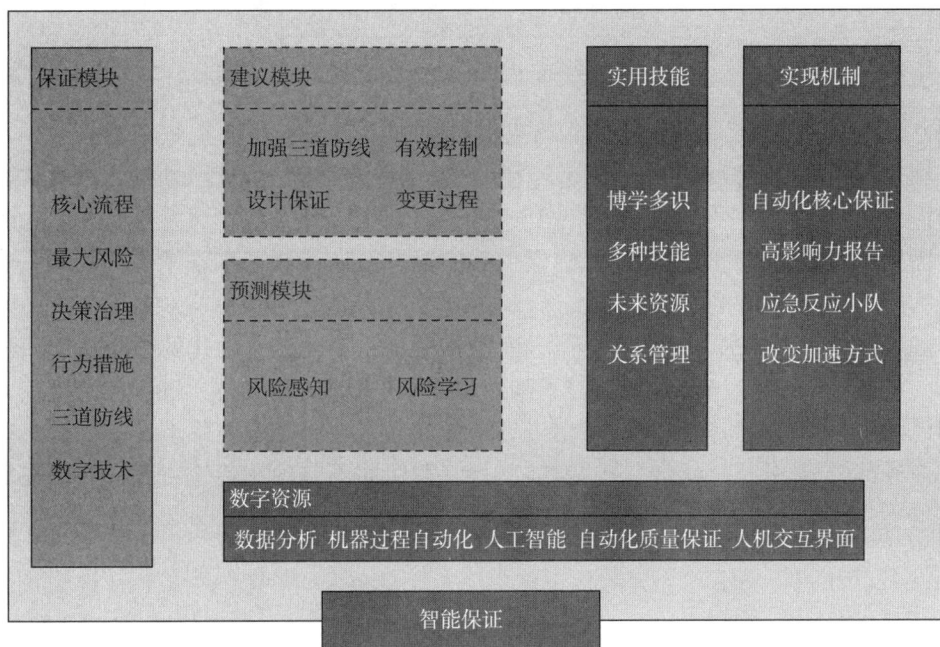

保证模块	建议模块		实用技能	实现机制
	加强三道防线　　有效控制			
核心流程	设计保证　　变更过程		博学多识	自动化核心保证
最大风险			多种技能	高影响力报告
决策治理	预测模块		未来资源	应急反应小队
行为措施			关系管理	改变加速方式
三道防线				
数字技术	风险感知　　风险学习			
	数字资源			
	数据分析　机器过程自动化　人工智能　自动化质量保证　人机交互界面			

智能保证

图 3　第三代内部审计系统

保证、建议、预测主要通过以下方式实现：

1. 数字资源已经开始改变并将在未来彻底改变内部审计工作。

2. 技能和实现机制使内部审计加强了与利益相关方的联系，并能够更好地满足他们的需求。

3. 智能装置使系统以更加理想的方式提供新的价值。

同一群人，以同样的方式，使用同样的资源为利益相关方提供其所需要的价值，这种故步自封的观点对于当前飞速发展的社会已不再适用。第三代内部审计将利益相关方的思维、方法和关系拓展到新的、更广的、更深的层面。如若采用第三代内部审计的要素，审计部门就必须真正了解利益相关方的需求，并以有助于提高质量、提高效率和重新思考传统假设的方式开展工作。

三、保证——内部审计的核心

第三代内部审计的"保证模块"部分包括六个功能如图4所示。

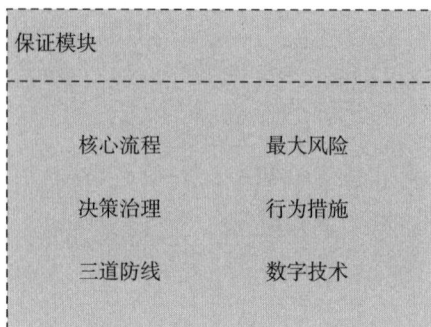

保证模块

核心流程	最大风险
决策治理	行为措施
三道防线	数字技术

图4 保证模块的六个功能特征

（一）核心流程——通过自动化实现价值

第三代内部审计旨在平衡"核心流程"和"最大风险"这两个功能。内部审计师每年能覆盖的流程有限，因此常常需要通过不定期地审计来规避风险。而利益相关方通常需要这两种功能同时实现，即确保核心的财务和运营流程正常工作的同时，对组织最大的风险（如网络化、数字化、变革管理等）也能适当管理。

如若使用数字技术，那么核心流程就能够实现自动化。自动化的核心是利用机器分析，将过程自动化（RPA）和人工智能（AI）两种方式相结合，进行实时监控并标记出风险项，随之将风险项与自动化报告结合起来，这样一来内部审计可根据上述结果向业务部门传达风险，以便他们能够立行立改，而不是使用传统方式，根据在审计计划每隔几年检查一次给予控制，图5说明了传统方法和自动化核心保证方法之间的对比。

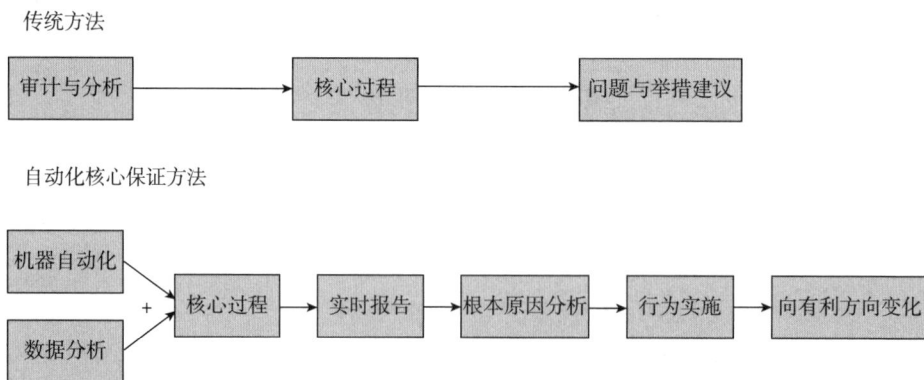

传统方法

审计与分析 → 核心过程 → 问题与举措建议

自动化核心保证方法

机器自动化 / 数据分析 + 核心过程 → 实时报告 → 根本原因分析 → 行为实施 → 向有利方向变化

图5 传统方法与自动化核心保证方法

自动化核心保证是第三代内部审计中的一个重要元素，它能够将所有内容自动化，并在机器无法判别的地方采用人工干预的方式进行补充，由此来提供更有效的保证。

（二）行为保证

管理层和员工们的行为是驱动风险的主要因素。在第三代内部审计中，内部审计提供保证的依据来源于以下三个方面的行为：每个人是否履行了自己的职责；每个人是否理解并做到不违反操作纪律；二线和一线职能部门之间的相互补救措施。

（三）数字技术保证

人工智能的兴起带来了许多尚未完全了解的新风险项，这就对内部审计师提出了需要学习不同技能的要求。这不仅仅是对应用程序开发和数据访问进行审计，而是要能理解应用人工智能及过程自动化程序的过程中可能出现的风险，以上技能在未来内审工作中将会十分重要。

四、建议——最大化利益相关者的价值

第三代内部审计的"建议模块"部分包含四个较为广泛的、可以提供新的所需价值的功能，如图6所示。

（一）内部审计的独立性

独立性意味着不受造成风险的条件的影响，也意味着有权发表观点并提供由数据和经验支持的独特见解。通常，内部审计建议职能的实现需具备提供观点、挑战管理以及提供实时见解的功能，这样的服务可以将其他业务部门看不到的点连接起来。内部审计在组织内享有独立地位，如果不能很好地利用这一优势将会错失许多良机。

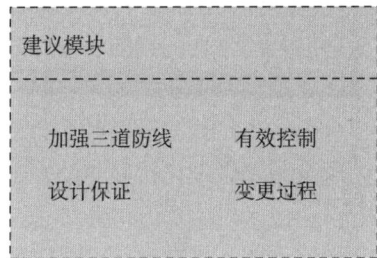

图6　建议模块的四个功能特征

（二）加强三道防线

在第三代内部审计中，内审部门就如何提高自身的保证能力向前两道防线提供建议，在保持客观性和独立性的同时，内部审计师可以提供建议并分享方法和措施。我们的目标是提供最高效和有效的保证，并尽可能及时。内部审计显然不应作为作出管理决策的角色出现，而是要在职能的作用范围内协助前两条防线并完善。例如，如果内部审计师开发出一种分析工具，可供前两条防线使用，应注意的是必须要有适当的保障措施，同时不能妨碍业务部门正常工作。

（三）实现控制有效

围绕控制有效性的保证，其不稳定因素应该越少越好。对企业来说最有用的建议是在设计控制措施的时候，因为当内部审计只在实施后对控制情况进行审查，业务收益就少得多。内部审计师应观察这些项目并提供实时反馈，并由有关业务部门以及内部审计部门建立维护独立性的保障措施。

（四）变更过程中的建议

内部审计还应在有关战略项目和转型举措的会议上占有一席之地，不仅要为改革

项目提供保证，而且通过提出关注问题为讨论质量作出贡献。内部审计有权出席关键管理层决策场所，然而现在距离全面实现该目标还存在一定的差距。

（五）设计保证

内部审计可以帮助管理层在业务中实施相应的机制，从而消除或减少对第二或第三道防线提供流程或控制保证的需要。然而我们面临的基本问题是：如何建立减少人工干预的保障机制？实际上设计保证的目标与实时保证以及自动化核心保证的目标是相互关联并相互支持的。

五、预测——提供前瞻性的见解

随着对组织内部信息访问的数据量达到历史之最，人们使用外部数据的能力不断增强，内部审计可能处于一个较为理想的境地，即通过预测得知影响组织实现其目标的风险问题。

（一）风险感知：监测多种数据为预测风险提供数据支撑

目前可使用的风险感知平台几乎都是基于内部数据、外部数据或两者的相结合来监测风险指标。例如，一些组织通过监控社交媒体的客户情绪、声誉风险、新闻源来分析确定可能出现的风险；金融机构和大型工业公司通过监控中央银行的政策来预测利率变动及其对企业的影响；许多组织通过监控内部管理信息来确定财务或运营绩效、客户行为、产品缺陷及其他可能影响业务的风险。

风险感知借助先进技术来辅助数据分析，并将人工干预作为辅助手段来提供风险全景图，由于风险感知侧重于新出现且未知的风险，因此可以作为预测问题并针对可能出现的问题提供解决方式的工具。风险感知还可以实现实时和持续的风险评估，摆脱传统的年度风险评估方法。有效地运用风险感知，有助于提高内部审计对风险的认识，进而完成好内部审计的保证职能。

（二）风险学习：了解事件原因

风险学习，或者认知风险预测，将利用风险事件和周围因素来梳理因果关系。如果风险事件发生，分析人员可以迅速了解事件的起因、经过和结果。在以后，内审部门可以将这种识别方法用于识别不断增长的风险，这使管理层能够采取主动措施来避免或减轻风险事件。

（三）升级到第三代内部审计

数字科技能力的不断提升为第三代内部审计的实现提供了坚实的科技基础，内部审计师如何开发利用数字科技将直接决定审计质量。而第三代内部审计的根本还是旨在帮助内部审计职能跟上时代的变化，创造出相应的价值并增强影响力。

六、结论

现如今，利益相关者的需求变得越来越明确，内部审计到了迎接真正的变革的时代。未来内部审计的发展还需要不断地努力，从内审转型、自动化鉴证、高级数据分析等一系列过程中，能看出利益相关者期望内部审计进行变革。内部审计未来发展方向已经明朗，当下急需的是创新并快速投入使用。

七、对央行内审工作的启示

一是充分利用数字化信息化时代的优势。央行内审工作应充分使用好内审业务综合管理系统及辅助审计系统，认真学习总行下发的《信息技术审计操作手册（V1.0)》中介绍的信息技术审计的 9 个方面的审计内容和方法，提高内审人员的信息技术审计能力。学习借鉴已有的优秀审计案例，提高审计质量。二是内审计划应更加务实。紧贴中央重大决策部署及政策调整，随央行履职重点、中心工作的调整而不断更新调整。三是赋予内审部门一定工作权限。应向内审部门开放央行所有业务应用系统查询的权限，以便及时获取第一手资料开展非现场审计，节省时间及人力、物力、财力。四是加快内审转型步伐。央行内审的职能由原先查错纠弊转向发挥内审的咨询、建议、预测作用，为管理层决策提供参考。五是优化内审部门人才结构。随着时代的发展与技术的进步，审计工作对于审计人员的素质及技能要求越来越高，审计工作越来越需要熟悉金融领域且具备 IT 专业背景的人员，建议多渠道吸纳、优化适应新形势要求、有发展潜能、有志于从事审计工作的人才。

建立持续审计方法的三个步骤及相关启示①

中国人民银行延安市中心支行　延欢

摘要： 随着信息技术的发展进步，审计技术与方法也随之不断完善更新。持续审计是信息时代审计方法的创新，与传统审计相比存在很大的不同，同时持续审计也是对传统审计理论的促进和发展。本文编译自 Joseph DeRose 在美国 I. S 会计师事务所网站所发表的文章，为央行内审部门应用持续审计方法提供借鉴。

关键词： 内部审计　持续审计

在过去的 10～15 年时间里，越来越多的组织已经迈出了建立持续审计方法的一步。过去几年，各种规模的组织都致力于通过运用持续审计方法来促进审计职能的发挥，这种现象的主要推动因素之一是流入和流出企业的数据量和种类。此外，由于业务的全球性，即便是最小的初创公司，对于审计来说也很难跟得上。

公或私营的各种类型和规模的企业都在探索采用和实施持续审计的积极作用和方法。如果您正在考虑建立这种持续审计的方法，本文可能能够帮助您了解持续审计是什么、它如何发挥积极作用以及如何实施和运用持续审计。

一、什么是持续审计

持续审计是标准内部审计在审计结束后的很长一段时间内，持续收集相关审计数据并继续开展下一次审计的一种方法。持续审计能够使审计人员客观地、建设性地评估管理层持续监控职能的充分性并识别风险领域。

持续审计明确了持续审计与持续监控（也是一种网络安全的风险管理方法）之间的重要差异。持续监控程序可以准确了解组织的安全风险情况，利用自动数据馈送机制来确定风险并确保安全控制的有效性。基本上，通过持续监控从管理层获得的信息有助于审计人员在持续审计中对持续监控进行评估。但持续审计计划的顺利开展并不需要持续监控。

二、建立持续审计方法的主要原因

一些组织正在转向持续审计的原因很简单，它更有效。如上所述，审计人员能够通过持续审计更及时、频繁地发现新出现的问题。同样，IT 部门也会因为持续审计的

---

①　本文作者 Joseph DeRose，于 2019 年 2 月 6 日在 https：//www. ispartnersllc. com 上发表。

实施而持续性地做好防范风险的准备。

持续审计使组织能够注重测试存在的潜在风险以及现有控制措施的有效性。它为理解组织系统的风险和控制提供了更深层次的视角，同时还增强了对定期审核和持续测试结果的抽样。

持续审计并不意味着取代传统内部审计。相反，它旨在增强传统审计方法及其有效性，因此，对于追求更频繁、一致和全面地了解机构运营情况的组织而言，这是一个值得考虑的理想方法。

以下是一些有助于发挥持续审计积极作用的关键要素：

- 从关键流程、账户和交易中收集数据。
- 更及时、低成本地遵守重要的法规、标准、政策和程序要求。
- 从允许有限关注和洞察的情节性、固定性或周期性的审查转向信息自动反馈的持续、广泛的审查。
- 建立更加动态的、实时性的审计计划，而不是传统的、静态的、被动的年度审查。
- 降低审计成本，同时提高审计效率。
- 利用趋势分析易于识别欺诈行为。

采用并实行连续审计方法的一个很好的实际效益示例是，企业经常通过连续审计来对费用、账户等事项进行趋势分析，其结果有助于在情况恶化之前确定可能需要进一步调查的任何差异或不一致之处。

三、建立持续审计的三个步骤

(一) 明确内部控制和审计目标基准，同时要保持灵活性

审计标准、日常内部控制和审计目标是审计人员发现问题的基准。这些控制与用于年度内部审计的控制基本相同，包括组织为促进高效和有效运营、保护资产和提供可靠财务信息而制定的政策和程序。

此外，重要的一点是要对政策和程序的演变持开放态度，持续审计实际上鼓励和允许这种演变。就像我们所关注的数据的类型和数量，以及数据的行为和移动方式，政策和程序都会反映这些变化。持续审计可以定期查看事情是基本保持不变还是发生了巨大变化，利用持续审计的结果来推动内部团队和供应商（如服务组织）的政策和程序。

(二) 建立高风险或其他优先领域

实施持续审计流程需要进行的另一个步骤是识别并建立组织内的高风险领域。以下是应建立的几个优先领域：

- 由组织的领导和风险管理计划指定的关键业务流程，与组织的最高风险交叉引用。
- 全面了解数据的结构和可用性，包括所有业务系统和其中可用的数据。
- 应用数据、比率和趋势分析方法对风险进行评估。

- 评估包含业务周期或在持续审计过程中产生的预计收益。

（三）确定持续审计流程的频率

持续审计的频率在很大程度上取决于自身需求，并且也可能取决于被审计流程的成本、收益、风险和流程等考虑因素。如果只是想建立一个更简化的审计流程来检测任何未知的趋势，可以选择每季度来执行一次审计。但如果担心会计或欺诈中的特定问题，也可以选择更高的频率。

四、启示

随着信息技术的发展，计算机辅助审计技术的应用不断拓展、进步。技术的变革也为内部审计提供了机会。持续审计作为一种依托计算机技术的审计方法，为内部审计提供持续、实时、动态的信息反馈，促进央行内部审计的转型与深化。

（一）持续审计为基层央行内审提供更优的审计环境

相较于计划性、周期性的传统审计，持续审计畅通了审计信息的获取渠道，有助于内审人员及时了解内部管理和业务情况，并有选择性地对重点领域和关键环节开展风险防控。持续审计的应用对提高审计工作效率和审计工作质量、降低审计工作成本以及实现审计全覆盖具有积极意义，进一步促进基层央行内部管理有效和业务操作规范。

（二）基层央行在持续审计应用方面仍有提升空间

一方面是技术应用不成熟。持续审计要求应用单位安装相关监控程序以对业务进行实时测试，对审计人员素质和技术能力要求更高。当前，基层央行内审部门对持续审计的深入研究不足，还没有适用于持续审计的有关计算机辅助程序的应用。另一方面内部开展存在难度。持续审计要求对被审计对象进行更高频率的审计监督，如此看来，被审计对象对持续审计可能存在抵触心理和怀疑态度，对于持续审计的推进存在一定程度的阻碍。

（三）基层央行实施持续审计的几点意见

一是提供技术支持。解决技术问题是开展持续审计的关键，技术部门应根据基层央行内部审计要求和业务特点，开发相适应持续审计的信息系统，保障持续审计相关系统的运行和维护。二是注重沟通交流。基层央行内审部门向管理层以及被审计对象做好推进持续审计的有关工作，获取更多的理解和支持。三是提升人员综合素质。内部审计人员要有一定的信息技术应用能力，能够使信息系统更好地服务于内审部门，并且能够对被审计对象的数据安全提供保障，防止内部数据泄露。

在审计监督和咨询服务之间取得最佳平衡[①]

中国人民银行涪陵中心支行　文竹　杨益远　黄钰婷

中国人民银行重庆营业管理部　柴艳欣

摘要： 2019 年，国际内部审计师协会研究基金会（The IIA Research Foundation）发布《在审计监督和咨询服务之间取得最佳平衡——内部审计高管的实践见解》调查报告。该调查是在国际内部审计师协会 2015 年启动的全球内部审计知识共同体研究（CBOK）项目的基础上开展的后续调查，基于组织治理层要求内部审计部门更多地发挥咨询服务作用的背景下，采访来自多个行业组织的首席审计执行官，深入了解他们如何在审计监督和咨询服务之间取得最佳平衡。涪陵中心支行对该报告进行了摘编，供参考。

关键词： 审计监督　咨询服务　平衡

一、内部审计部门咨询服务的作用

（一）改进业务流程和组织治理

咨询服务倾向于解决处于考虑或规划阶段、正在进行或即将实施的项目，协助管理层做出更好的决策，改善组织治理、风险管理与内部控制，帮助业务部门推动业务向前发展。具体而言，咨询服务一是可以降低业务部门风险及问题发生的可能性和影响程度；二是利于引导业务部门在后续业务流程开展及技术、人员变动时尽早考虑组织治理、风险管理与控制；三是能够增进内部审计部门与业务部门的良性互动，促使业务部门愿意接受内部审计部门在组织治理、风险管理与内部控制方面的专业帮助或指导。

（二）提高内部审计可信度

内部审计部门开展咨询服务，能够推动内部审计人员掌握更多的业务知识，成为专业人士，一方面更有效地发挥审计监督作用，另一方面更好地与管理层沟通讨论，有助于获得管理层和业务部门的信任，被业务部门视为组织的人才库，从而提高内部审计的可信度。

---

①　Brady，Karen. Striking an Optimal Balance Between Assurance and Consulting Services – Practical Insights from Internal Audit Leaders ［EB/OL］. (2019). ［2019 – 03 – 12］. https：//na. theiia. org/news/Pages/New – Report – Weighs – Internal – Audit – Responsibilities. aspx.

（三）增强组织对治理、风险管理和内部控制的理解

与审计监督相比，业务部门与内部审计部门在咨询工作中合作，有机会在更舒适的环境中，以非对抗的方式，学习了解治理、风险管理和内部控制相关的概念和知识。通过开放、坦诚的沟通交流，业务部门主动加强管理的意愿和积极性明显增强。

（四）更有效地开展审计监督工作

识别和解决组织治理、风险和控制问题开展的内部审计咨询服务，有利于缩短审计监督时间。对提供过咨询服务的领域进行审计，沟通协作更加高效，根据调查，审计时间能够缩短33%。

（五）互惠互利

内部审计部门根据内部审计人员的兴趣爱好，分配其参与相关咨询项目。该模式既有助于内部审计人员轮岗到组织的其他部门时快速成长，为组织培养人才；也有助于经由轮岗的内部审计人员将内部审计专业知识和理念传播到组织的各个部门，为内部审计工作优化环境。

二、在保持独立性和提供咨询服务中取得平衡的最佳实践

（一）保持独立性的最佳实践

1. 加强向审计委员会报告。调查显示，多数审计委员会希望了解内部审计部门在审计监督与咨询工作方面的细分情况，特别是处于严格监管环境下的特定行业，以及具有传统观念董事会成员的组织，其审计委员会尤其关注内部审计部门的独立性。因此，内部审计部门需加强向审计委员会的报告。一方面，部门年度审计计划中至少应当包括对其履行咨询服务的简要描述；另一方面，首席审计执行官可以通过与审计委员会成员举行年度推进会议的形式，重点讨论独立性和咨询服务的相关问题。

2. 帮助内部审计师了解影响独立性的主要风险以及如何保持客观性。调查的首席审计执行官强调，必须保证团队中的每位内部审计人员，都清楚了解开展咨询工作可能面临的独立性风险以及如何降低这种风险。通过假设场景推演、案例分析、制定识别和应对独立性风险指南以及建立不可接受的咨询活动列表（过于接近独立界限的活动），可以有效帮助内部审计人员掌握相关技巧。在此基础上，内部审计部门领导层需要在发现部门或内部审计人员独立性受到影响时，及时指导团队加以应对。

3. 预先评估潜在的独立性风险。确定咨询服务是否适合内部审计部门，涉及两个初始考量因素，一是内部审计人员的专业知识和技能能否满足该项工作需要，二是是否存在潜在的独立性风险。调查中，一些首席审计执行官表示，在开展任何咨询服务前，均要详细排查可能面临的任何独立性风险，当潜在的咨询工作可能威胁内部审计部门的客观性时，必须拒绝该项工作。个别首席审计执行官建议，评估咨询工作的可行性至少应当投入40个小时以上。

4. 提前向业务部门告知保持独立性的相关要求。在开展咨询工作前，内部审计人员应当清楚地向业务部门传达他们保持独立性的需要，以会议等正式形式告知业务部

门，内部审计部门在咨询工作中可以做什么、不能做什么、在以往的咨询服务中遇到一些特定情况是如何处理的。必要时可以辅以具体事例说明和强调，比如，若内部审计人员发现潜在的欺诈或重大问题时，将提前履行向上级的报告义务。提前告知有助于相互理解，顺利开展咨询工作。

5. 做好业务部门过度要求的应对准备。当业务部门向内部审计人员提出过度要求时，应当采取有效措施应对，澄清各自职责所在。例如，业务部门请求内部审计部门代为起草相关制度，内部审计部门应当委婉拒绝，表示可以就其中的内容作出指导和建议，但不能代替业务部门制定或出台文件。

6. 清楚认识反复沟通的必要性。根据调查，业务部门对于内部审计咨询期间给出的建议，可能无法一次性理解到位，因此需要反复沟通。例如，在内部审计人员提供咨询后，业务部门根据内部审计人员的建议，拟定一项新制度或明确一个新业务流程，再次提交内部审计部门审查，内部审计部门需要就如何改进制度设计提出进一步建议，如此反复，确保新制度或业务流程满足内部控制需要，达到预期目标。

7. 必要时作出工作调整。一般情况下，为特定业务领域提供咨询的内部审计人员，在 12 个月内不得参与对该业务领域的审计工作。特殊情况下，咨询工作可能发现重大线索，需要立即采取正式审计行动，此时，内部审计部门必须向业务部门作出说明，列明依据，并尽快制订下一步审计计划。

（二）提供咨询服务的最佳实践

1. 完善咨询方法。对于内部审计部门开展咨询工作的目的，认识各有不同。调查的首席审计执行官中，一部分认为是"发现风险"，另一部分认为是"传播关于风险、治理和控制的最佳实践"，还有部分认为旨在"随着新工作流程和业务工具的出现，引出关于改进内部控制的讨论"。向业务部门阐明咨询工作的理念、任务和方法，有助于协调内部审计部门和业务部门的预期目标，并保证咨询活动专注于既定目标。同时，在董事会人员变动时，首席审计执行官应当及时向新董事澄清内部审计部门咨询工作是围绕风险和控制展开的，与麦肯锡等会计师事务所提供的财税管理、商务投资类业务咨询不同。

2. 加强业务宣传和营销。内部审计部门要主动向组织的其他部门宣传咨询服务。鼓励内部审计人员，包括已经调入组织其他部门的前内部审计人员，尽可能利用食堂午餐时间、审计期间等机会向业务部门非正式地推广内部审计咨询服务。同时，可在参观其他部门工作时现场给出改进建议，提高业务部门对内部审计咨询服务的认同。此外，调查的首席审计执行官强调，最佳的宣传和营销方式，是通过提供高质量的咨询服务，以工作实绩赢得业务部门信任。

3. 细致筛选咨询机会。内部审计人员筛选潜在的咨询机会，需要考虑四方面内容。一是了解拟开展咨询工作的可行性、目标和预期交付成果；二是确定该项工作机会是否与内部审计人员的专业知识相匹配，内部审计部门是否可以通过来自第一道和第二道防线的兼职审计人员学习相关业务知识，以及是否可以选择外包；三是评估独立性问题和减轻风险的保障措施；四是了解工作的背景，包括谁在请求咨询支持、哪些业务部门参与、与工作相关的其他影响因素及预计的工作持续时间，以便更有效地进行咨询。

4. 恰当撰写报告和发布结论。调查的首席审计执行官们倾向于将咨询服务报告，与传统审计报告区分开来。相对于正式的审计报告，咨询报告通常被称为专题报告或备忘录，往往涉及的信息较少，篇幅短小，主要包含工作的主要内容、内部审计小组的主要发现以及相关建议或结论。咨询报告的发送范围有限，高级管理层和审计委员会是否在发送范围内，一般根据报告内容的重要性灵活掌握。咨询工作前，可以将咨询报告的样本分享给业务部门。特别注意的是，如果发现欺诈或重大问题线索，内部审计人员应及时向上级报告。

5. 跟进、评估和改进。由于咨询报告不包含强制整改要求，业务部门可以选择性接受建议，因此很有必要继续跟进。咨询工作还应接受评估和质量保证审查，这些审查可提供经验教训和持续改进的机会。

三、对人民银行的建议

（一）建章立制，明确咨询工作边界范围

总行党委在深化人民银行内审工作的指导意见中明确要求，内部审计部门要有效发挥审计咨询服务作用，为本单位完善各项管理制度提供参考意见，强化咨询服务工作势在必行。人民银行各级内部审计部门可结合实际，推动出台内部审计部门咨询服务工作指南，明确内部审计部门咨询服务的概念、工作内容、主要目标、基本原则和方式方法，咨询服务与内审监督的区别，以及咨询服务与独立性相冲突时的应对措施等。用制度规范内部审计部门咨询服务工作，指导内部审计部门在保持独立性的前提下，提供咨询服务。

（二）多措并举，推动咨询工作良性发展

人民银行内部审计部门可采取以下措施，强化咨询服务。一是定期或不定期向党委汇报咨询服务工作，争取党委的指导和支持。二是利用开展审计项目、内审工作会、过程监督、日常工作接触等正式和非正式场合，主动向业务部门宣传内部审计咨询服务职能，增强业务部门对咨询服务的了解。三是凭借了解风险、熟悉制度等优势，主动就上级新要求、监督新重点等向业务部门提供工作建议，就系统性风险、普遍性、苗头性问题发出风险警示，提升业务部门对咨询服务的期望。四是严格咨询服务质量，以工作实绩赢得业务部门的信任，提高业务部门对内部审计部门咨询服务的认同。

（三）优化队伍，提供咨询工作人才保障

提供咨询服务，要求内部审计人员的素质更高，知识更广博，技巧更多，因此，人民银行各级行应进一步优化内部审计部门人员构成。一是拓展知识结构，在选配内部审计部门人员时，跳出传统审计、会计专业框架，适当吸收科技、管理、法律等学历人员，建立多元化知识结构的内部审计队伍，为全方位开展咨询工作奠定基础。二是加强交流学习，选派内部审计部门人员到业务部门跟班作业、参加业务部门理论及实务培训、跨部门轮岗交流等方式，创造条件让内部审计人员多渠道锻炼提高，丰富工作经历，确保胜任咨询服务工作。

北美内部审计动向对基层央行内部审计的借鉴与启示[①]

中国人民银行万州中心支行　王强　张超　王丹乔　李志音

摘要：国际内部审计师协会（IIA）发布的《2018 年北美内部审计动向》《2019 年北美内部审计动向》指出，在过去的十年中，风险变化加快，迫使组织机构不断创新发展战略。内部审计要与董事会和执行管理层保持对风险看法的一致性，这对内部审计能否提供卓越服务至关重要。首席审计执行官们（CAEs）需要创新战略并快速反应以应对各种扰乱，识别并关注新出现的风险，为管理层提供准确的信息和有价值的对策。北美内部审计动向重点关注了敏捷性、创新性、人才与与董事会的合作四个领域，并提出了如何实现这四个领域的相关建议，为我国基层央行内部审计工作提供了借鉴。

关键词：内部审计　创新性　敏捷性

一、北美内部审计动向关注的四大领域

（一）敏捷性

当风险发生变化时，内部审计必须快速作出反应，虽然内部审计不可能肯定地预测未来，但可以大致预料风险的变化。《2018 年北美内部审计动向》研究表明，三分之二的受访企业认为内部审计的敏捷性对企业发展非常重要，但只有 45% 的企业认为内部审计部门反应非常敏捷。当 2002 年美国《萨班斯—奥克斯利法案》颁布以应对财务报告丑闻时，企业高管们指望 CAEs 和内部审计来帮助他们理解、评估和应对，然而在十年前发生金融危机时，许多内部审计部门却将审计重点移到了那些能为其组织带来短期直接利益的领域。

内部审计的敏捷性体现不仅需要评估潜在未来风险的性质和严重性，还要做好应对意外情况的准备。仅是提前计划是不够的，内部审计必须应对任何可能出现的扰乱。

实现内部审计敏捷性的方法有：一是随时预测风险、关注风险，做好应对风险的准备。二是根据事情的重要性来确定工作的优先顺序。审计师可以审计任何事情，但他们不应该审计所有事情。CAEs 应该挑战传统的做事方式，探索新的技术和审计方法。阻碍内部审计敏捷性的事项包括关注低风险、冗长且不必要的文档，向太多的当

---

① IIA. North American Pulse of Internal Audit［EB/OL］．（2018）．https：//www.theiia.org/centers/aec/pages/2018 - pulse - of - internal - Audit.aspx.

事人报告了太多的信息。三是打破模式，创建一支具有审计技能组合的团队。四是与组织中的其他资源协作。多于一半（56%）的CAEs认为与其他风险防控部门合作是最常见的做法。

在通往敏捷性的路上可能会遇到各种障碍，其中资源不足是最常见的障碍，特别是在较小的行政机关中。实事求是地说，内部审计永远也不会得到它能够需要的所有资源，内部审计不应该因为未能获得这些资源就缺乏敏捷性，应该更有效地利用现有资源，通过敏捷的能力来证明获取足够资源的合理性。遇到障碍时需要内部审计向管理层解释内部审计工作的价值，调整工作重点、资源和重新定位，以帮助组织应对发展中的障碍。

（二）创新性

《国际内部审计专业实务标准》要求内部审计师制订质量评估和改进计划。许多CAEs都在寻求与现有流程相关的、持续的改进，但这还不够，还必须挑战自己，使创新成为内部审计实践的核心基础。创新不仅能带来更好、更高效的审计，而且创新能够更快、更智能、更专注地应对突发事件，也促进了敏捷性的提高。

创新是对已经做了什么、怎么做的以及目标完成得如何进行深刻的反思，这不仅仅是要改善内部审计现状，还要促进内部审计转型发展。创新要求企业挑战自我，但只有三分之一的受访企业赞同内部审计挑战现状。站在创新的前沿会带来一些其他挑战，例如失误、浪费精力和未能兑现承诺。IIA北美委员会主席香农·厄本（Shannon Urban）（2017—2018年）表示，"内部审计创新对其成长至关重要，也是满足利益相关者不断变化的需求所必需的，这需要承诺和勇气"。

调查显示，91%的CAEs认为，他们自身是内部审计职能创新的关键驱动力，而62%的CAEs认为员工也是关键驱动力，大约三分之一的CAEs认为管理层和审计委员会是内部审计创新的主要驱动力。而创新的主要障碍有：内部审计资源数量不足（占受访者的48%）、管理层对变革的抵制（占受访者的42%）、内部审计人员能力不足（占受访者的37%），审计委员会抵制变革（占受访者的9%）。

实现创新的主要方法有：一是认识自我评估的必要性，并思考如何更好地实现审计目标。二是积极拥抱技术进步，探索和采用新技术是成熟的内部审计职能部门追求的目标，利用新技术来释放时间，实现更加流畅和灵活的审计活动。积极采用自动化例行审计或审计证据的自动化分析（一种人工智能）等较难掌握的新技术。三是不要把创新的失败归咎于资源的缺乏。像敏捷性一样，创新比资源更需要的是思维方式的改变。四是创新需要在时间和精力上进行投入，CAEs必须仔细考虑并制定具体的工作建议，找机会与执行管理层进行讨论，解释为什么审计方法和资源管理的改变是必要的，通过深思熟虑的策略以获得管理层的支持。

（三）人力资源

提高内部审计的敏捷性和创新性需要人才储备，CAEs将批判性思维、沟通能力和商业敏锐度作为招聘关注的三大技能，然而在组织机构面临更多扰乱，以及内部审计需要更加敏捷和创新的背景下，许多CAEs认为招募具有三大技能中的每一项的人才都极其困难。同时，其他技能的人才也很难招聘，超过四分之三的CAEs认为招聘具备网络安全和数据挖掘以及分析技能的人员极其困难。72%的CAEs认为他们在人力资源配置上有差距需要填补。

研究表明，获得合适人才的三大障碍是缺乏合格的候选人、工资限制和预算限制。CAEs需要考虑填补内部审计人才缺口的替代方法。实现人力资源优化配置的主要方式包括：制定人才战略，确保合格人员的正确输送，或者有效使用外包服务人力资源；开始寻找会计、金融、信息技术不同背景的候选人；让利益相关者参与进来，并获得他们对内部审计人才管理战略的支持；CAEs需要专注于培养现有员工的创新思维、沟通、技术和创新、敏捷性的技能，提供包括一对一辅导、团队辅导和自我指导等学习机会等。

（四）管理层参与支持

CAEs需要不断与组织的需求以及利益相关者们的期望保持一致。如果内部审计只关注完成自己的任务，很快将会忽视。所有组织都存在利益相关者的各种监督，这些监督有助于确保内部审计与组织的需求保持一致。

内部审计的观点可能并不总是与管理层一致，最佳解决方式是CAEs与审计委员会成员建立独立于管理层的关系。绝大多数CAEs都有机会建立这些关系。90%的CAEs报告他们参加了所有的审计委员会会议。

CAEs应努力让审计委员会成员认识到审计委员会是内部审计有效性的真正驱动力和推动者。CAEs必须认识到，管理层对内部审计的工作感到满意是很重要的，但更重要的是，董事会对其从内部审计中获得的确认和咨询感到满意和自信。

促进管理层参与支持的方式有：一是强化审计委员会的参与。让审计委员会成员更多地参与审查和批准审计资源，并就业绩进行直接反馈，将使他们能够更好地支持内部审计工作。二是提高审计委员会对组织面临的风险理解。大约一半（53%）的CAEs认为他们的审计委员会清楚地了解其组织的风险管理和内部控制系统的优缺点。CAEs需要帮助审计委员会成员更加了解风险管理和内部控制系统。三是与审计委员会讨论CAEs与管理层不一致的情况。组织内部中，内部审计与管理层的关系不同，有时候管理层中的一些人可能会挑战内部审计的独立性和客观性。虽然近三分之二（62%）的审计委员会表示，他们的审计委员会能解决客观性、独立性问题，如果与管理层有争议，审计委员会将大力支持CAEs，从而留下了相当大的改进空间。

二、对基层央行内部审计工作的借鉴和启示

在基层央行内部审计工作中，内审工作往往还是以传统的审计方式为主，偏重于事后发现问题，风险识别的敏锐度不是很高，在敏捷性、创新性、人才管理等方面都还有相当大的改进空间。2018年、2019年北美内部审计动向报告对我国改进和完善基层央行内部审计工作具有一定的借鉴和启示意义。

（一）培育基层央行内部审计人员敏捷性

近年来，在总行党委关于深化内审工作指导意见的指引下，基层央行内部门审计工作取得了长足进步，但基层央行内审人员在认识潜在未来风险的性质和严重性上受认知能力等因素影响仍有欠缺，应对意外情况的快速反应能力有待进一步提高。当前基层央行可以通过以下途径提高内部审计敏捷性：一是积极关注各部门业务变化，主动学习新政策、新规定、新操作，做到熟悉掌握。二是根据业务发展变化情况，分析评估业务风险，增加对高风险的敏锐判断力。三是分清轻重缓急抓住主要的高风险领域，把有限的审计资源和精力用于最重要、最关键的领域监督检查，不必面面俱到。四是积极培育锻炼内部审计人员应对风险、化解风险、处置风险的能力。

（二）增强内部审计创新性意识

当前基层行内部审计人力资源结构支撑内审部门创新能力有限，内审部门要自我加压，主动增强创新意识，在思维方式、审计方法、绩效评估等方面探索创新。可以从以下方面做起：一是加强对已完成审计项目的自我评估和反思，从审计内容、审计流程、审计方法、投入人力、审计质量和效果进行自我评价，积极思考如何以更优的方法、更少的投入实现更好的质量和效果。二是更好地使用计算机系统辅助审计，积极探索使用新的审计技术，尤其是关注国外自动化例行审计和自动化分析等智能系统的产生和应用，探索引进运用。三是转变审计理念，实行审计监督与评价建议相结合、问题导向与注重绩效相结合，当前重点做好预算资金绩效和业务绩效的评估评价，促进基层央行预算管理水平和履职效能提升。四是积极向领导层汇报，在审计开展前加强内部审计业务新动向的宣传，充分征询领导层意见，以便于集思广益，推动内部审计技术创新。

（三）强化内部审计人才队伍建设

基层央行内审部门人员数量有限，能力结构参差不齐，内审部门要应对日益发展的新业务，风险变化快的形势，以敏锐视角的观察，富有创新的方式防控处置风险，全面提升审计质量和成果，可以借鉴以下途径强化内审人才队伍建设：一是丰富内部审计人才队伍类别，通过行内调剂和行员招录逐步配备经济金融、信息技术等不同专业背景的人才。二是强化对现有内审人员培训，通过网络教学、一对一辅导、集体讨论研究和自我学习钻研多种方式，持续不断培育审计人员观察风险敏锐性，创新意识和工作创新技能。三是在审计实践中培养锻炼审计人员能力，采取项目负责制方式让更多的人担任主审人，在工作中压担子，在责任担当中磨砺审计能力，积极选派人员参加上级行审计项目，特别是重大政策贯彻落实等新领域方面的审计调查项目。四是审计工作中让相关业务部门参与进来，建立内审联络员机制，在审计实践中吸取他们的专业知识，获得其他部门对内审工作的专业和智力支持。

（四）争取管理层的理解与支持，着力改善内审环境

内部审计部门要更好地发挥审计参谋和服务功能，必须争取管理层的理解与支持，持续改善单位内审计环境，主要做到：一是毫不动摇地坚持内审在本级党委领导下开

展工作，主动向党委汇报审计项目选定、审计发现问题和整改等重要事项。二是服从服务于党委确定的中心工作，要主动了解当前经济金融形势，依据本级行贯彻上级行重要精神制定的目标和措施，开展审计监督，督促各部门完成目标任务，赢得管理层肯定和认同。三是寻求内审工作目标与管理层目标一致，解释内审风险防控不单是找问题，而是重在发现问题后的整改，与管理层共同达成防控风险、规范管理的共识。四是加强与部门的交流沟通，针对审计问题，要指导问题落实整改，防控风险，减轻部门对内审的抵触情绪，持续改善内部审计环境。

内部审计在管理部门和执行委员会中的作用

中国人民银行石家庄中心支行　阎向阳　胡晓琳

摘要： 2019 年 2 月，国际内部审计师协会（IIA）发布了题为《内部审计在管理部门和执行委员会中的作用》的立场文件（Position Paper），就内部审计是否能够参加主管机构和执行委员会、如何发挥作用以及需要注意的问题表明观点，本文在翻译该立场文件的基础上，结合实际情况，提出了优化人民银行内部审计职能发挥的建议。

一、立场文件的内容

内部审计的最大价值在于，它可以从组织整体角度提供见解和预测，利用各种关键技能，提供有助于健康透明风险管理程序的独到保障和建议；内部审计可以为所有高级管理层和董事会的常设委员会或专门委员会提供保障和帮助；组织必须考虑内部审计在委员会中的运作方式，包括明确内部审计职能并采取适当的预防措施保障其独立性和客观性。

（一）介绍

内部审计给组织带来的价值在很大程度上取决于高级管理层和董事会如何看待其职责范围。一些组织可能完全将内部审计视为财务报告准确性的保证，而另外一些组织将其职能扩展到业务、战略事项保障以及咨询服务等多个领域。

内部审计通过以下方式为组织提供见解和预测：

从组织整体视角提出建议。

应用多种关键技能。

提供有助于风险管理程序健康透明的、独立的保障和建议。

将内部审计引入常设管理部门和执行委员会发挥咨询职能，可使其咨询价值在重要的机构设置中发挥作用。

（二）内部审计适用于哪些机构设置

快速增长和不断演变的风险环境迫使很多组织成立了各种各类的委员会，其中包括：风险委员会、技术委员会、执行委员会、管理指导委员会、绩效评估委员会。

内部审计可以为高级管理层和管理部门的所有常设或专门委员会提供保障和支持。然而，在邀请内部审计之前，对组织而言，考虑内部审计在这些委员会中如何发挥作用是至关重要的，包括明确定义内部审计职能并采取适当的预防措施保障其持续的独立性和客观性。

管理部门可以鼓励管理层和内部审计人员提出见解，说明委员会将从内部审计的参与和观察中获得怎样的益处。以下人员可以作为考察对象：观察者或受邀者、贡献者或参与者、顾问、教育家①、主题专家②。

（三）保持清醒的认识

管理机构必须对内部审计参与管理部门和执行委员会的目标保持清醒的认识。如前所述，保持内部审计独立性的保障措施是必不可少的。如果保障措施得当，组织也可以从内部审计的专业技能以及对公司业务熟悉程度方面获益。

通过对专业的内部审计人员进行培训和分配，他们很乐意提出尖锐的问题，一方面可以提高组织对具有挑战性问题的讨论和辩论水平，另一方面可以引导管理层对预防欺诈、道德建设和组织文化等关键领域产生特别的兴趣和认识。

内部审计参与管理部门和执行委员会有助于加强内部审计的积极作用，并为管理过程提供实时帮助。内部审计优势在于它清楚组织事务优先秩序、新兴风险以及组织战略，并且不断更新对组织和业务的认知。

内部审计人员与执行管理层并肩工作可以提高内部审计对管理决策过程的理解。两者之间加强沟通，可以改善内部审计与管理部门和执行管理层的整体关系。

每一种优势必须与已经察觉或已经造成的对内部审计独立性和客观性的损害进行权衡。首席审计执行官（CAE）和管理部门也必须认识到内部审计的参与可能会与委员会已经察觉的或实际存在的利益冲突。

组织邀请内部审计参与重要的董事会和管理委员会是组织的重要举措，应该谨慎行事，做好适当的准备，全面了解风险和收益。

以下是管理部门和管理层应该了解的五个关键问题：

1. 内部审计当前的职责范围是什么，将对其向董事会和执行委员会提供咨询服务的能力产生何种影响？

2. 审计委员会对于为董事会和执行委员会服务的内部审计有何看法？

3. 什么样的防范措施可以用来保护内部审计的独立性和客观性？

4. 采取什么防范措施可以使内部审计不参与决策程序？

5. 内部审计的参与是否会影响其今后对委员会工作的审计能力？

（四）预防和安全措施

为了防止利益冲突或损害内部审计独立性和客观性的情况发生，可以采取审慎步骤和基本规则。例如：

内部审计不应参与委员会会议的决策。

内部审计必须始终遵守相关的国际内部审计师协会（IIA）标准，包括国际内部审计师协会（IIA）标准1112：首席审计执行官的职能超出内部审计（首席审计执行官在内部审计以外的工作中发挥作用或承担职责的情况下，必须有保障措施，以限制对独立性或客观性的损害）。

---

① 指培训人员。

② 指与业务相关领域的专家。

内部审计必须遵守国际内部审计师协会（IIA）的道德准则。

内部审计在委员会中的作用应在内部审计章程中明确规定。

审计委员会应指导内部审计的参与程度。

所有程序应向审计委员会报告。

内部审计的贡献是提出问题和见解，而不是得出结论或提出主张。

（五）其他关注点

审计行为是完全内部行为，是内部和外包联合行为，还是完全外包行为，都会对实际问题产生影响。因此，管理部门应充分考虑内部审计行为来源的潜在影响。

只有首席审计执行官能够介入管理机构和执行委员会，因此，外包或合作审计的形式均有可能邀请位居外包首席审计执行职位的首席审计官（外部人员）进入董事会。

内审师协会关于外包的定义中要求应维护首席审计执行官的地位，但并非所有组织都遵循该模式。如果首席审计执行官或同等级别的审计主管职位属于外包职位，协会则建议为规避潜在的泄密风险，应认真权衡该首席审计执行官介入管理层或执行委员会的利弊。

（六）结论

资源充足、独立而可靠的内部审计行为能够为组织带来巨大收益。内部审计作为管理部门和执行管理层的可信顾问被引入组织高层，对于提升和保护组织价值至关重要。在这种情况下，内部审计将为管理部门和执行委员提供宝贵的咨询服务。

在审计委员会的防范与监督下，首席审计执行官加入执行委员会能够对组织运营进行实时而有效的监督，通过其对于欺诈、伦理和文化等领域的敏锐洞察力，不断为高级管理层、管理机构乃至整个组织提供巨大价值。

二、相关建议

由于种种原因，人民银行内审部门较多地参与了业务活动（主要表现为参加各类领导小组和委员会），据不完全统计，人民银行内部审计将平均三成的工作量投入业务部门自身日常的监督活动，这些活动占据了一定的审计资源，也在某种程度上存在影响审计独立性和客观性的可能性，由于没有明确的规定和标准，实务中就人民银行各级机构对内部审计是否应该参与各类领导小组和委员会看法不一。根据IIA给出的《内部审计在管理机构和执行委员会中的作用》的立场文件，本文认为人民银行内审部门在资源充足有效，不影响审计独立性和客观性的基础上可以参加所有领域的领导小组和委员会，并充分利用参与优势，加强与管理部门的沟通，改善内部审计与管理机构和执行管理层的整体关系，利用内部审计在风险内控以及组织战略方面的优势，为改进人民银行内部管理和促进对外履职作出贡献。工作中需要注意以下方面。

（一）确定参与原则

内部审计可以有选择地参加单位内部的各类领导小组和委员会，并结合各级行党委对内审部门的期望，进一步细化明确参与原则以保证审计独立性和客观性，有条件的，可以形成文件或制度，提高相关原则的效力和执行力。参与原则建议依次考虑是否有损内部审计的独立性和客观性、内部审计部门的胜任能力、是否有助于内部审计获得单位内部管理和治理能力的信息和数据。

（二）明确职责定位

内审部门在接受领导小组或执行委员会的邀请时，首先要明确在其中的职责，要求其对相应的岗位职责做出清晰的定义和分配，同时写入文件或形成制度并及时更新。避免接受履行有关业务活动、内部控制、风险管理的决策和执行职责的安排，保证审计的独立性和客观性。

（三）加强防范监督

由于人民银行没有设立审计委员会，缺少对内审部门指导和监督的组织机构，可以尝试通过以下方式确保审计的独立性和客观性不受影响。一是有效利用外部评估。在资源充沛的情况下，可以采用聘请外部专家的方式，定期对内审参与各类领导小组和委员会的行为进行评估；二是定期开展自我评估。通过对实际参加业务的审计人员进行访谈、轮换参与人员等方式，对实际参与情况进行评估和判断，确定是否继续参与该业务活动、是否修订岗位职责等。三是加强内审人员的培训和教育，提高审计人员底线思维和自律意识，避免有损客观性和独立性的言行发生。

参考文献

［1］罗锐，余辉，肖萌，成娜．人民银行内部审计职能边界研究［J］．中国内部审计，2017（8）：16 – 22.

［2］IIA. Internal Auditing's Role in Governing Body/Executive Committees［EB/OL］.(2019). https：//global. theiia. org/about/about – internal – auditing/Public% 20Documents/PP – IAs – Role – in – Governing – Body – Executive – Committees.

金融机构内部审计职能中的技能和人员轮换[①]

中国人民银行辽源市中心支行　张新茜　王凯

摘要： 当今社会商业环境瞬息万变，新的风险也随之而来，金融机构内部审计面临的挑战也越来越多，本文旨在为金融机构内部审计部门提供指导，建议内部审计部门更新技能清单，及时掌握新的知识和技能以适应层出不穷的新的风险点；适时进行评估和发展内部审计人员，注重审计资源的数量和质量；建议内部审计部门实行员工轮换和人才管理制度，确保内部审计人员保持审计能力的先进性，减少内审人才流失，促进内部审计人员职业发展，增强内审部门作为风险管理第三道防线的作用。

关键字： 内部审计　技能清单　评估和发展　员工轮换　人才管理

一、内容简介

（一）文章论点

本文旨在为金融机构内部审计部门解决以下关键问题提供指导：

1. 技能盘点、评估、开发：通过在传统和新专业领域（网络风险、数据分析等）的实践获取和维护内审技能。

2. 人员轮换：在内部审计、内部控制功能的金融机构和金融机构的其他领域进行，推动业务和控制功能及关键资源方面周转，保证内部审计的独立性和客观性。

3. 人才管理：发展来自银行其他领域的审计师和人才，利用管理反馈和投资进行专门的培训活动和专业经验交流。人力资源是决定内部审计职能能够充分实现的关键因素，其中一方面必须对个人级别进行评估和管理，而另一方面则必须用全球视角对更高的级别（团队、功能或组织）进行评估和管理。此外，将内部审计职能整合到金融机构的人才发展中，突出了审计的重要性，有助于提高内部审计职能的地位。

（二）背景

确定和支持内部审计人员的能力非常重要，这也是 IIA 全球道德准则（核心原则）的四个原则之一。根据道德准则，"内部审计人员应用具备的技能和专业知识执行所需内部审计服务"，这意味着内部审计人员"仅应从事其擅长的知识、技能和经验领域的服务，按照标准进行审计，并需不断提高其业务水平和服务的效率和质量"。此外，当

---

① ECIIA. Skills and Staff rotation in the Internal Audit Function in financial institutions ［EB/OL］. （2019 – 12）. ［2019 – 12 – 18］. https：//www. eciia. eu/wp – content/uploads/2019/12/Skills – Rotation – v5 – digital. pdf.

今商业环境及其风险正在发生翻天覆地的变化，银行业受到了严重冲击，这增加了对优秀内部审计人员的需求，也对内部审计工具和技能有了新的更加严格的要求。

考虑到这一主题的重要性，一些国际内部审计规则也做出了相应的调整，值得强调的是涉及能力和资源的内部审计专业实践国际标准，这些国际标准包括：能力标准（1210）、应有的专业注意（1220）、持续专业发展（1230）、质量保证和改进计划（1300），以及一般资源管理（2030）和审计业务资源分配（2230）。

二、基本理论

（一）技能清单

从全球视角来看内部审计的职能，人员方面的关键是内部审计在实现审计计划的基础上有效地为组织增加价值。在这方面，内部审计必须具备充足的资源和高质量的资源。内部审计团队应具备一些核心能力，使用与以下方面相关的知识和技能，正确执行广泛的内部审计工作：

1. 传统银行风险（信贷、金融、运营等）。

2. 商业智慧（理解商业模式如何运作）。

3. 风险和专业实践的演变（数据分析、网络风险、声誉风险、文化风险等）。

4. 影响力技能、批判性思维、创造力、适应性和沟通技巧，让审计师更好地认识组织风险及其他风险的潜在影响。

技能清单的定义应采用前瞻性的方法来确定短期和中期所需的技能和能力。这种方法将使内部审计职能能够在任何预算限制范围内及时、有效地处理未来将会面对的问题。应定期审查技能清单应考虑战略审计计划、新出现的风险（来自与战略计划一致的组织内部变化、宏观经济情况、市场实践的发展、监管变化），以及部门和地理风险，如欧洲研究所的年度重点风险。

（二）技能评估

一般资源管理（2030）标准涉及了内部审计专业实践国际标准中包含的技能充足性问题。内部审计人员所具备的技能和胜任能力与他们应该具备的技能和胜任能力之间的脱节，会给内部审计职能带来经营战略风险。内部审计管理层每年都应对技能的充足性进行评估。最佳做法是在年度规划阶段对资源和能力的需要进行正式和详细的分析，同时重新评价内部审计战略计划。

技能评估分析是对整个内部审计职能的研究，包括对内部审计过程的分析，这些过程可能会受到金融机构业务模式和战略变化（如数字化、机器学习、人工智能的使用）的影响，以及一个多年度战略审计计划。在这一阶段，重要的是要考虑到新出现的风险和新趋势对内部审计职能的一般影响，而且也要对个人一级开展评估分析。这种评估不仅应从数量的角度关注对资源的需求，还应从质量的角度加以关注。

在质量因素方面，重点不仅应放在能够建立平衡和有效的团队经验基础上，还应放在具体的专题上。识别和评估知识差距的有效工具根据被审计的要素、审计计划、每个组织的风险水平和处理、适用的内部政策和外部监管，以及监督者的期望、管理反馈调查和内部或外部质量保证结果的差异而有所不同。对欧洲金融机构来说，这些可评估主题的一个例子可能是资本专业化、流动性、信用风险、反洗钱等。此外，还有一些对该行业影响很大的跨学科主题，如网络安全或模型风险。

内部审计管理层应该通过了解关于部门团队成熟度、结构的合理程度和具体问题来评估内部审计活动，以确定是否存在部分领域的能力差距。一般来说，员工技能和能力可以通过以下方法进行评估：

1. 测试：评估技术和理论知识的传统而有效的方法，但并不总是能代表真实的情况。

2. 自我评估：当与其他更客观的工具相结合，以避免过于乐观或过于悲观的评估时，这是一个有用的工具。

3. 来自同事的反馈：可以是一个真正有代表性和有用的工具。

4. 管理评估：评估在日常活动中没有使用的能力、应对困难的能力最有效的方法。

5. 商业游戏：评估能力的新方法，但它必须由专业人士执行，很难适用于大规模人群。

6. 利益相关者反馈：感知利益相关者的需要的传统的有效工具，但需要与其他一些方法相结合。

所有这些方法都有助于技能评估，并且应该结合起来，根据能力和目标人群得到最有价值的结果。一旦完成了技能评估分析，就必须在存在实质性差距的地方建立差距补救计划，适用的措施将是多种多样的。根据正式的选拔标准（从实体内部的其他领域和其他实体）招聘专业人员、培训计划、联合招聘、轮岗等。这项分析及其相关计划应提交审计委员会，以供参考和批准，因为它与内部审计的一般预算有关。

（三）员工的发展

能力标准（1210）强调了熟练和专业关注的必要性，为了让审计人员具备必要的能力，内部审计人员必须通过持续的专业教育来提高他们的知识、技能和其他能力。内部审计人员一般拥有特定的审计业务，这就是为什么培训是确保团队中不同成员能够发挥其作用的关键方面。内部审计需要一个系统的培训计划，由职位、简介和专业组成。培训计划路径可以使用不同的资源来设计，例如，内部和外部课程、课堂课程、视频课程、电子学习、在职培训、国内或国际网络中的交流项目、指导、认证等。许多专业认证需要至少40小时的培训。鼓励专业人员通过适当的认证（如 CIA）和其他适当的专业资格（如 CFSA）来证明他们的专业能力。推广这些认证是一个很好的做法，保证团队中适当比例的人持有证书，有利于内部审计专业化程度提升。最后，值得强调的是，除了监督职能所设立的正式方案外，道德准则还包括一项专业性和胜任力原则，内部审计人员应表现出愿意加强其知识和能力，并充分利用现有的培训机会。

（四）人员轮换

轮换可以在内部审计职能、控制职能和财务机构的其他领域内进行。从全球内部审计职能的角度来看，必须将工作人员的轮换视为促成两个主要目标的重要因素：一是工作轮换是获得新能力或加强现有能力的关键因素。二是工作轮换也是提高独立性和客观性的一种手段。工作人员轮换应以在保持内部审计履行其职能的知识和能力的前提下进行。另外，工作人员轮调应制定适当的措施，如制定 12 个月的"冷静期"，以避免利益冲突。工作人员轮换按作用或责任区分有两种方法：一是在一个最大的范围内维持相同的角色或职责。二是在同一角色或职责没有执行太久的情况下，定期评估以确定可能存在的冲突。

内部审计职能负责人的轮换由管理层自行决定，这是管理层在界定实体组织治理方面所扮演角色的一部分。根据实体人力资源战略，可以确定不同的工作人员轮调战略，内部审计可使用这两种战略：

1. 鼓励有系统地招聘具有相关业务能力的外部人才，适当限制其与单位内部其他职能部门之间的转移（如年限限制），提升内部审计人员的身份鲜明性，增强内部审计岗位的独立性。另外，在内部审计专业培训方面做出更多的努力。通过以上方式培养出的优秀内部审计人才，会增强内部审计部门的价值，内部审计部门也会被认为是专业人员和管理人员的重要来源，这时成熟的内部审计人员就可以在单位内部进行岗位轮换。但是，必须以有序的方式执行这些轮岗，不能影响内部审计职能的有效运行，即保证内部审计通过提供基于风险和客观的建议来增强和保护组织价值的作用得以发挥。

2. 希望从其他职能部门到内部审计部门有一定程度的轮换，这样有助于通过轮换专门人员来获取业务知识。在此情况下，应特别注意遵守职业道德规范，特别是有关客观性、避免利益冲突（如就加入保险业监督前所负责的职能和管制发表意见），或任何其他可能影响良好判断的因素。

无论如何，缺乏岗位轮换的情况应该得到控制。当审计人员从事同一审计业务超过 5 年时，应考虑进行变更，员工轮岗必须与他们的专长保持平衡。

（五）人才管理

内部审计是金融机构人才的重要来源。他们对治理、风险管理和内部控制有着独特的见解。关于内部审计人才管理，有两个方面需要特别注意。一方面，角色和职业规划的定义必须与内部审计的工作价值和监督结构相一致。发展计划是留住人才的重要因素，因为个人和专业的成长，包括知识和技术能力的获得，是职能部门能够提供的主要资源之一。另一方面，人才管理必须包括在其他职能范围内进行专业发展的可能性，但在这种情况下，这个过程的结构和轮换率保持在适当的水平是很重要的。作为人才管理过程中的基本工具，在内部审计职能中为"关键职位"制订有序的继任计划十分有必要，其目的是评估领导层需要，并将关键人员可能外流的概率降至最低。培养人才的方式通常包括专业发展计划、管理反馈、培训、持续教育和指导。

三、结论

在瞬息万变的商业环境中，当新的风险出现时，对内部审计人员来说，及时掌握新的知识以最大化它们的价值及存在感比以往任何时候都更重要。在这一方面，必须对技能评估进行定期审查，以便采取补救行动填补空白。内部审计人员需要新的技能，获取这些技能的方法多种多样：内部控制职能的轮换、业务人员的调动、外部人才的招聘或特定需求的外包。为了吸引合适的人才，重要的是要强调内部审计职能是发展技术和软技能以及在金融机构内部发展人才的良好途径。

四、对人民银行内部审计的启发

通过对本文的研究，笔者认为人民银行内部审计可以从以下几个方面进行加强。

（一）适时开展有效的内审部门人员评估和分析

加强强有力的人员评估与分析，通过测评、自我评估、管理评估、同事反馈、利益相关者反馈等手段，开展对人民银行内部审计人员的评估。随着人民银行的不断发展，新的风险点也随之而来，这对内部审计人员的综合素质和知识结构提出了新的要求，开展人员评估重点考察内部审计人员知识结构、胜任能力等情况，全面了解人民银行内部审计队伍的现状，这对内部审计发展有着重要意义。

（二）为内部审计人员制定合理的发展渠道

应通过制定内部审计人员发展规划，提高内审人员的凝聚力、战斗力及自豪感。一是组织内部审计人员资质认证培训及考试至关重要，通过获取 CIA 等相关内部审计资格证书与现有的总分行人才库结合，打造人民银行内审精英团队。二是制定人民银行内部审计职业道德规范，通过相应的标准制定，提升内审部门准入门槛，提高审计人员工作规范性、责任感和保持较强的职业道德，从而增强内部审计人员的专业化程度。三是建立内部审计重要岗位继任计划，通过严格的审计岗位划分，着重培养专业审计人才，并通过继任计划，充分发挥老同志"传帮带"作用，时刻保持审计团队的完整性与专业性。

（三）制定有计划性的人员轮岗制度

人员轮岗应在内部审计部门和其他业务职能部门有计划地开展，通过开展人员轮岗制度，一方面能够在保证内部审计人员夯实现有专业知识的同时获取新的业务知识。另一方面也有利于提升其他职能部门对内部审计的认同感，便于日后审计工作高效开展、审计发现问题被高度重视，真正发挥内部审计对人民银行规范履职的根本性作用。

当内部控制遇到内部审计：是冲突还是融合①

中国人民银行延边州中心支行　武轩同

摘要：企事业单位的长远发展不仅需要内部控制的护航，更离不开内部审计的监测和预警，随着内部审计范围在深度与广度上不断的延伸，内部控制与内部审计的关系逐渐趋向复杂。当企业内部控制遇到内部审计时，是冲突带来双输局面还是融合带来双赢局面？2017 年，《会计学杂志》（*Open Journal of Accounting*）刊登了报告《当内部控制遇到内部审计：是冲突还是融合》，该报告通过对个体实例的内部控制与内部审计体系发展过程的研究探讨，发现两者的有效结合能够使得企业更加平稳且快速地发展。本文对报告的主要内容进行了编译，并提出了对人民银行内审工作的几点思考与启示。

关键词：内部控制　内部审计　冲突　融合　人民银行

一、引言

2010 年 4 月，财政部等五部委发布了《企业内部控制支持指南》，指出内部控制建设是企业发展的重要基础。COSO 委员会（美国反虚假财务报告委员会下属的发起人委员会）于 2013 年发布了一个新的框架，重新定义了内部控制，更有效地指导了企业行为。2013 年 8 月，中国内部审计协会颁布了新的内部审计准则，该准则与国际惯例接轨并提高了准则的适用性和可操作性。近年来，中国企业在法律的指导和要求下迅速建立了内部控制制度和内部审计制度，引起了学者的广泛研究。

关于内部控制与内部审计的关系，有学者认为，内部控制与内部审计陷入了相互抑制的恶性循环。例如，内部审计是对内部控制的监督，在企业的治理中充当"警察"的角色，因此不可避免地会引起内部控制部门的不满甚至冲突，不利于企业的发展。内部审计可以有效地监控内部控制的运作，尤其是舞弊行为，这使得内部控制和内部审计处于对立的两端。内部审计是内部控制的确认者，能够监督评价以及提出修改意见。但在传统上，内部审计被认为是麻烦制造者，被其他部门排斥甚至引发冲突。有学者认为内部审计是内部审计师和其他部门之间的一场博弈，稍有疏忽就会使其陷入"围城"的境地。中国企事业单位在强化内部控制和内部审计的过程中，通常会分而治之，大多忽视双方的协作整合。

---

① Jingwen Nie. When Internal Control Meets Internal Audit: Conflict or Combine? —Based on the Case Analysis of CI-MC [J]. Open Journal of Accounting, 2017 (6): 43 – 51.

另有学者认为，内部控制和内部审计二者之间是相互依存、密切相关的。一方面，内部审计检验着内部控制的有效性，审计建议可为完善内部控制、创造企业价值发挥作用；另一方面，内部控制与内部审计之间还存在着相互促进的关系，内部控制的改革可以带来内部审计工作的改进，而两者的紧密融合则必然会对企业的健康运行提供多维度的保障。一个有效的内部审计体系可以帮助企业应对风险，反过来，强大的内部控制也可以为内部审计工作提供支持，这一点得到了数据的验证。有两位学者利用数据发现，内部审计负责人的专业能力可以显著地提高内部控制的质量，科学规范的内部审计程序、完善的内部审计方法，对提高内部控制的有效性具有极其重要的作用。

以上显示了内部控制和内部审计在理论领域的发展，那么在实践领域中两者之间的关系又是什么呢？本文以中集集团为例，深入研究了实践领域中内部控制与内部审计的关系，丰富了内部控制与内部审计的学术研究。

二、案例概述——中集集团

中国国际海运集装箱（集团）有限公司（CIMC）成立于 1980 年 1 月，是世界领先的物流和能源设备供应商，总部位于中国深圳，主要致力于提供高质量和可靠的设备及服务，包括集装箱、车辆、能源、化工和食品设备、离岸、物流服务、机场设施等。中集集团是招商局和东亚公司在深圳投资的合资企业，最初由东亚公司高管管理，于 1994 年在深交所上市，并于 2012 年 12 月在香港联交所上市。目前，中集集团是一家 A + H 股公开上市的公司。

中集集团的内部控制体系和内部审计体系一直在不断地发展和更新，2007 年成立了内部控制制度建设委员会，按照国际公认的 COSO 框架，对内部控制流程进行了改进和完善。2007 年 12 月 30 日成立审计监督部门。

2008 年至 2010 年，中集集团不断完善内部风险控制体系，明确了风险控制的内涵。一是提出开源、节流、风险防范的三大战略和九大关键行动，按照"内部控制基本规范"完善内部控制制度，并开始发布内部控制自我评估报告，形成具有自身特色的内部审计和内部控制方法；二是将内部控制和内部控制风险事件的整改结果作为各子公司的主要评价指标之一，审计监督部门每季度上报问题汇总和整改进展情况，并于 2011 年将内部控制工作纳入责任考核，制定一套完整的内部控制方法。

自 2012 年以来，公司实现了国内企业内部控制全覆盖和境外企业内部控制基本覆盖的目标，并将内部审计作为集团 5S 管理体系（战略规划与投资、年度计划与预算、管理报告、内部控制和内部审计与评价）的重要组成部分，充分发挥了"内部审计是矛，内部控制是盾牌"的作用。

2015 年开始，中集集团内审部门侧重于两项工作：一是推进内部控制升级，为 5S 体系高效运行提供基础，促进事前风险防范；二是探索以控制为导向的战略风险，开展经理层的经济责任审计，使 5S 体系形成一个完整的闭环。

三、内部控制与内部审计之间的关系

（一）中集集团内部控制与内部审计体系的发展分析

综上回顾了中集集团内部控制和内部审计的发展历程，可以看出内部审计在中集集团的发展中起着不可或缺的作用。内部审计体系的建设是随着内部控制制度的建立和完善而提出的，多年来两者的关系经历了从抑制到融合的过程。

为确保内部审计师的独立性，中集集团的审计监督部门隶属于董事会。部门成立之初，企业只注重理论体系的完善，内部审计在实际操作中并没有那么顺利，内部控制人员可能会与内部审计工作相抵触甚至激化矛盾。随着公司的发展，中集集团开始开展自上而下的内部控制自我评价工作，将内部控制与内部审计相结合，打破两者之间的矛盾和相互制约的情况。内部控制与内部审计工作的同时进行，让公司的事前监督控制更为有效，增强企业应对风险的能力；内部控制和内部审计的结合使风险管理融入企业的日常运营中，使得运营过程和结果可以相互确认，减少了一些因运营过程与结果不一致而造成的损失，最终增强中集集团的核心竞争力。

（二）中集集团相关组织结构分析

除了了解中集集团内部控制和内部审计的发展历史外，本文还从组织架构的角度对中集集团内部控制和内部审计的相关内容进行了分析，以检验目前中集集团内部控制和内部审计之间的关系，如图1所示。

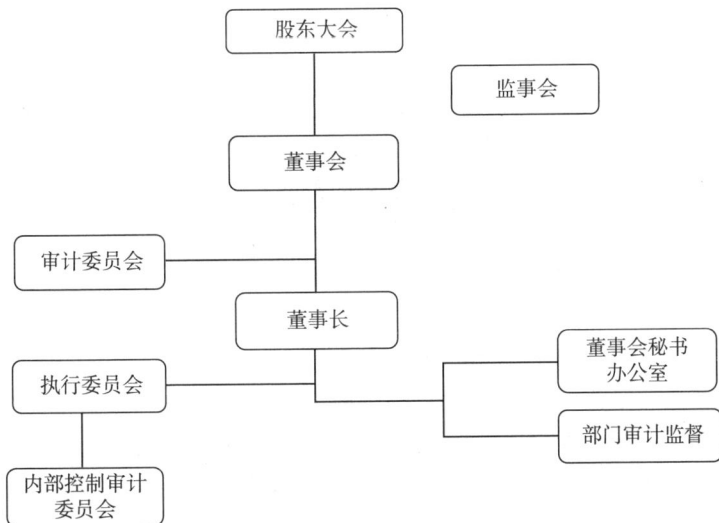

图1 中集集团组织结构

从图1可以看到，中集集团的审计监督是由最高管理层直接领导，而不是直接归于审计委员会或董事会，这样可以具体明确谁负责内部审计，确保内部审计的日常运作。中集集团在内部审计部门和董事会审计委员会之间增加了内部控制审计委员会和董事长两项程序，使得审计更加严格，增强了计划的可行性。目前，内部控制与内部审计职能相互联系紧密融合，使两个部门发挥各自的作用，从而为企业创造价值。

综上所述，中集集团内部控制与内部审计在最初不是融合关系，但经过两三年的运行以及与企业战略调整的结合，两者的关系趋向和谐。中集集团为应对外部环境的变化，创造了一支高水平的内部控制人员队伍，并建立了一套合适的内部控制管理制度，使得内部控制与内部审计两者深入结合，有助于企业深入开展内部控制建设和风险控制。内部控制是内部审计的导向和保证，内部审计是内部控制的标尺和重要组成部分，内部控制与内部审计相互制约、相互促进、相互补充、和谐发展。

四、结论与启示

通过对中集集团内部控制和内部审计关系发展的分析，我们可以清楚地看到两者逐步从抑制走向融合。中集集团将内部控制和内部审计结合起来，不断地修改和完善自身制度，保证企业长期健康稳定发展的同时利于增强企业的核心竞争力，也为其他企业内部管理提供了参考。

通过研究，本报告为其他企业内部审计的构建提出以下建议：

第一，提高管理者的认知度。在发展过程中，我国企业需要不断提高管理者的认知水平，以便更好地将内部控制与内部审计结合起来。首先，管理人员必须提高对内部审计和内部控制的重视，并制定相应的规章制度。其次，管理者需要提高对两者融合的重要性的认识，并制定相应的措施来促进两者的相互融合，例如激励制度和管理制度等。

第二，建立健全的内部控制制度。一个公司应该结合自身的规模、业务性质等建立有效的内部控制制度。加强内部审计的独立性和内部审计人员的素质。例如，董事会下设审计监督部门，从而大大提高内部审计的独立性。公司应严格遵守内部审计师的要求，增强员工的专业能力，增强风险意识，以降低业务风险。

第三，让员工理解并参与到内部控制和内部审计的建设之中。如果仅仅依靠管理者，内部控制和内部审计的建设就不可能成功，所有员工都应该参与其中。建议企业将内部控制和内部审计作为一种企业文化加以弘扬，使员工理解并自觉履行责任，营造"人人参与，人人监督"的氛围。

第四，内部控制与内部审计相结合。在企业中，内部审计和内部控制应具有相同的地位，没有上下级之分。公司应该同时重视内部控制和内部审计的建设和完善，内部控制和内部审计的关系直接影响到制度的有效性。内部控制与内部审计相结合的方式，可以促进两者的融合，减少相互抑制，从而相辅相成，充分发挥"1＋1＞2"的效用。

五、对人民银行内审工作的思考与启示

（一）提高人民银行内部控制制度建设的科学性有效性，充分发挥内部审计系统的监督职能

内部控制作为人民银行管理体系的组成部分，从预防风险发生、保障组织管理活

动合规且平稳运行的角度贯穿于业务运行的全过程。而内控制度作为内部控制建设的根本基础，需要各个部门根据每项业务的特点和执行方式共同参与，保障其作用的有效发挥。2006年人民银行研究制定了《中国人民银行分支机构内部控制指引》，从理论层面为人民银行系统的内部控制体系建设提供了基础。理论设计的价值在于收获实践效果，其在实践过程中的有效性及可操作性才是内部控制建设的最终目标，这就需要精准定位和划分各个岗位的职责及权限、完善业务的工作程序、细化业务的操作制度，用制度进行约束管理，保证每一项业务工作在每一个环节都能得到有效的控制。同时内部控制建设还要认真做到与时俱进，能够不断随着业务的实际拓展进行跟踪修改完善。只有这样才能降低因主观因素而形成的风险，推进内部审计以更强的业务针对性、更广的审计覆盖面履行好事中及事后的监督检查职责，为提高人民银行内部管理水平提供有力支撑。

（二）领导重视、增强内部审计的独立性，全员参与、实现内部控制与内部审计的融合

内部审计系统的独立性是有效履行内部审计监督检查职责的重要保证，作为人民银行系统相对独立客观的部门，内部审计的作用要通过客观公正的监督检查来实现。随着近年来人民银行系统内部审计范围在深度和广度上的不断延伸，从财务预算管理逐步向经济责任、绩效评价、行政执法、风险控制等领域拓展，内部审计的独立性也发挥着越来越重要的作用。因此，管理层要厘清内部审计工作在实际工作中的范围边界，有效保障内部审计监督权和问题揭示权的一致性、权威性，强化内部审计独立于其他业务部门的监督检查地位，真正发挥内部审计工作客观性、原则性的作用。内部审计部门在坚持原则的同时也应积极主动地提出有针对性、操作性强的合理化建议，赢得领导层面的支持，从而提升内部审计在组织管理建设中的作用。

独立性虽然是内部审计的特点，但内审工作的有效性又离不开业务部门的协调配合，这就需要加强业务部门人员对内部审计工作的理解和对风险防控及内部控制重要性的认识。在完善内部控制建设的过程中鼓励全员参与，促进业务部门从客观的角度理解内部审计工作的根本性质和根本目的，有效消除内部控制与内部审计工作的相互抑制和冲突。通过共同参与，使被审计部门能够充分认识到内部审计始终是从问题解决者的角度来开展工作的，进一步推动监督与被监督部门之间的正向互动、促进内部审计和内部控制的融合，使员工自觉履行岗位职责，创造"人人参与，人人监督"的风险防控氛围，实现人民银行新型的内部控制管理组织体系建设的转型升级。

（三）加强学习，提高内部审计人员的专业素质，强化内部审计工作质量，发挥"1+1>2"的效用

随着人民银行业务精细化的发展，对从事内部审计工作人员的专业素养和技术能力的要求也变得越来越高，内审人员的专业素质直接影响着内部审计的工作质量，自身专业水平不高也是加大内部审计风险的重要因素。

因此，内审人员首先要根据业务的不断发展，学习和更新专业技术知识，优化自

身的专业知识结构，以提高自身的专业水平和履职能力，及时掌握国内外更为有效和先进的审计方法，并结合人民银行的业务性质及特点有效融入内部审计工作中。其次，上级行也要采取多种形式对内审工作人员进行业务培训，系统学习人民银行主要的业务操作流程及规章制度，深入了解人民银行各项工作的思路和发展方向，增强审计工作方式的灵活性，强化内部审计工作的队伍建设。

只有做到打铁自身硬，才能更好地转变工作态度、发现问题、敢于揭短，从而保证内部制度执行的约束力，推动内部审计从单纯的检查功能向综合性的监督控制功能发展，更好地实现人民银行内部审计的工作价值。

美国政府问责局高风险领域评估机制及启示

中国人民银行长春中心支行　刘亚南　许国吉　秦玥

摘要： 美国政府问责局（Government Accountability Office，GAO，前身为美国审计署）每两年发布一次高风险领域清单。2019 年 3 月，其针对审计中发现的浪费、欺诈、滥用、管理不善或尚需改进的情况更新了对联邦政府政策、项目和经营领域的高风险领域清单①。本文对美国政府问责局高风险领域评估机制、此次清单更新情况及对人民银行内审部门风险评估工作的启示加以探讨分析。

关键词： 风险评估　高风险领域　启示

风险评估是组织风险管理框架的核心环节，其目的在于揭示组织的潜在风险，识别并聚焦高风险领域，有效的风险评估能够将有限的审计资源准确地投入高风险领域。本文通过对美国政府问责局高风险领域评估机制以及最新发布的高风险领域清单的梳理，总结其高风险领域评估的特点，为提升人民银行内审部门风险评估工作，进一步深化发展新时期人民银行内审工作以启示。

一、美国政府问责局高风险领域评估机制

自 1990 年，美国联邦政府审计开始报告政府工作中的高风险领域，持续揭示系统风险。1999 年 1 月开始以序列的形式，发布联邦政府在履行绩效与受托责任中面临的高风险领域清单，此后根据既定的标准与程序，对高风险领域每两年进行更新和调整一次。为了进一步规范高风险领域的确认工作，2000 年 11 月又出台指导性文件《确定联邦政府面临风险与挑战的标准与程序》，以帮助审计人员明确关于高风险领域认定和删除的标准与程序。

从 2015 年起，美国政府问责局开始使用五角星模型来开展评估，即通过评价下面 5 个标准的进展情况来认定和删除高风险领域。

标准 1：领导承诺，即表现出强烈的承诺和高层领导支持。

标准 2：解决能力，即机构有人力和资源来解决风险。

标准 3：行动计划，即设置纠错机制，用于明确原因和解决方案，并提供了实质性的纠正措施来有效地实施审计建议。

标准 4：有效监督，即设置监督机制，以验证纠正措施的有效性和持续性。

---

① GAO. High – Risk Series：Substantial Efforts Needed to Achieve Greater Progress on High – Risk AreasGAO – 19 – 393T［EB/OL］.（2019 – 03 – 06）. https：//www. gao. gov/mobile/products/GAO – 19 – 393T？utm_ source#summary.

标准 5：进展的可视化，即有能力证明实施纠正措施取得的进展。

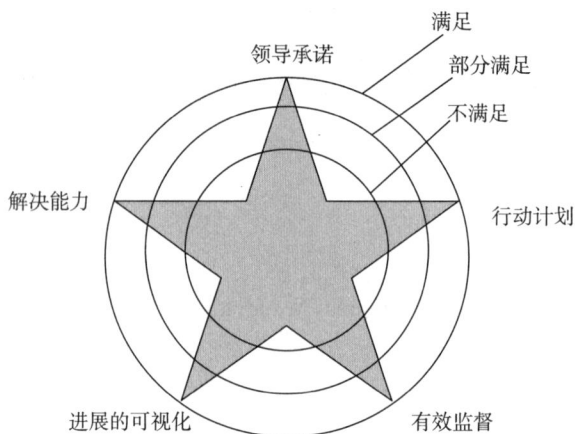

图 1　五角星评估模型

（资料来源：GAO analysis. | GAO－19－157SP）

进展评价分为三级，分别为未满足、部分满足和满足。各级的界定如下：

1. 未满足：几乎未采取任何措施以满足这一标准。

2. 部分满足：已采取了部分措施以满足这一标准。

3. 满足：已采取了满足这一标准的措施，不再需要其他任何进一步的措施以满足这一标准了。

二、2019 年美国政府问责局认定的联邦政府面临的高风险领域清单

2019 年 3 月 6 日，美国政府问责局发布了 2019 年联邦政府高风险领域清单。此次更新相较于 2017 年，有 7 个领域在一个或多个评估标准上有所改进；3 个领域在一个或多个评估标准上有所下降；2 个领域在某些评估标准上有所改进，某些评估标准上有所下降；其他领域基本保持不变。在 7 个有所改进的领域中删除了 2 个领域，分别为：国防部（DOD）供应链管理和缩小气象卫星数据的误差；共计新增了 2 个领域，分别为：政府人员安全检查程序和退伍军人事务部采购管理。此次发布的清单共计 6 类 35 个高风险领域，具体如表 1 所示。

表 1　2019 年 GAO 风险领域清单

高风险领域清单	对 5 项标准的进展评级					变化情况（与 2017 年相比）
	领导承诺	解决能力	行动计划	有效监督	进展的可视化	
1. 强化效率效果目标实现的基础						
1.1 人力资本战略管理	满足	部分满足	部分满足	部分满足	不满足	●
1.2 联邦不动产管理	满足	部分满足	部分满足	部分满足	部分满足	●

续表

高风险领域清单	对 5 项标准的进展评级					变化情况（与 2017 年相比）
	领导承诺	解决能力	行动计划	有效监督	进展的可视化	
1.3 国家地面系统资助项目	—	—	—	—	—	—
1.4 美国金融监管体系的现代化	部分满足	部分满足	部分满足	部分满足	部分满足	●
1.5 解决联邦在住房金融中的角色问题	部分满足	部分满足	部分满足	部分满足	不满足	●
1.6 美国邮政署的财务可持续性	部分满足	部分满足	部分满足	满足	不满足	↑↓
1.7 联邦石油和天然气资源管理	部分满足	部分满足	部分满足	部分满足	部分满足	●
1.8 通过更好地应对气候变化风险限制联邦政府的财务风险	部分满足	部分满足	部分满足	不满足	不满足	↓
1.9 改善 IT 采购和运营管理	满足	部分满足	部分满足	部分满足	部分满足	●
1.10 改善为部落及其成员服务的联邦管理项目	部分满足	部分满足	部分满足	部分满足	部分满足	●
1.11 2020 年人口普查	满足	部分满足	部分满足	部分满足	部分满足	●
1.12 政府的环保责任	部分满足	不满足	不满足	不满足	不满足	●
2. 改进国防部（DOD）项目管理						
2.1 国防部武器系统采购	满足	部分满足	部分满足	部分满足	部分满足	●
2.2 国防部财务管理	满足	部分满足	部分满足	部分满足	不满足	↑
2.3 国防部业务系统现代化	部分满足	部分满足	部分满足	部分满足	部分满足	↑
2.4 国防部基础设施支持管理	满足	部分满足	满足	部分满足	部分满足	↑
2.5 国防部业务转型模式	部分满足	部分满足	满足	部分满足	部分满足	↑↓
3. 保障公共安全						
3.1 政府人员安全检查程序（新）	满足	部分满足	不满足	部分满足	部分满足	●
3.2 保障国家网络安全	满足	部分满足	部分满足	部分满足	部分满足	●
3.3 强化国土安全部门的管理职能	满足	部分满足	满足	满足	部分满足	●
3.4 确保能为对美国国家安全利益至关重要的技术提供有效保护	部分满足	部分满足	部分满足	部分满足	部分满足	●
3.5 改善对联邦食品安全的监督	部分满足	部分满足	不满足	不满足	部分满足	●
3.6 加强对医疗产品的监督以保护公共卫生	满足	部分满足	部分满足	部分满足	部分满足	●
3.7 优化环保局（EPA）对有毒化学品的评估和控制流程	部分满足	部分满足	部分满足	部分满足	部分满足	↓
4. 提升联邦合同管理效率						
4.1 退伍军人事务部（VA）采购管理（新）	—	—	—	—	—	—

续表

高风险领域清单	对5项标准的进展评级					变化情况 （与2017年相比）
	领导承诺	解决能力	行动计划	有效监督	进展的 可视化	
4.2 能源部（DOE）国家核安全管理局和环境管理办公室的合同管理	满足	不满足	部分满足	部分满足	部分满足	↑
4.3 航空航天局（NASA）采购管理	部分满足	部分满足	满足	部分满足	部分满足	↓
4.4 国防部（DOD）合同管理	满足	部分满足	部分满足	部分满足	部分满足	●
5. 评估税法管理的效率和效果						
5.1 税法的实施	满足	部分满足	部分满足	部分满足	部分满足	●
6. 提升保险福利项目的现代化和安全性						
6.1 医疗保险计划和不当支出	满足	满足	部分满足	部分满足	部分满足	↑
6.2 强化医疗补助计划的完整性	部分满足	部分满足	部分满足	部分满足	部分满足	●
6.3 改善联邦残疾人保障计划并使其现代化	部分满足	部分满足	部分满足	部分满足	部分满足	●
6.4 养老金福利担保公司保险计划	—	—	—	—	—	—
6.5 国家洪灾保险计划	部分满足	部分满足	部分满足	部分满足	部分满足	●
6.6 管理风险并改善退伍军人事务部（VA）的医疗保障	部分满足	不满足	部分满足	不满足	不满足	●

注：↑表示在一个或多个评估标准上有所进展；↓表示在一个或多个评估标准上有所下降；↑↓表示在有的评估标准上有所进展，有的评估标准上有所下降；●表示无变化；—表示无相应评估数据。

三、对美国政府问责局高风险领域评估制度的评价

美国政府问责局的高风险领域评估能够有效识别政府在运营中易发生的舞弊、浪费、滥用和管理不善等多种漏洞问题，并提出相应的应对措施和解决方案，为相关人员提供了另一种观察联邦政府面临风险的视角。同时通过发现并及时解决高风险问题，有效地帮助联邦政府提高政府服务质量、改善公共服务、节省财政支出、优化政府绩效、落实问责机制等。其高风险领域评估具有如下特点：

（一）坚持持续跟踪

自1990年美国政府问责局开始对联邦政府工作中的高风险领域进行评估以来，某一领域一旦被认定为高风险领域后，将对其进行持续跟踪，甚至对已删除的高风险领域仍然保持关注。这种关注体现在对某领域开展审计项目且持续跟踪、报告高风险领域的改进情况，定期（每两年）更新高风险系列清单。这使得审计发现的问题和提出的改进建议能够更好地被国会、被审计部门以及相关责任人重视和采纳。

（二）评估标准与程序规范

尽管此项工作涉及国防、公共安全、信息安全、财政、税务、民生、资源与环保、

人力资本管理等多个领域，但整个认定过程具有严格的标准与程序。美国政府问责局评估联邦政府面临的高风险领域以大量审计项目为基础，以审计报告、经审计的年度财务报表、政府机构编制的绩效报告、战略规划、国会报告等大量信息为依据。同时组织相关专家进行审查，并根据《确定联邦政府面临风险与挑战的标准与程序》予以确认，体现了美国政府问责局在评估中的客观性、审慎性和评估结果的可靠性。

（三）注重为国会决策提供服务

美国众议员的任期为两年，每两年全部改选一次；参议员任期是六年，但每两年改选其中的 1/3 的议员。而美国政府问责局每两年更新并发布一次高风险领域序列清单，与每届国会的时间相一致，能够更好地为议员们确定履职重点以及考虑需关注事项的优先顺序提供服务，也为其制订管理改进计划提供了重要的指南和依据。

（四）评估与审计相互促进

由于高风险领域的认定基于大量的审计发现，是对某一段时期内该领域审计成果的归纳、分析。同时美国政府问责局在编制审计计划时，也将高风险系列清单作为重要的计划工具，依据相应的风险程度制订审计方案，分配审计资源。因此，可以看出，高风险领域评估和审计是一种互促关系，在提高了审计效率和效果的同时也使得审计成果得到了有效利用。

（五）评估成效显著

为了改进高风险领域的状况，美国政府问责局在评估之余还提出了许多建议。近30 年的评估历史表明，高风险领域问题的解决为国家节约了大量的财政支出，使联邦政府的运行风险得到有效缓解和控制，显著提升了政府绩效，促使公共服务持续改进。同时，高风险评估也推动国会持续出台和完善了一系列的法律法规。

四、对人民银行内审部门开展风险评估工作的启示

（一）强调对风险的动态评估管理

由于组织面临的风险会随着内外部环境的变化而发生演变，因此风险评估也应是一个循环的动态过程。这就要求我们要对风险进行动态管理，通过对影响履职的内外部环境的持续关注和舆情监测等方式来判断风险未来的变化情况，以此对风险事件及风险控制措施加以调整，并对高风险领域进行持续跟踪。人民银行各级内审部门可按年度分业务条线通过收集相关制度更新、履职环境和业务变化、内外部监督报告、内部控制情况等及时调整更新风险评估信息库，为有效开展风险动态评估提供信息支撑，确保风险评估与业务发展同步。

（二）优化风险评估标准

明确的评估标准才能使评估结果间具有可比性，减少因评估人员经验和风险偏好等差异，造成对同类性质风险事件的评估结果有较大偏差。因此人民银行各级内审部门要进一步完善评估方法，规范评估标准，确保评估尺度的统一。在评估方法上，要定量与定性相结合，通过问卷调查、集体研讨、座谈会和数据抽样等方式提高评估结

果的科学性和可靠性。在评价标准的设定上也要适当考虑不同层级的机构间业务发生频率和风险影响程度大小的不同，以此赋予不同比例的风险权重，注重地域性与普遍性相结合，体现同一业务领域在不同层级间业务风险程度的差异。

（三）强化风险评估与内部审计的互动

新时代、新形势下，全面深化人民银行内部审计工作的重点任务之一即持续开展风险评估，推动风险导向审计，探索如何更好地践行"风险引导审计，审计关注风险"的理念，切实发挥内部审计在风险管理中的第三道防线的重要作用。因此人民银行各级内审部门应依据评估剩余风险来制定中长期审计规划，同时在编制年度审计计划时，根据高风险领域清单确定当年的审计重点，调整审计频率，确保审计资源的配置与业务风险程度相一致。同时要将审计发现与风险评估结果进行对比分析，及时反馈到下一次的风险评估过程中，依据审计结果适时调整评估参数，切实发挥好风险评估与内部审计的互动、互促。

（四）强化风险评估成果的转化运用

风险评估结果的运用情况直接体现了评估工作的价值，因此人民银行各级内审部门要不断在拓展风险评估结果运用渠道、扩大运用范围方面下工夫，强化评估结果的转化运用。一是要服务于各级行党委的风险管理，可以通过专题报告、风险评估分析报告等方式，定期向相关行领导反馈评估结果，报告各业务领域的风险管理状况，并提出合理的改进意见，为党委把控全行风险与管理决策提供方向和依据。二是服务于各职能部门的业务管理，通过发放风险提示书、与业务部门座谈等方式，进行风险预警，提醒应重点防范的事项，从而促进各业务职能部门不断完善内部控制流程，弥补控制缺陷，优化风险应对措施，不断提升风险控制能力，有效防控和化解风险。

区块链浪潮下内部审计如何发展[①]

中国人民银行哈尔滨中心支行　于帅　姜伦　于群

摘要：随着区块链的应用越来越广泛，相应风险也在逐渐滋生，这就对内部审计提出了新的要求。当前内部审计界尚未对区块链审计做足准备，内部审计需要扩展其职能，获得对区块链带来的各类风险的审计能力。内部审计基金会（Internal Audit Foundation）与国富浩华（Crowe）于2019年联合发布了研究报告《区块链和内部审计》，它在介绍区块链发展现状和特点的同时，分析了内部审计人员需要具备的素质和面临的挑战。本文对其进行了编译，并对人民银行如何应对区块链浪潮进行了思考。

关键词：区块链　人民银行　内部审计

一、区块链概述

（一）区块链的基本概念及特点

区块链（Blockchain）是一种计算机技术的新型应用模式，是分布式数据存储、点对点传输、共识机制、加密算法等一系列基本理念的有机结合。

它可以理解为一个共享数据库，通过多个连接设备构建的共享网络，这些设备被称为"节点"。每通过其中一个节点向区块链中增加信息时，网络上的所有其他节点都可以立即获取该信息。这种技术逻辑使区块链具备以下特点：

1. 去中心化。在区块链中，可以通过任何节点生成和记录信息，而非信息统一经过一个"中心"处理，从而降低了交易时间和成本。

2. 透明性。通过区块链中任何一个节点记录信息，其中的所有用户都会在第一时间接收到这条信息，信息对链中所有获取权限的用户是公开透明的。

3. 防篡改性。在所有节点中共同保存完全相同的信息，若想修改或篡改其中的信息，必须在同一时间在所有节点共同进行相应修改操作，这在中大型网络中几乎不可能做到。

4. 安全性。各节点共享信息，所以单个节点，甚至多个节点的损坏不会导致数据丢失。

---

① Richard C Kloch, Jr, Simon J Little. Blockchain and Internal Audit［EB/OL］. (2019)［2019 - 11 - 20］. http：//contentz. mkt5790. com/lp/2842/270028/IAF% 20Blockchain% 20Internal% 20Audit% 20July% 202019% 20070119％20％282％29. pdf.

（二）区块链应用的现状

区块链诞生以来，最初主要用作支持比特币等数字货币的基础技术。但是这项技术在除了数字货币之外的各种业务流程中还有许多其他应用场景。区块链的各项属性为众多崭新的、有发展潜力的应用创造了可能性，这些应用涉及的行业广泛，从金融服务到医疗保健，从软件开发到制造业等。

2018 年，有研究人员汇编了一份全球 200 多家大型银行和其他金融机构的名录，这些企业当时正在使用或正在探索区块链，这份名单还在不断扩充。区块链可以让银行和其他金融服务供应商在多个主体之间共享和自动更新客户信息，有助于改善用户体验，降低客户获取成本，还可用于处理国际贸易、加快证券交易的清算和结算速度等。

除了金融业，许多其他行业也在积极研究并应用区块链。例如，在医疗保健领域，许多大型公司正在研究利用区块链确保患者电子病历的隐私和可得性，以及使索赔处理更准确更快捷。阿里巴巴、腾讯等巨头共同成立的众安保险公司已与 100 多家医院合作，运用区块链安全处理患者数据和财务信息。

区块链在制造业和物流业涉及的实体产品制造和分销等环节也得到了相当大的关注，通过智能合同可以实现许多供应链常规管理流程自动化，区块链和物联网结合，可将信息数字化，随时跟踪货物和材料的来源和去向。

二、内部审计现状及面临的挑战

应用区块链的组织与日俱增。但由于区块链中的信息记录的不可篡改性和公开透明性，造成了公众不同程度上存在的一种误解，即无须过多关注和防范区块链安全风险，但事实告诉我们并非如此。

（一）内部审计职能亟待扩充

区块链的发展目前仍处在早期阶段，区块链安全时常受到多个来源的威胁，不仅仅是源自区块链技术本身的不完善，还源自钓鱼网站、对交易所的攻击、恶意欺诈等。近年来，全球出现过多次区块链安全事件。

对于一个组织，设计区块链架构最佳方案，并对已建立的区块链进行规范性管理至关重要。这意味着内部审计作为"第三道防线"面临的挑战日益增大，内部审计迫切需要进一步拓展其职能边界。

内部审计部门和人员要具备验证区块链各个组成部分是否正常运行的能力，还要有对访问权限、加密程序，以及对智能合同交易代码、功能实现以及安全性等方面进行验证的技能。

另外，即使一个组织未应用区块链，它的上下游组织和其他第三方机构仍可能应用区块链与自身进行业务往来和对接，本单位内审部门仍需要掌握必要的知识和技能，以便进行交互和沟通。

（二）内部审计的应对准备

为评估内部审计行业整体对正在到来的区块链浪潮的应对情况，国际内部审计师协会（IIA）审计执行中心与内部审计基金会和国富浩华公司（Crown）合作，于2018年12月对IIA成员进行了抽样调查。受调查者来自各行各业的各种类型的组织。

首先对受调查者所在组织的内审部门规模进行调查，结果如图1所示。

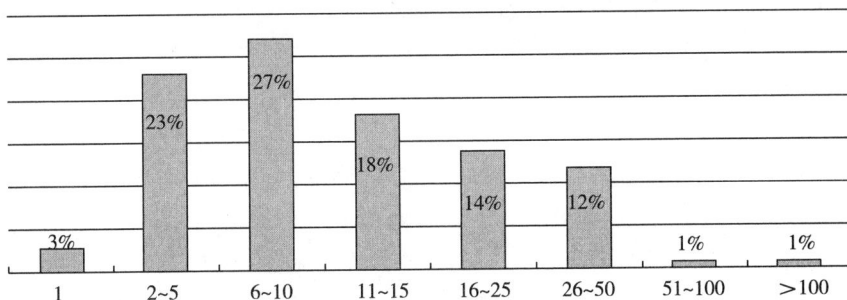

注：由于四舍五入，百分比总数不到百分之百。

图1　内审部门规模分布

（资料来源：IIA 快速调查，2018 年 12 月）

可以看到，各单位内审部门规模差异较大，大多数组织的内审部门人员在10人以下，甚至个别组织仅有1名内审员。

随后对受调查者当前所在组织对区块链的应用程度进行调查，结果如图2所示。

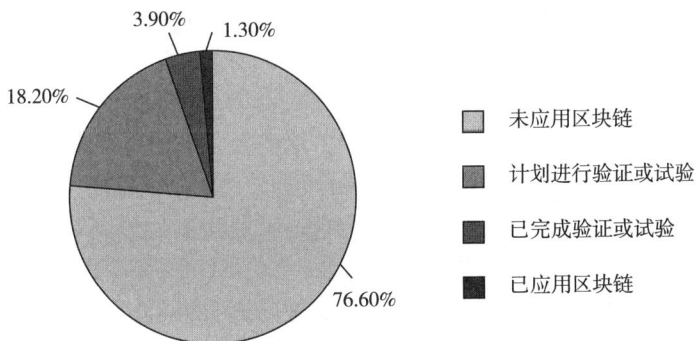

图2　区块链应用程度

（资料来源：IIA 快速调查，2018 年 12 月）

可见四分之三以上的组织尚未应用区块链或进行试点，这意味着至少八成以上的内审部门未对区块链审计做好应对准备。

（三）内部审计面临的挑战

在区块链风险防控中，内审部门和人员面临着一系列挑战，具体地说，主要有以下三大部分：

1. 人力资源。前文提到，各组织普遍内审人员较少，而且当前科技审计人才短缺，各组织应迅速对内审部门人力资源进行适应性优化。除持续引入擅长各主要业务的审计人员以外，应逐步扩大对具有编程或网络安全管理等技术和技能人员的引入力度，以处理区块链审计面临的实际问题。除了技术和技能外，新引入人员也需要培养内审工作需要的沟通能力和批判性思维。与此同时，应对内部审计部门现有人员进行专业

127

培训，提高审计团队对区块链审计的整体水平。

审计时仅具备科技专长是不够的，区块链总是应用于各实际业务，因此内部审计人员需要大量复合型人才。随着自动化的趋势，面向技术的总体方向，尤其是高级分析等领域的人才是未来内部审计紧缺的人才资源。

2. 风险识别。准确识别和定位风险是有效的区块链风险管理的前提。根据具体的用途和使用环境不同，区块链所蕴含的风险是多种多样的。但在区块链应用中，仍存在一些共性风险。

个人信息安全。个人金融信息和健康信息的隐私和安全是公认的监管高风险领域。欧盟的《一般数据保护条例》（GDPR）将这种保护扩大到所有类型的个人信息。在全球经济中，各种规模和类型的组织都会面临个人信息保护难题。内部审计人员需要考察在区块链环境下，现有的个人信息保护措施是否完备，是否有必要在符合监管要求的前提下进行调整。

网络复杂性。随着区块链的功能和用途日益广泛，区块链与非区块链网络交互的点在增加，安全漏洞和相关风险也会增加。区块链的固有风险因节点数量、备份节点情况不同而存在很大差异。分布广阔的存在成千上万用户的公共区块链中，所有节点发生故障并丢失或泄露数据的风险非常小。然而，这种低可能性、高破坏性风险仍然不可忽视，网络故障会对区块链以及应用区块链的业务流程产生非常大的影响。

外部信息。当前区块链智能合同越来越广泛，执行合同条款的触发条件越来越复杂，出错的概率也随之增加。一个值得特别关注的风险点是区块链与外部机构的交互，即作为可信的关键信息提供者的"链外"实体自身的风险。如农业保险，保险公司在触发事件（如洪水或冰雹）发生时进行赔偿，这些触发事件通常由国家气象局等独立的外部机构公布。当此类保险通过智能合同管理时，如果外部机构发布的信息是不准确的，这个错误对后续合同的执行也造成影响。识别和量化外部机构相关风险正逐渐成为内部审计面临的最困难的挑战之一。

3. 流程控制。内部审计有评估各项控制措施的充分性和合规性的职责，审计时需要注意以下几个关键处的控制措施：

数据。一个每天处理数百万笔交易的区块链与一个只有几十个供应商的私人区块链相比，对数据处理有着截然不同的要求。审计人员应评估数据处理延迟和带宽是否能够满足使用需要。另外还要评估对隐私数据保护的技术方案是否可行，在实践上是否正确应用。

存储。因为区块链的分布式分类账存储在多个节点上，灾后恢复和业务连续性问题在很大程度上得到缓解。然而，对于私人区块链，这个风险未从根本消除，必须建立可靠的数据存储控制机制保障数据安全。内部审计需要对现有数据存储机制的可靠性给出意见，以及验证灾备方案是否有效。

权限。区块链的访问权限控制是一个重要风险领域，大多数区块链为不同类型用户设置不同级别的访问权限。相应的控制充分性和实施有效性需要通过内部审计进行评估并给出意见。

三、对人民银行的启示

(一) 发展区块链内部审计能力是大势所趋

中央高度重视我国区块链发展前景，习近平总书记在中央政治局第十八次集体学习时强调，把区块链作为核心技术自主创新重要突破口，加快推动区块链技术和产业创新发展。区块链有很广阔的发展前景和应用范围。在全球区块链浪潮推动下，未来人们工作和生活可能会发生极大改变，人民银行也不例外，也会顺应时代发生一系列制度和管理变革。如前文所述，区块链作为一门技术，与其他业务结合后，可能会产生一些前所未见的新型风险。当前内部审计界仍未对此做好充分准备，若监督不力，可能出现风险敞口。内部审计作为第三道防线，人民银行应预先部署，占据战略高地，率先获得区块链审计能力。

即使短期内人民银行不应用区块链，各金融机构自行搭建的区块链网络与人民银行集中系统对接，仍可能产生一些新的风险。若不掌握区块链审计能力，将难以评估和控制各金融机构应用区块链与人民银行集中系统对接带来的风险。

(二) 应建立内审科技人才获取机制

人才是第一生产力，优秀的区块链审计队伍应以专业人才为核心。各级人民银行应建立内审部门的相应的人才获取机制，这个机制可通过"两步走"的方式为内审部门输送优秀人力资源。一是引入，积极引入科技人才，从社会或科技部门吸引科技人才可在短期内迅速增进内审部门对区块链技术和风险的熟悉和管理能力；二是培训，对现有审计队伍进行有针对性的培训，并使之常态化。资深内部审计人具有审计思维并且掌握审计工作方法，对其加以必要的区块链专业培训，使其掌握一门新的审计领域的工作方法和技能，这种方式也是可行的。

(三) 内审工作结合区块链有利于内审转型

通过建立区块链网络，并在人民银行各业务条线和内审部门设置节点，可解决当前内审工作存在的若干难题。当前，人民银行内审工作以现场审计为主，非现场审计为辅，且仅在国库和货币发行审计领域进行尝试。现场审计有一定局限性：需要占用大量人力和物力，对被审计单位工作造成影响，且被审计单位有篡改相关资料应对审计的可能。非现场审计可以避免以上问题，但其也面临着大规模数据提取和转移难的问题。倘使将区块链应用于人民银行各个业务条线，同时在内审部门设置节点并合理授权，各业务部门采取的任意管理措施都即时在区块链范围内公开，内审部门可以随时观测，无须对接即可审计，同时可以防范相关资料篡改的可能。这种做法也有利于上级行业务部门的业务指导，以及内审部门随时可发挥监督和建议职能。

(四) 审慎构建区块链安全应用环境

区块链作为新兴事物，其行业标准、技术规范、应用场景、法律法规等仍在探索和开发中。现阶段如何构建一个合理的安全框架，使区块链稳定且安全发挥其先天优势，带来效率、成本方面的改善，是一个需要审慎的过程。内部审计部门应大力发挥建议、服务职能，应用其科技和数据库安全审计方面的经验，结合国际上的相关研究成果，对人民银行相关业务应用区块链的整体安全性进行评估和建议。同时，内审部门可与科技部门联合，在小范围建立区块链应用试点，探索相关技术规程，运用渗透测试等方式不断评估和改进，待成熟后扩大试点范围，规范各类区块链平台的搭建标准，净化使用环境，严格防范信息泄露和网络中断等风险事件，同时加强对相关业务模块的日常监管。

基于利益相关者视角的内部审计
质量框架及其启示①

中国人民银行杭州中心支行 李立尧

摘要： 本文从利益相关者的角度对内部审计质量进行了探索。通过采访 36 位内部审计的关键利益相关者群体：审计委员会成员、高级管理人员、内部审计人员和大型会计公司的外包内审合伙人，本文逐步建立起一个内部审计质量框架，这个框架有五个维度，包括输入、处理、输出、结果和维度间的关联性。研究发现，不同的利益相关者对审计质量关注的维度不同，不同的维度也各有其影响审计质量的因素，这为我们提高内部审计质量提供了思路。

关键词： 内部审计质量 利益相关者 维度 影响因素

内部审计是组织治理的组成部分，也是关键审计利益相关者（审计委员会成员、高级管理人员、内部审计人员和内部审计合伙人）的决策资源。随着业务复杂度和问责机制的深化，利益相关者对于内部审计的依赖也随之提高。然而，只有高质量的内部审计才会被看作是有效和有价值的资源。

一、基于利益相关者的内部审计质量框架

质量本身就很难去定义、描述和评价，目前，在许多服务行业缺少关于质量的统一定义。IIA 将内部审计质量定义为：符合 IIA 的标准，遵守职业道德规范和满足利益相关者的期望。因此，建立一个审计质量框架是一个很好的理解和度量。内部审计质量的高低取决于利益相关者的判定，其反映了各利益相关者的不同需求和观点。

（一）研究设计

本文根据已有文献的思路构建了内部审计质量框架，这个框架包含输入、处理、输出和结果维度，而且这些维度也都是相互关联的。输入维度包括内部审计提供者的个人贡献、客观性和其他资源，他们对于外部审计师判断内部审计质量非常重要；处理维度是内部审计提供者为完成审计任务而进行的审计步骤及审计评价；输出维度是内部审计发布的报告，常常受到利益相关者的关注；结果维度通常强调审计成果的运用，核心是为组织提供价值；此外，它们之间的关联性通常不受内部审计提供者的控

---

① Andrew J, Trotman, Keith R, Duncan. Internal audit quality: insights from audit committee members, senior management, and internal auditors [J]. Auditing, 2018, 37 (4): 235 – 259.

制，但是会影响内部审计质量。

本文的研究有两个目标。研究的第一个目标是内部审计的利益相关者怎样评价内部审计质量。相关的决策研究表明人们的判断是基于部分信息和某些方面，所以本文认为利益相关者会聚焦在特定的维度上，这些可以反映出他们对于内部审计的需求和动机。因此，问题一是利益相关者在评价内部审计质量时会注重哪些维度？研究的第二个目标是探索内部审计质量维度的影响因素。每一个维度有其决定性因素来影响该维度及内部审计的整体质量，我们想知道利益相关者认为哪些因素决定了内部审计质量。因此，问题二是利益相关者如何考虑内部审计质量各维度的影响因素？

我们采访了内部审计的 36 位关键利益相关群体：审计委员会成员、高级管理人员、内部审计人员和内部审计合伙人。有 18 位是内部审计的"利用者"：9 位审计委员会成员和 9 位高级管理人员；剩余的 18 位是内部审计的"提供者"：10 位内部审计人员、7 位审计合伙人和 1 位来自会计公司的内部审计主管。

（二）利益相关者关注内部审计质量的不同维度

问题一关注内部审计利益相关者在判断内部审计质量时注重哪些维度。受到关注的维度集中在处理（内部审计人员）、输出（审计委员会成员和内部审计合伙人）或者结果（高级管理层和内部审计合伙人）。

1. 审计委员会成员。审计委员会成员通常主要关注输出维度，作为补充会进一步关注到结果维度。他们的判断集中于内部审计报告的发现和建议，审计报告的内容体现了内部审计人员是否关注了组织的关键风险和目标，审计委员会明显要比审计人员关注审计报告的运用。审计委员会成员通常会将内部审计报告的发现与自己对组织问题的判断做比较，即比较问题的优先级，当审计委员会成员的判断不同于审计报告中的问题优先级时，就会认为这份报告是低质量的；同时，内部审计人员回答审计委员会成员问题的表现也体现了审计报告的质量。

2. 高级管理人员。高级管理人员在判断内部审计质量时关注内部审计的结果维度。高级管理人员将内部审计视为帮助他们面对不确定性、提升组织能力并完成目标的资源。因此，高级管理人员评价内部审计质量是内部审计的增值环节。高级管理人员认为发现问题本身是内部审计人员的职责，但更重要的是怎样促进组织的良好运行。低质量的内部审计被认为是审计人员接受了所谓的检查清单式的审计方法，这种方法使审计人员减少了必要的探索，仅满足内部审计的最低要求。一些高级管理人员认为许多内部审计人员通常注重合规性而不知道哪些方面会给组织带来价值。

3. 内部审计人员。内部审计人员注重处理维度，因为他们通常注重的是审计程序和内容的完整性。完整性给予了内部审计人员信心，表明内部审计给审计对象传递了价值，内部审计人员认为处理的过程是实现价值的途径，但距离增值这个目标可能还很远。

4. 内部审计合伙人。内部审计合伙人在评价内部审计质量时聚焦于输出和结果维度。特别地，内部审计合伙人通过评价报告来聚焦于输出维度，通过评价给予审计对象的价值来聚焦于结果维度。报告是用来评估是否满足了审计对象的需要和目标，也同时会通过报告了解审计人员的工作。在结果维度，内部审计合伙人会考虑对审计对象的增值服务，如果审计对象得到了价值提升，那么内部审计合伙人认为审计是高质量的。

（三）利益相关者关注的各维度影响因素

1. 输入。被采访者的一致观点是，为了提高内部审计质量，需要具备高质量的内部审计人员，包括内部审计人员的业务技能、经验、客观性、软实力和个人特质。人们认为实现内部审计高质量，前三个因素是必需的，但还需要后面两个因素作为补充。

业务技能是首要因素，多数审计人员有最基本的技能，但少部分审计人员仍需提高。第二是经验，丰富的经验是重要的，具有审计对象业务经验的人更能够有深刻的理解。高级管理人员和内部审计人员也提到了行业经验，认为这样会有足够的知识去提供有价值的建议，知道审计的方向并且识别重要问题。第三是客观性，审计人员应该公平，有研究表明审计人员的客观性比独立性更重要。第四是软实力。软实力包括沟通、倾听和社交关系的建立，但是内部审计人员经常缺乏这些要素。第五是个人特质。内部审计要求内审人员能够坚持原则、保持怀疑精神并且富有逻辑性。

2. 处理。五个与处理相关的因素可以被识别，它们包含两个方面：审计技术和与服务对象的关系。在审计技术方面，三个质量因素分别是审计的方法论，与组织视角的一致性和审计技术；在与服务对象关系方面，包含审计过程中与审计对象建立联系和工作中的良好沟通。

审计技术方面，第一是有效率的方法论。内部审计的方法论要求处理严谨并且能够支撑内部审计的发现和建议。同时，方法论还要求一定程度的灵活性来解决重要的风险。第二是内部审计与组织视角的一致性。内部审计人员需要对组织目前的问题、业务模式、组织方向和目标有所了解，这样可以使内部审计人员关注重大风险并且有相应的发现，也可以使组织增值。第三是审计方法，即该方法是聚焦于合规性还是风险导向。合规性审计是需要的，但是大部分的批评也来自被动地接受了这个方法。大部分被采访者表明审计方法应该基于风险并且全面地识别问题的根源。

在处理过程中有两个与被审计对象的重要环节。第一是审计过程中与审计对象建立紧密的联系。建立和维持与审计对象的联系对于高质量的内部审计来说是必要的。强大的工作联系可以发展出信任、尊重和审计人员的自信，可以帮助内部审计获取相应资料。第二是审计过程的沟通工作。沟通工作是内部审计人员在报告前怎样和审计对象交流所有的审计发现。好的沟通会影响审计报告质量，因为只有重要的问题才会在审计委员会中提及。

3. 输出。内部审计报告是内部审计的关键输出。人们认为审计报告可以沟通重要的事项。内部审计报告的使用者常常对审计报告的评价是消极的，他们认为许多审计的重要细节并没有在审计报告中得到反映，这使得使用者很难判定提到的问题是否重要。审计报告中发现和建议的相关度、质量和可行性是输出维度的另一个方面。报告的发现和建议应该与特定的利益相关者相联系，并且应当可行便于实施。

4. 结果。结果维度中内部审计增值是关键的质量标识。内部审计在对组织有积极改变时会有增值的效果，不被管理者接受的发现和建议是低质量的。通常一个低价值的审计是"打钩—记录"式的，虽然他们在技术上表现一流，但是他们对组织增加价值贡献较少。内部审计的使用者如果认为内部审计增加了组织价值，一方面对内部审计工作有积极作用，另一方面也会使审计人员和审计对象的关系更加融洽。

5. 关联。被采访者识别了影响内部审计质量相关的多个因素。三个常见的因素包括组织的文化、将内部审计视作管理工具和内部审计能否吸引优秀的员工。

第一是组织的文化。一个支持和开放的文化会对提高审计质量有积极作用。消极的文化是保守的，降低了内部审计的效率和效果。文化包括将内部审计作为公司治理的一部分以及组织做好变革的准备。文化是被高级管理者驱动的，然后被管理者和审计对象的关系所体现，内部审计需要文化的支持。同样地，审计委员会的支持也是重要的因素，强大的支持表明内部审计对组织同样重要。

第二是将内部审计作为管理工具。人们认为内部审计对组织的管理作用具有实质性。内部审计质量源自内部审计人员有一个更广泛的和更为整体的对组织的理解，这可以让内部审计人员知道什么对审计委员会和组织是重要的。

第三是吸引高质量的人员到内审部门是有难度的，这是整个行业的问题。原因主要是同时具有软技巧及个人特质的内部审计人员比较少和内部审计人员的职业发展问题。

（四）内部审计质量框架

本文的研究表明内部审计利益相关者对于内部审计质量的评价不同。特别地，内部审计委员会成员重视输出维度，结果维度作为补充，高级管理人员重视结果维度，内部审计人员重视处理维度，内部审计合伙人重视输出和结果维度。更确切地说，审计委员会成员和内部审计人员注重发现的问题，但是高级管理层和内部审计合伙人注重审计对象的满意度和价值增值。

本文的研究还表明对内部审计质量具有多个影响因素。影响输入维度的因素为内部审计人员的基本贡献（技巧、经验和客观性）和辅助贡献（软技巧和个人品质）；在处理维度中，质量被分解为技术产出和服务过程两大类；输出维度包括内部审计报告中的发现和建议；结果维度是审计所产生的价值增值；关联维度的影响因素，诸如组织文化的支持和将内部审计作为管理工具，可以影响其他维度。根据以上研究，本文构建了基于内部审计利益相关者的质量框架（见图1）。

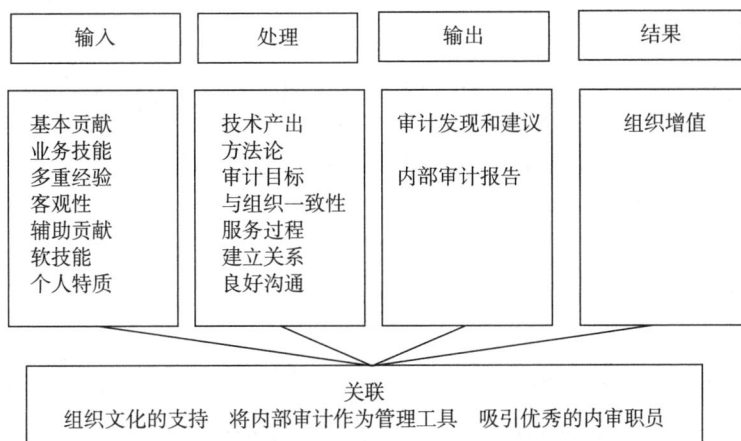

图1　基于利益相关者视角的内部审计质量框架

二、对人民银行内审业务的启示

（一）内审人员应加快提升自身综合能力

优秀的内审人员是内部审计工作的重要基础。内审人员应加强审计业务的学习，通过以审代训、线上课程、对比先进、与同行交流等措施提升自身审计水平；也应对人民银行专业条线加强学习，建立与业务部门的沟通机制，密切关注业务部门工作动态，了解以往审计情况，利用风险评估成果，加强对单位内部风险的把握。在审计前心中有数，审计时指向明确，避免为了完成任务而审计。坚持风险导向，既做到应审尽审，也要做到突出重点。要提高审计工作中的沟通技巧和审计风险应对水平，全面提升审计综合能力。

（二）内审部门应加强对审计成果的运用

内部审计的最终成果是实现组织的价值增值。内部审计作为组织治理的一部分，应当充分整合审计资源及相关工作成果，了解人民银行面临的内部与外部业务目标和风险情况，既要为人民银行完成业务目标提供建议，也要为组织的良好运行保驾护航。审计过程中要加强探索性，在关注合规的基础上更加关注业务的绩效性和组织管理的提升空间。充分发挥内部审计的咨询作用，提高组织管理的效率和效果，防范风险的发生。

（三）管理者应给予内审部门工作的支持

内部审计需要组织的管理层给予必要的支持。内部审计在组织中虽然不是主要的业务部门，但是对于组织的管理却是不可或缺的。本单位应当充分重视内部审计部门的建设，给予内部审计人、财和物方面的支持，特别是优秀的内部审计人才，能够胜任多种审计任务，具有较好的沟通协调能力，掌握扎实的审计分析工具，这对内部审计部门至关重要。组织管理层也应当充分支持内部审计的发现和建议，支持内部审计成果的转化。

技术进步背景下的内部审计革新发展及其对基层央行的启示①

摘要：2018 年，普华永道发布了全球内部审计行业状况调查报告 *Moving at the speed of innovation：The foundational tools and talents of technology – enabled Internal Audit*，研究在技术进步背景下，内部审计如何革新审计技术，改进人才模式，以适应技术创新要求，持续增加组织价值。我们对此文进行了编译，并结合基层人民银行实际提出了相关建议。

关键词：创新　审计技术　人才模式

一、普华永道调查报告的主要内容

（一）内部审计革新的背景及紧迫性

1. 技术进步要求内部审计革新。技术进步推动了行业的创新，风险分布随之变化。普华永道第 21 次全球 CEO 调查发现，技术变革是高级管理层最关注的问题。董事会希望内部审计能不断革新，快速评估技术进步的影响，了解技术发展如何改变组织的风险状况，确保管理相关风险的流程和控制措施有效，并就如何开发应用新技术提供建议，提升组织的技术创新水平。

2. 新兴技术的挑战。未来，机器人、物联网、增强现实、虚拟现实、区块链、人工智能、3D 打印、无人机等新兴技术将对全球产生重大影响。今天，内部审计主要关注数量有限的技术，如云、大数据和分析技术，但其必须了解的技术清单正快速增长。这些新技术中的一些，如区块链，机器学习和人工智能，开始支持或替代某些决策，而不仅是以自动化的方式取代人类重复劳动。内部审计必须了解技术，创新审计工具、技能和方法以提供确认服务。

3. 先进内审部门实现了革新发展。调查发现，14% 的内审部门在技术应用方面是先进的，已在新兴技术领域开展审计，称为变革者。变革者跨越行业、规模和区域，而不仅出现在大型组织或重要行业中。近一半（46%）的内审部门正紧盯并跟随变革者的技术应用，但速度较慢，称为跟进者。同时，37% 的内审部门仍然是观

---

① *PWC. Moving at the speed of innovation：The foundational tools and talents of technology – enabled Internal Audit* [EB/OL].［2018 – 03 – 30］. https：//www. pwc. com/us/en/services/risk – assurance/library. html.

察者，因缺乏技术、数据质量不佳或资源不足而受到制约，只有基本的技术应用甚至没有技术应用。变革者有能力以更少的资源投入覆盖更大的风险，技术上更具创新性，与其他防线更加协作，并在审计范围和计划方面更好地与利益相关者的期望保持一致。

（二）技术进步背景下的内部审计技术策略

1. 内部审计的技术应用现状。变革者逐步采用持续性或实时的审计模式，在培训、资源、工具和标准化方面进行大量投资，并融合技术和人才来实现这一目标。更好的知识能力组合或更好的人才模式被视为最重要的推动因素，从而使得内部审计可以改善技术应用。随着技术的快速发展，某些审计工具——从仪表盘到自动提取数据到高级分析工具——可能在过去被认为是革命性的，但现在逐渐被认为是内部审计基础工具，以解决复杂问题并在技术驱动的未来中保持其价值。然而，整体来看，许多内审部门目前对可视化分析工具、风险识别与审计计划分析工具等技术的应用率仍不到50%（见图1）。

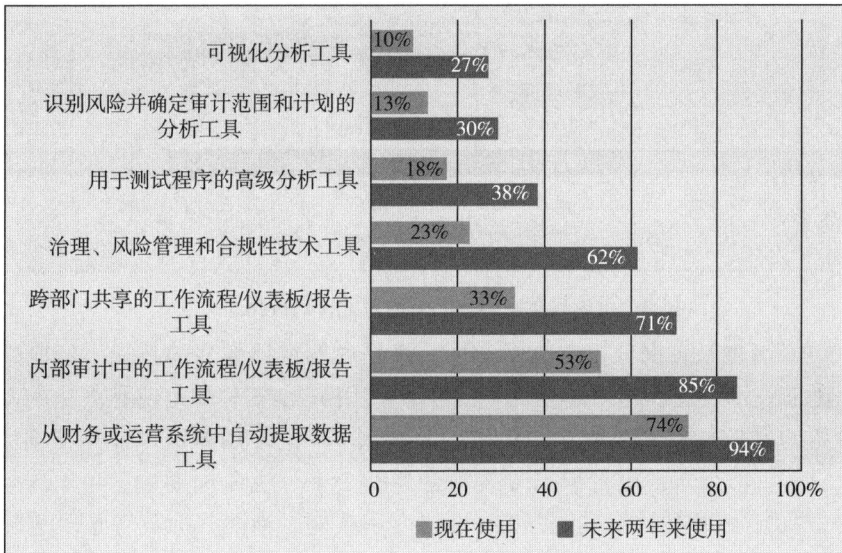

图1　内审部门审计工具应用比例

2. 变革者的技术战略。变革者在工作协作、数据提取、数据分析及监控、风险预测和审计流程自动化等方面都很先进（见图2），在审计战略计划中嵌入了跨年度的人才和技术战略。85%的变革者专注于技术支持，作为其战略计划的一部分，他们确定目标然后决定使用什么技术和选择哪些工具，以及人才配备如何随技术变化而变化。变革者确保他们的技术路线图与其组织的一致，以利用更广泛的组织资源，支持内审技术发展。

（1）变革者通过技术实现协作。仪表盘和工作流程工具可简化信息共享流程，便利内审部门与审计对象、委托人的合作，并加强与风险职能部门的协作。内部审计与请求审计支持的组织之间通过网络共享数据信息，使内审团队更容易与利益相关者合作。

（2）变革者在数据提取方面实现了自动化。变革者可以直接从运营和财务系统中提取数据，应用 GRC 技术[①]、安全工具等，有效地访问所需的数据。同时使用可以处理非结构化或半结构化数据的光学字符识别等先进工具，有效提高审计效率。如使用光学识别工具和智能机器人来填写测试工作表，可以减少发票、库存和合同审查领域中的重复测试工作。

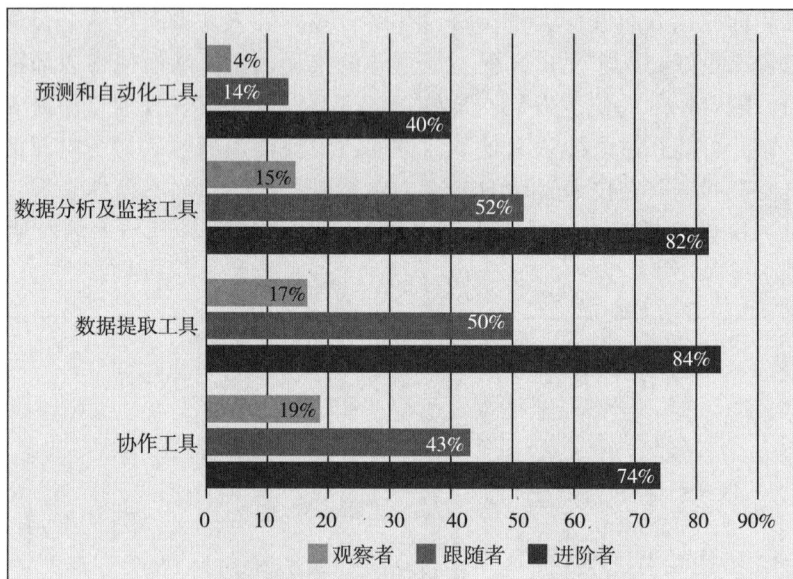

图 2　至少具有中等成熟度的审计工具应用百分比

（3）变革者擅长数据分析。数据分析一直是内部审计需要的技能，但应用普及速度较慢。随着技术发展，越来越多的内审部门使用分析技术作为现有方法的补充。变革者在分析的道路上走得更远（见图 3），开始逐步广泛使用高级审计测试程序、分析可视化工具等，但仍未真正将数据分析整合到整个审计生命周期中。44% 的受访内审人员指出，数据分析是最需要投资或改进的内审技能。当前，变革者正迅速转向数据预测分析，23% 的变革者正在尝试使用风险预警指标。

（4）变革者开始应用机器人处理自动化（RPA）工具。RPA 将很快成为内部审计的基础工具，通过完全或部分自动化执行常规性工作，审计人员可将精力投入更具挑战性和回报性的任务。26% 的受访者认为，RPA 将在三年内对内部审计产生重大影响，更多的内审部门已在试行和开发 RPA。RPA 应从内部审计拟定的自动化路线图开始，进行流程扫描。适合 RPA 的审计活动通常具有数量大、操作简单、高度标准化和基于规则等特征。当某项审计流程要求高正确率且一般不会出现异常情况时，RPA 特别有效。

---

① GRC 技术即治理、风险和合规技术。

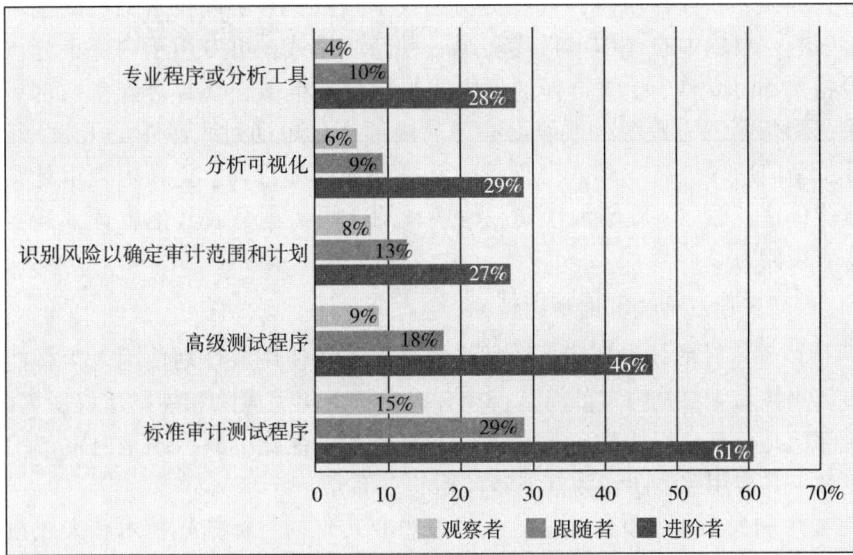

图3　定期使用分析工具的内审部门百分比

（三）技术进步背景下的内部审计人才模式

1. 技术进步呼唤复合型人才。技术进步要求每个内审人员都拥有超出基本IT水平的技术认知，有技术好奇心，具有基于新兴技术和应对不断变化风险的思维和能力。变革者致力于解决人才和技术问题，更多地投资于技术风险培训和技术工具培训，团队拥有先进的技术技能，以及丰富的运营和财务知识结构。

2. 技术进步改变了人力资源需求。随着内审技术引入速度加快（见图4），传统经验的作用正在下降。如人工智能（AI）系统可以帮助内部审计扫描所有运营数据，识别趋势和异常，并标记问题以便进一步关注。AI还会识别和解释可能存在的风险，提供数据驱动的预测，支持审计分析和决策。懂得AI的内审人员不仅需要知道如何选择正确的算法并将数据输入人工智能模型，还需要掌握如何解释结果。

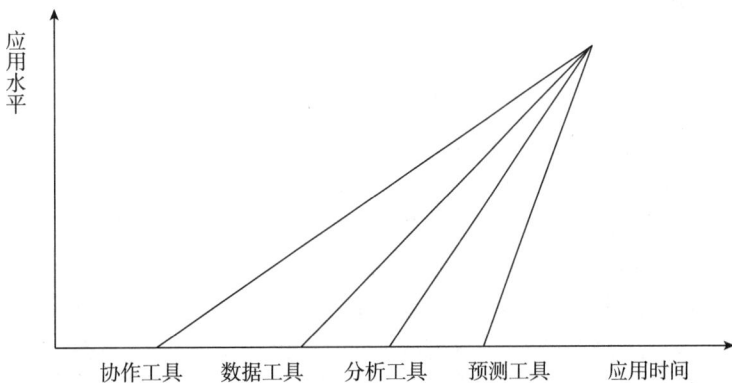

图4　内部审计技术工具的应用水平及趋势

3. 变革者的人才策略。一是资源共享。通过与合规、风险管理和业务部门合作，变革者可克服人才和预算障碍，共享资源和技术投资，并协调技术工具的使用。二是建立卓越中心。卓越中心（COE）代表了一种新兴模式，可专用于内部审计，也可是多个风险相关部门或整个组织选择的集中式共享服务组织。COE可配备内部资源，也可通过采购配备第三方资源，或兼而有之。内部审计可通过卓越中心开发审计技术，并为审计革新应用提供技术和人力支持。三是加强内部培训。重新培训审计师，开展数字化技能评估，然后实施培训计划、轮换计划、团队竞赛或其他教育方式，以提升内审技术应用能力。

（四）内部审计应对技术进步的措施

1. 评估内部审计的技术环境。一是组织是否正在使用或计划使用人工智能或机器人技术等新兴技术。二是内审部门是否拥有提供技术相关风险和控制建议所需的技能。三是内审部门是否在应用协作、数据提取、分析和可视化工具。四是内审部门是否将技术技能和工具应用路线图作为其战略计划的一部分。

2. 将技术和人才融入审计战略。一是以想要实现的目标指导技术和人才投资。二是评估内部审计可用的技术和人才资源。三是开发和获取新的技术和人才。

3. 推进创新式技术革新。一是重新思考如何以新的工作方式或流程完成工作而不是局部的改进。二是找到分享或利用他人技术和人才的方法来实现跨越式发展。三是参与组织的创新议程，以确保与时俱进。

二、相关建议

（一）统筹技术与人才战略，构建技术驱动型内审部门

健全人民银行内审条线中长期技术和人才战略，探索制定审计技术应用路线图，根据技术变化趋势及应用需求确定人才需求，完善内审人员知识图谱，改进人才的引进、培训及选拔模式，强化创新性思维培养，优化内审部门的技术、运营和财务知识与经验组合，夯实审计技术持续革新基础，促进技术创新与人才模式的协调发展，逐步建立技术驱动型的内审部门。

（二）加大技术投资，实现特定领域的革命性跨越

深化统筹，充分利用分支行力量加强对主流及前沿审计技术的跟踪研究，鼓励分支行机构开展试点应用，加大新技术投资，立足实际，加强数据提取、数据分析、连续审计等基础工具的推广应用力度，持续更新内审部门技术工具，改进和完善人民银行辅助审计系统。同时转变思维方式，针对预算管理、经济责任审计等常规审计及审计调查，探索以革命性而非渐进性的方式改进审计工作流程，尝试应用流程处理自动化（RPA）及AI技术，开展流程扫描和机会评估，有效使用审计资源，提升审计效率效果。

（三）加强协作与资源共享，缓解审计资源约束

将技术能力作为内审人员的基本能力，建立长期培训规划，增强技术培训的计划性，同时针对重点技术及审计工具，开展系统化、系列化、实战化培训，加快培训成

果到业务能力的转化。注重通过审计协作工具的开发与应用，加强审计人员之间、内部审计与审计对象和委托人、内部审计与其他风险职能部门的工作协作，降低审计成本，提升审计效率。同时积极通过系统内或组织内部门合作、建立卓越中心（COE）或者内部技术培训方式，拓展审计可利用资源，完善能力结构，突破内部审计专业技能和人才不足的限制。

深度学习在审计程序中的应用框架及其启示

中国人民银行杭州中心支行　杨熳

摘要： 2019 年，新泽西大学的 Ting（Sophia）Sun 在《会计视野》杂志发表了《深度学习在审计程序中的应用：一个说明性框架》① 一文，介绍了深度学习在审计程序中的应用框架，并就深度学习在审计各阶段中的作用机理及其面对的挑战进行了阐述。本文以该研究论文为基础，进行了编译和思考，并就深度学习等技术对人民银行内部审计的影响及其应对策略进行了探讨。

关键词： 深度学习　审计程序　数据仓库　人民银行

一、主要观点综述

深度学习是一种不断发展的人工智能（AI）技术，具有文本理解、语音识别、视觉识别和结构化数据分析四项基本功能。深度学习建立了层次化的人工神经网络，其模拟人脑中的生物神经元网络从原始数据中自动提取数据特征，有效减少了机器学习中对人工指导的依赖。审计过程中借助深度学习这项技术，可以实现更详尽的数据分析和更深刻的审计判断。

（一）深度学习与审计工作

深度学习是一种先进的机器学习技术。它通过数据的广泛收集和人工神经网络的分层开发来提取数据特征，最终实现从原始数据中获取数据规则的功能。人工神经网络由数 10 亿个相互连接的生物神经元组成，并根据大脑的结构和功能形成松散的建模形式。深度神经网络由输入层、输出层和隐藏层三层组成，输入层接收初始数据，输出层输出最终数据的表示形式，位于输入层和输出层之间的隐藏层抽象输入数据的特征。一般而言，深度学习具有四项基本功能：文本理解、语音识别、视觉识别和结构化数据分析。基于这四项基本功能，深度学习在审计信息识别和审计判断支持两大方面发挥作用。审计信息识别是指深度学习通过分析半结构化（如文本数据）或非结构化数据（如图像、音频和视频资料）得出审计分析结果；审计判断支持是指将深度学习对半结构化和非结构化数据的处理结果作为审计证据的有益补充，从而显著增加审计决策信息。

深度学习在审计过程中的应用原理为：设计、开发和更新审计数据仓库，通过数

---

① Ting（Sophia）Sun. Appling Deep Learning to Audit Procedures：An Illustrative Framework ［J］. Accounting Horizons，2019，33（3）：89 – 109.

据仓库中的数据训练算法,在模型中运行数据得出审计预测,将预测数据作为初步审计结果;利用审计师的专业判断,将其调整后的审计判断结果作为最终决策结果,将最终决策结果输入模型以提高已建立算法的性能。据此,深度学习在审计程序中的应用包含训练、预测、人工决策调整和数据更新四个环节(见图1)。首先,审计师根据已做标记的历史财务数据和非财务数据人工设计和开发审计数据仓库,并通过上述数据对各种审计任务进行模型训练和测试。其次,检查来自各种来源的所有类型的数据结构,尤其是非结构化数据,以提取机器可读、可转换的定量和变量。接着,审计师根据审计中的每个特定审计目标确定深度学习模型的预测目标,且每个模型对应一个审计目标;模型根据数据仓库中经被选择的输入数据得出数据模式,并进行预测。审计师做出最终决定前需要根据专业判断对这些预测进行纠正或调整,经纠正或调整后的结果被称为输出结果或者数据标签。审计师将输入数据、输出数据或数据标签作为新的数据集,将其反馈到同一模型中,并调整参数以减少预测误差和改善模型性能。

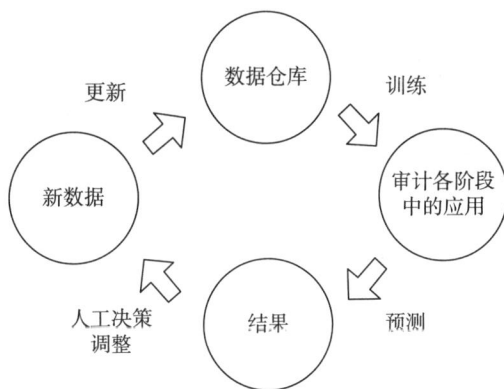

图1　深度学习在审计程序中应用的基本理念

(二)深度学习在各个审计阶段的应用

审计分为审计计划、内部控制评估、实质性测试和审计完成四个阶段,四个审计阶段通过数据仓库连接(见图2)。其起点是基于历史数据的初始审计数据仓库,每个阶段更新后的数据仓库都传递至下一个审计阶段。数据仓库使用得越多,添加的数据集越丰富,深度学习模型得出的结果也更准确。

在审计计划阶段,审计师利用深度神经网络来识别业务风险、确定重要性级别、可接受的审计风险、内在风险和控制风险。如利用商业文件等文本数据得出公司财务绩效、业务运营策略、管理诚信、产品或服务等方面的信息;利用电话会议录音等音频资料得出公司服务质量、客户满意度等方面信息;利用实体店的视频或图像资料分析了解其内部控制状况和运营状况等。执行上述每项任务都需要利用初始数据仓库的历史数据。其流程如下:首先,在模型中输入新的数据后得出输出结果或者数据标签;其次,根据输出结果或数据标签进行审计预测;再次,审计师根据预测做出最终审计判断;最后,将实际结果记录到数据仓库中。

在内部控制评估阶段,审计师利用深度学习来执行控制风险评估、控制测试、控制风险重新评估和后续行动 4 项审计任务。对于控制风险评估，审计师审核预测的控制风险，并就风险水平做出最终决定，数据仓库根据这个决定予以调整。内部控制的测试结果要综合考虑多个深度神经网络得出的结果。如两个深度神经网络分别检查文档的审签情况和设备的盘点情况，审计师结合两个模型运行结果来确定控制的执行程度。审计师根据测试结果重新评估控制风险，确定控制风险级别，同时对数据仓库等予以更新，更新的数据仓库是其他模型预测后续测试的基础。此阶段的所有审核结果将记录为输出数据并更新到数据仓库中。

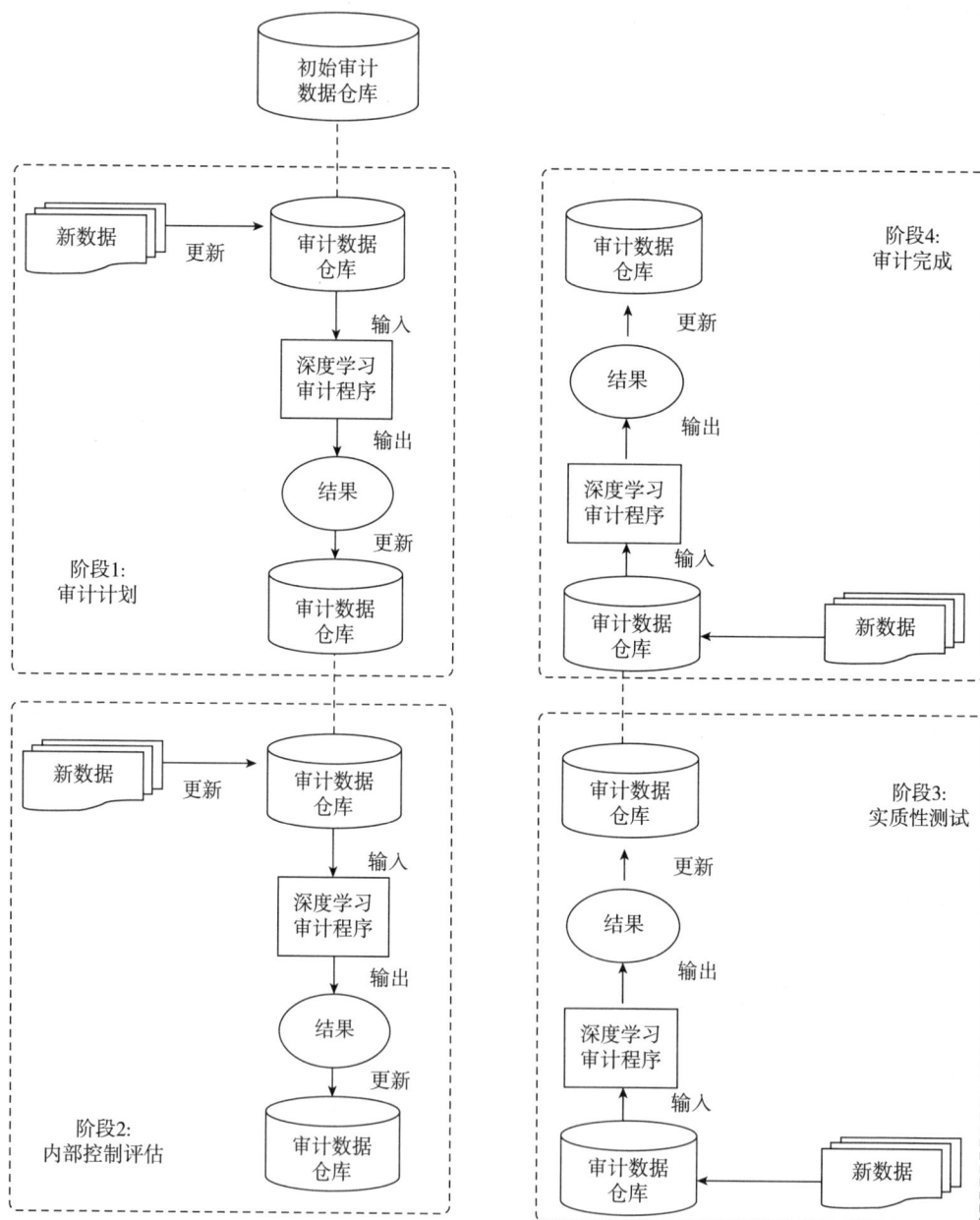

图 2 深度学习与审计各阶段

在实质性测试阶段，审计师利用深度学习进行实质性测试和证据评估。该阶段的数据仓库包含了实质测试阶段的全部证据，如货运单据等文本文件、董事会会议等音频资料、扫描或传真的文件图像资料、库存盘点视频资料等。与上述两个阶段类似，模型得出的结果需由审计师作出调整和改进，并进而改进模型和更新数据仓库。在此阶段，深度学习可以自动执行一些实质性测试，如通过应付账款确认函中的信息自动确认应付账款金额，根据无人机拍摄视频和图像中的裂缝、生锈状况或其他损坏来评估房地产的价值等。此阶段的最后一项任务是证据评估，深度神经网络审计数据仓库中的数据经实例训练，帮助审计人员确认当前的审计证据是否足以满足特定审计要求或审计目标，并提出建议。

在审计完成阶段，审计师利用深度学习作出公司是否提供了重大财务错误陈述的判断。此阶段的初始数据仓库包含前三阶段获取的证据，如律师函、代表函、资产负债表日后发布的内部声明、与管理层有关未记录的突发事件的访谈视频和音频记录等。深度学习的应用可以使一些额外的审计程序自动化，如训练深度神经网络来审查债务合同以确定是否将应收账款作为抵押品、阅读财务报表脚注以确定资产的分类是否正确等。此阶段的另一任务是，根据审计师确定的实际风险水平测试预测值，并优化模型和更新数据仓库。

（三）深度学习在审计程序应用中的挑战

深度学习应用到审计程序中，需面对审计数据仓库的建设、深度学习性能的标记、多任务问题、标准制定和行业指导、审计师所需知识和技能的培训等五大类问题。

审计数据仓库的建设。数据仓库是基于深度学习审计分析建设中最重要的模块。数据仓库建设中需要考虑到数据提取的复杂性、数据访问的权限问题、数据的完整性、数据的安全性和隐私等问题。安永等公司已经开始了尝试和实践，但仍存在一些需要进一步解决的问题，例如如何开发一种高效且具有成本效益的信息共享机制等。

深度学习性能的标记。数据集的大量标记有助于深度学习，但难以对所有数据按照预定义进行标注。如训练管理者在电视电话会上的言语情感分类模型，具备丰富财务知识的审计师或其助理还得确定话语陈述的基调，而该标注事项的工作量巨大。如何用有限数量的审计标签来训练高性能深度学习模型是深度学习在审计中应用需要面对的又一大难题。

多任务问题。每个深度神经网络都从空白状态开始，其通过接受训练以执行特定的审计任务；执行多个任务，必须为每个任务训练一个单独的神经网络，否则规则之间将相互干扰。鉴于每个审计阶段都包含诸多任务，因此每个审计阶段需要训练多个自动化审计模型，其成本过大。开发复合模型以执行多个相关的或不相关的自动化审计模型成为一项重大挑战。

标准的制定及行业指导。深度学习和其他高级数据分析技术的使用将改变审计证据的数量和类型、关键审计程序中专业判断的性质和范围以及整体审计方法。监管机构必须重新考虑审计准则，提出有效利用这些创新技术的行业指导意见。国际审计与鉴证标准委员会的数据分析工作组（IAASB）正在就是否有必要起草新的标准或修订当前标准向利益相关者征求建议。

审计师所需知识和技能的培训。尽管审计师不必成为数据处理和机器学习方面的专家，但有必要对其进行统计学、机器学习、数据分析和编程方面的基础知识培训，以便其可以与相关专业人员一起设计和调整特定于审计的深度学习模型。

二、对人民银行内审工作的启示

内部审计工作与技术发展的联系日益紧密。技术的发展不断地改进内部审计的方法和模式，内部审计也在不断地审视技术给业务带来的风险和挑战。面对深度学习等新兴技术，人民银行的内部审计人员要思考三个问题：目前存在的审计质效障碍能否通过新兴技术得到解决，新兴技术的出现将对既有审计模式和方法带来怎样的变化，审计人员应该做什么样的准备。

（一）新兴技术提升内部审计质效的可能性

目前，内部审计中存在着审计覆盖面小、审计线索"深挖"能力弱、审计质量受审计人员业务能力波动、审计时效性不强等问题。深度学习等新兴技术的应用加速了智慧审计模式实现的深度和广度，能够有效帮助解决上述问题。如利用深度学习中的模型替代审计人员人工审核具有清晰定义和极少例外的重复业务，可以在低成本情况下扩大检查范围，真正实现低成本、广覆盖的审计目标。机器学习模型可以为审计工作提供基于数据的风险洞察和识别路径，其直接通过大量审计数据分析得出相应的审计预测和结果，有效帮助审计人员揭示隐形数据关系和大量数据之间的显性关系，极大帮助审计人员"深挖"线索和提高审计质量。而且模型的稳定性降低了审计人员业务素质不一导致的审计质量不一的情况，自动化处理的速度也进一步提升了审计工作的时效性。

（二）新兴技术改变内部审计模式的可能性

深度学习等新兴技术不可能改变内部审计旨在增加组织价值和改善组织运营的初衷和目标，但其将对审计模式产生深远的影响。一方面，深度学习等新兴技术应用背景下，审计模式将呈现内部审计与业务链的融合更加紧密的特点。例如，技术的优化可以实现对一些业务的持续审计，在持续审计的模式下实现对风险和控制的事实监控。另一方面，技术也将改变目前内部审计资源的配置方式。深度学习等机器学习使得计算机具有做出预测的能力，机器学习通过数据输入和输出，形成一套认知方式，只要算法和输入信息正确，输出反馈的结果必将合理，使得审计人员从重复、耗时的审计环节中解脱出来，审计资源将更多地配置在模型训练和业务运行规则的学习上。同时，内部审计也需要不断地面对技术给审计对象业务带来的变化，及时对新的风险点作出反应，适时调整审计模式，以更好地履行内部审计的职责。

（三）内部审计所需的准备

目前，德勤等会计师事务所已经尝试将机器学习等技术应用于审计实务中，并认为其将大幅提高审计的质量。面对蓬勃发展的新兴技术，人民银行的内部审计部门也应做好准备。一是思想准备。目前深度学习在审计中的应用仍处于起步阶段，我们需要认识到，新技术应用的初期一般较为缓慢，而一旦其突破技术应用的瓶颈后，就会快速发展。二是审计理念准备。新兴技术的应用，使得内部审计的内涵与外延、职能定位、工作模式等都将发生深刻的变化，内部审计人员要改变思维定式，不仅要摆脱内部审计就是对照规章制度查找显性操作风险的陈旧观念，更要拓展审计视野，从全面提升审计质效的角度不断探索更加科学的审计思维和审计模式。三是人员准备。内部审计要早做准备，加强人才储备，努力培养一批既懂审计、计算机、法规等业务知识，又能分析写作的复合型审计人才。

《风险聚焦——2020 年内部审计热点问题》摘译

中国人民银行龙岩市中心支行 林健琳

摘要： 2019 年 9 月，《风险聚焦——2020 年内部审计热点问题》① 调查报告如期而至。该项研究阐明了欧洲各地首席审计执行官（CAE）所确定的内部审计应该关注的重点问题，为内部审计从业人员制订 2020 年度审计计划提供参考。本文摘译了报告中关注的网络安全和数据隐私、外包风险等内容，旨在为人民银行风险导向内部审计提供参考。

关键词： 风险 内部审计 热点问题

一、基本情况

CAE 认为该报告是其组织风险优先事项的年度晴雨表，反映了 CAE 在制订年度审计计划时所考虑的问题。《风险聚焦 2020》是不少于八家欧洲内部审计师协会合作的成果。此次调查报告内容更加丰富，对比利时、法国、德国、意大利、荷兰、西班牙、瑞典、英国和爱尔兰等国的 46 名不同行业的 CAE 进行定性访谈，并结合了 528 份定量调查。随着时间的推移，内部审计热点问题也发生了变化（见表 1）。

表 1 2018—2020 年内部审计热点问题摘要

2018 年	2019 年	2020 年
GDPR 和数据保护挑战	网络安全：IT 治理和第三方	网络安全和数据隐私：内部审计的期望不断提高
网络安全：成熟之路	GDPR 后的世界中的数据保护和策略	日益增加的监管负担
监管复杂性和不确定性	数字化、自动化与人工智能：技术采用的风险	数字化与商业模式的颠覆
创新的步伐	可持续发展：环境与社会道德	超越第三方
政治不确定性：英国脱欧和其他未知因素	反贿赂和反腐败的遵守情况	商业弹性、品牌价值和声誉

---

① 原文参见：https：//www. iia. nl/SiteFiles/Publicaties/Risk%20in%20Focus%202020%20IIA%20NL%20LR%20def. pdf。

续表

2018 年	2019 年	2020 年
供应商风险和第三方保证	沟通风险：保护品牌和声誉	财务风险：从低回报到债务增加
文化难题	工作场所文化：歧视	地缘政治不稳定与宏观经济
员工队伍：未来的规划	贸易新时代：贸易保护主义	人力资本：未来的组织
不断发展的内部审计职能	风险治理与控制：适应变化	治理、道德与文化：模范组织
	审计正确的风险：采取真正基于风险的方法	气候变化：风险与机遇

此次调查了 CAE 认为的组织所面临的五大风险和最高风险（见图 1、图 2），以及内部审计部门花费时间和精力最多的五大风险领域。调查发现，优先级越高的风险通常会得到更多的审计时间和关注，不过也有例外。例如，只有 15% 的 CAE 将"财务控制"视为五大风险之一，但 51% 的 CAE 反映这是他们内部审计花费时间和精力最多的五大风险领域之一；"公司治理和报告（财务和非财务）"是 26% 的企业认为面临的五大风险之一，但 53% 的受访者表示这是审计投入时间最多的领域。这表明，相对于其优先级事项，内部审计部门在这些"传统"审计领域上花费了太多时间。在资源允许的情况下，CAE 应分析风险优先级和审计时间投入不匹配的原因，并与董事会讨论。

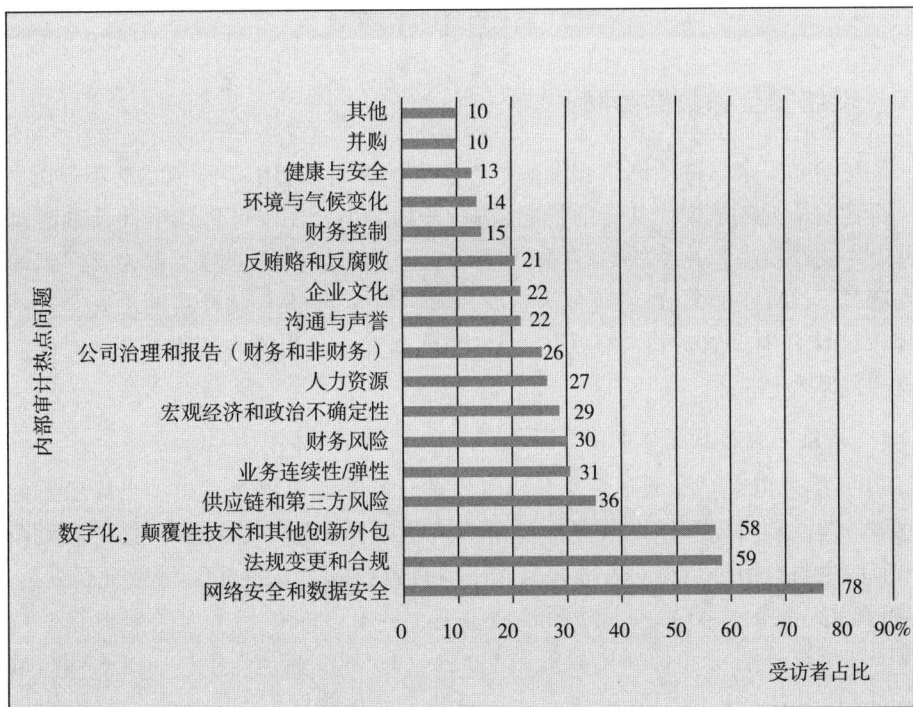

图 1 组织面临的五大风险

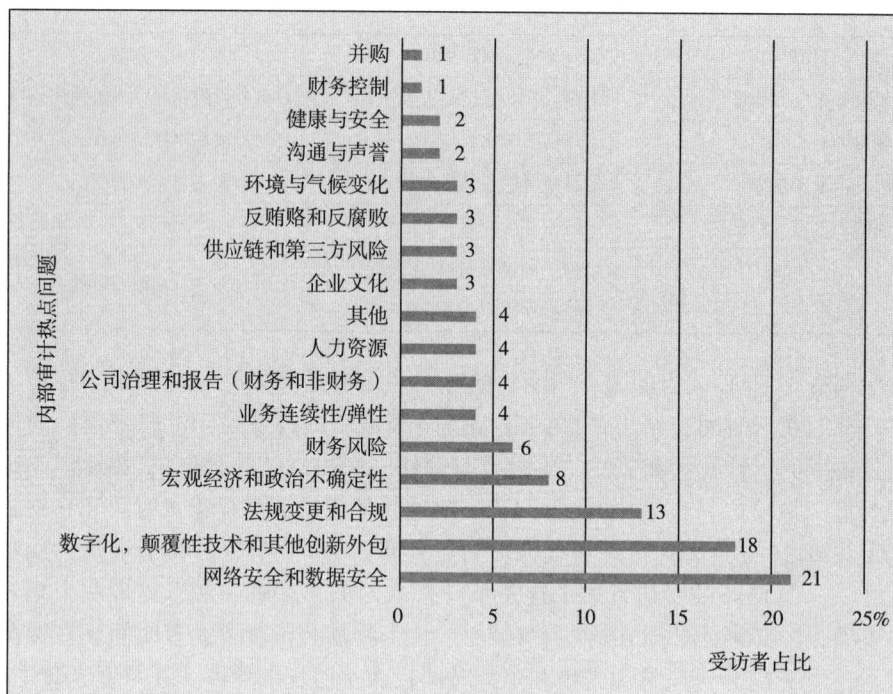

图 2　组织面临的最高风险

二、网络安全和数据隐私

一系列网络安全事件使网络安全和数据隐私始终处于 2018 年和 2019 年公司议程的首位。网络安全无疑是现代社会的长期风险，因此 CAE 在制订每年审计计划时都会考虑该风险。调查发现，78% 的 CAE 将"网络安全性和数据安全性"列为其组织面临的五大风险之一，21% 的 CAE 将其列为首要风险。78% 的 CAE 预计将网络安全评估纳入 2020 年审计计划中，68% 的 CAE 称，网络和数据安全是当前内部审计花费时间和精力最多的五大风险之一。

（一）网络安全与数据保护融合

GDPR[①] 生效以来，降低网络安全和信息安全风险变得更加紧迫。当局已开始在法国、德国、波兰和丹麦等许多欧洲主要司法管辖区开出第一笔罚款，其中最大罚单是法国国家信息与自由委员会对谷歌秘密收集消费者数据处以的 5000 万欧元罚款。

GDPR 实施的前八个月，据欧洲各地报道，约有 59000 起个人数据泄露事件，荷兰、德国和英国分别发生了 15400 起、12600 起和 10600 起违规事件，这表明与数据安全相关的 GDPR 执法浪潮可能正在逼近，网络安全与数据保护、隐私风险之间正不断

---

①　欧盟的《通用数据保护条例》，已于 2018 年 5 月在欧盟成员国内正式实施。该条例旨在保护欧盟公民免受隐私和数据泄露的影响，并对组织处理隐私和数据保护方面的工作方式提出了全新的要求，号称史上最严的数据保护法案。

融合。合规和内部审计职能部门必须拓展其技术知识，IT 安全团队必须了解繁重的、潜在的惩罚性监管所带来的合规负担。这需要技术安全专家与合规方面的专家密切合作，所有信息安全控制模型和 IT 保证条款都应考虑 GDPR 合规性。

（二）内部审计：迎接挑战

网络威胁持续存在，长时间停机、数据资产被盗和负面新闻报道相关的财务和声誉成本，都要求内部审计保持警惕和关注。即使企业为降低信息安全风险所做的努力已经很多，仍需要第三道防线来跟踪，评估组织边界墙的扩展并掌握影响业务信息安全风险状况的组织和运营变化。

组织对内部审计的期望越来越高，内部审计人员必须通过提高自身能力和风险意识来应对这一挑战。建议 CAE 为其部门配备必要的技术资源，可以通过临时外聘专业技术人员或者招聘正式信息安全审计师，也可以招聘技术安全专家为其开展审计培训。渗透测试需要技术安全专家利用最新的技术才能模拟真实的攻击。在大多数情况下，第三道防线渗透测试（即独立于第一道防线和第二道防线的其他内部黑客活动的渗透测试）通过采购或外包实现。对关于渗透测试是否应该成为第三道防线的一项任务目前存在一些争议。内部审计可以通过审查程序质量（包括重新执行部分渗透测试）来验证由第一或第二道防线进行的渗透测试的可信度。引入外部专家来测试组织的防御措施固然很好，但理想情况下，网络安全保障本身不应完全外包。了解组织 IT 架构、业务和内部安全控制环境，以及与业务相关的安全挑战，能提高内部审计的广度和深度。

（三）内部审计关键问题

1. 有什么证据表明组织已经掌握了基础知识？这些基础知识包括恶意软件检测、定期软件更新、员工意识培训和访问权限管理。

2. 考虑到业务变化，尤其是公司的数字化，该组织是否意识到其网络风险的变化？

3. IT 安全职能部门是否与不断变化的信息安全威胁保持同步？

4. 内部审计是否需要增加人员和专业知识以增强其网络和信息安全能力？内部审计部门在网络风险保证方面是否过度依赖第三方服务提供商？

5. 内部审计部门是否核实第二道防线的渗透测试的可靠性和全面性？

6. 此外，第三道防线除了复现第一道和第二道防线的渗透测试之外，是否还进行过独立的渗透测试？

7. 组织在多大程度上符合 GDPR 要求？过去一年中取得了哪些进展？业务部门是否充分了解公司在 GDPR 下的义务，IT 安全职能部门和合规部门是否熟悉 GDPR 的安全条款？

（四）新兴网络风险

1. 公有云配置错误。公有云服务（如亚马逊网络服务 Amazon Web Services 和微软云服务 Microsoft Azure）通常未被正确配置，包括访问权限配置不足、使用默认密码、日志未记录登录行为等。

2. 人工智能既是工具，也是威胁。机器学习技术已开始应用在网络入侵检测和预防、恶意软件检测和安全用户认证等领域，但网络攻击预计也将越来越多地采用人工智能。人工智能网络防御公司 Darktrace 预测，未来的攻击将能自主传播，自动进化，即自主学习受攻击的网络环境，而非依赖于已知网络漏洞。

3. 网络暴露面越来越大。由于组织的合作伙伴数量的增加，以及网络的扩展，使企业的网络暴露在风险中。企业使用软件即服务（SAAS）、云服务、外包服务商，以及将个人设备接入到网络，都增加了网络暴露面，可以作为外部攻击的切入点。在零售业，攻击者可能会访问商店里的 WiFi 网络，并利用访问权限不足，入侵组织内部。

4. 从数据窃取到数据篡改。敏感数据或个人数据泄露是网络攻击最严重的后果之一。同时，攻击者篡改数据的案例越来越多。如 2018 年特斯拉前员工入侵公司的生产系统，试图摧毁公司生产线。这种威胁预计将变得越来越普遍。

三、关注"第 N 方"风险

在 2019 年的调查中，超过三分之一（36%）的 CAE 将"外包、供应链和第三方风险"列为公司面临的五大风险之一。随着全球化发展，供应链延长，第三方风险甚至可能根本不局限于第三方，而是第四方、第五方、第六方等，也称为第 N 方。

（一）"第 N 方"风险

"第 N 方"风险，即第三方外包给自己的分包商所带来的风险。由于第一方与间接为其提供服务的第 N 方没有签订法律合同，因而"第 N 方"风险成为一个更加紧迫需要考虑的因素。此外，第四方可能不会受到本组织合约中对第三方的审查和监督约束，这就要求企业在进行供应商风险管理时需更加谨慎。

外包的一种流行趋势是将关键的 IT 基础设施和数据资产迁移到由谷歌和亚马逊等大型科技公司提供的基础设施和数据资产上。这不仅要对信息安全方面进行考虑，也从根本上对基于风险的审计提出了挑战。例如，内部审计在难以或不可能访问和验证主要科技公司安全和治理控制的情况下，如何采用基于风险的方法以提供保证。企业可能会充满信心地认为，那些拥有巨额预算、聘用了安全领域最优秀聪明的人才的大型技术服务提供商比他们自己拥有更强大的安全控制能力。尽管如此，这还是一个黑盒模式，由于规模较小的云服务商相较于亚马逊和谷歌缺乏安全资源，企业在将业务外包给规模较小的云服务商时应特别注意。

（二）金融服务的外包风险

美国和欧洲金融监管机构持续专注供应链、第三方供应商及其分包商带来的风险。美国货币监理署（OCC）在 2017 年发布了指导意见，呼吁银行应对第四方及其他重要的第 N 方进行与第三方审查内容和标准几乎一致的监测和审查，并制定适用于其所有关系的第三方关系和风险管理战略。

美国货币监理署（OCC）在其 2019 年春季发布的半年度报告《风险展望》中表示随着银行适应不断变化和日益复杂的经营环境，更多地利用未得到有效理解、实施和控制的第三方提供和支持的业务，运营风险也在上升。欧洲监管机构也有同样的担忧。欧洲银行管理局（EBA）在 2018 年 6 月发布了云外包的建议，再次强调了关键功能服务提供商所谓的"分包"的风险。欧洲银行管理局（EBA）强调了与服务提供商的海外第四方相关额外风险，以及长期、复杂的价值链带来的固有监管挑战。欧洲监管机构希望内部审计通过采用基于风险的方法，独立审查外包和分包安排，并发挥保证作用。

（三）联合审计

特别是在关键云外包方面，欧洲银行管理局（EBA）要求银行确保他们有权进入服务提供商的场所。这些规则的目的是确保在外包环境中对数据和相关人员的高度监督。这可以通过联合审计来实现，即多家公司安排对其服务供应商的经营场所同时进行审计或通过同一个第三方审计师进行审计，以减少机构和供应商的成本和时间负担。

欧洲银行管理局（EBA）在指导意见中为联合审计设置了特定标准。例如，审计范围应包括银行确定的关键系统和控制措施，以及在必要的情况下，在条例范围内，审计方有资格和能力扩大审计范围的合同权利。值得注意的是，尽管 EBA 的指导意见才刚刚生效，但它打算用更广泛的外包建议取代它，这些建议适用于所有服务，而不仅仅是云服务。银行应该期待通用的指导意见能像目前的建议一样重视第 N 方风险的管理。

（四）内部审计视角

无论企业是否是金融机构，欧洲银行业管理局的指导意见都应被视为各行业最佳做法。无论是否受到监管，企业都需要了解在其延长的供应链中面临的第 N 方风险程度。内部审计可以通过盘点外包的核心流程和职能，以及审查围绕采购和合同管理的治理来增加价值。审计权利应写入供应商合同，内部审计应寻找能够证明对关键供应商进行了定期尽职调查（不仅仅是在入职阶段）的证据。

第 N 方风险管理要求了解关键第三方对分包商的依赖程度。内部审计应评估企业对第 N 方风险的了解程度，以及为管理自己的供应商而对关键第三方采取的控制措施。除了监控所提供服务的有效性及其商业可行性外，还需要考虑包括数据安全（即关键供应商如何保证组织的数据安全以及是否与其他合作伙伴共享数据）、集中风险（即组织是否过度依赖少数供应商）以及供应商是否有自己的集中风险。此外，还应考虑企业在不中断经营情况下更换供应商的难易程度。

（五）内部审计应关注的问题

1. 企业是否审查其外包计划的适当性？是否确信成本收益超过外包带来的风险？

2. 与第三方签订的合同是否包括审计权，如果需要，内部审计是否可以实际访问第三方？

3. 企业是否了解第三方如何使用分包，是否了解第 N 方风险敞口？关键流程是否由第 N 方处理，是否有相关流程的清单？

4. 是否对第三方及其第 N 方供应商进行了尽职调查？

5. 第三方或第 N 方如何管理数据和数据安全风险？这些控制是否达到与 GDPR 规定的标准？

四、对人民银行内审工作的启示

（一）持续推进信息技术审计

人民银行部分信息系统已成为国家重要金融基础设施，对信息系统和信息技术基础设施开展审计，可及早发现信息系统建设和运行中存在的风险，能有效减少信息系统中断所带来的损失。建议加强与科技等部门第一道防线和第二道防线的沟通，关注新兴网络安全风险，以风险为导向编制信息技术审计整体规划，提高审计效率和质量。

（二）拓展信息化外包审计内容

近年来，云服务迅速普及，再加上数据安全风险的凸显，仅仅审计外包第三方风险管理还远远不够。现阶段开展的信息化外包审计主要关注外包项目采购、合同及监督管理，仍未关注超越外包第三方的第 N 方风险。建议拓展信息化外包审计内容，对于核心服务和流程，需关注供应链中更深层次的第 N 方风险。

（三）培养能打硬仗的审计队伍

目前人民银行信息技术专业人才不足。截至 2019 年 9 月，全系统内审人员共 3423 人，其中擅长科技方面的人员不超过 410 人，亟待建设一支高素质的信息技术审计队伍。建议充分发挥内审队伍现有技术型人才作用，同时开展分层次的人员培训，增强审计人员源代码审计、日志审查、渗透测试等知识储备，逐步提升审计人员信息化审计能力。

IIA《拥抱下一代内部审计》观点综述与启示

中国人民银行明溪县支行　涂诗琪

摘要： 2019 年 3 月 19 日，国际内部审计师协会（IIA）发布了《拥抱下一代内部审计》①，全文是全球咨询公司甫瀚咨询公司（Protiviti）调查了 1113 名首席审计执行官（CAE），以及北美、欧洲等地的内部审计领导和专业人士的看法和审计计划重点的结果。该调查详细评估内部审计转型的进展情况，重新思考和建设内部审计职能，深入研究下一代内部审计的发展趋势，以及要如何以更灵活的方式开展工作，实现内审转型的目标。

关键词： 内部审计　创新　转型　治理能力

内部审计一直致力于满足利益相关者日益增长和变化的需求。身处数字化时代，内部审计职能与数据分析相融合不可避免。内部审计不仅要应对这些变化，还必须做好准备评估企业是否以最佳方式实施其创新和变革计划。传统内部审计是资源依赖型审计，往往侧重事后检查，下一代内部审计通过运用技术为组织提供有影响力的风险洞察，使内部审计更有效率。总体而言，下一代内部审计能力尚处于初期阶段，构成下一代内部审计模型的治理方式还正在探索实施。新技术的运用、数字化变革对内部审计职能的重要性日渐凸显。

一、内部审计转型过程

（一）内部审计部门创新与转型的现状

根据甫瀚咨询公司 2019 年内部审计能力和需求调查，76% 的受访者表示，其内部审计部门正在进行转型和创新计划，36% 的受访者表示其内部审计部门尚未开始数字化转型，40% 的受访者表示内部审计部门计划在接下来的两年内开始实施转型和创新计划。41% 的受访者表示担心自己在创新内部审计方面落后于竞争对手，因为大多数公司已经在某种程度上致力于转型并运用了先进技术。经济创新、技术创新和数字化转型的驱动力正在颠覆各个行业，该报告建议组织中尚未实施转型与创新的内部审计部门应该尽快启动。

虽然大多数内部审计部门转型的成熟度和能力水平尚处于早期阶段，但在未来两

---

① IIA. Embracing the Next Generation of Internal Auditing：Protiviti ［EB/OL］. ［2019 - 03 - 19］. https：// www. iia. nl/kenniscentrum/vaktechnische - publicaties/publicatie/embracing - the - next - generation - of - internal - auditing.

年内，大部分公司的内部审计部门相信他们将在内部审计转型方面取得重大进展。内部审计领导者应从团队成员中获得支持并鼓励发掘新想法。总体而言，内部审计部门有必要采用转型思维模式，改进其数据分析能力的成熟度，以应对日益增多和日趋复杂的需求。

（二）审计委员会参与情况

甫瀚咨询调查的数据表明，审计委员会目前对内部审计创新或转型活动的兴趣不高。传统的内部审计师通常主张规避风险，对重大变化持谨慎态度，这种心态须有所改变。但大多数首席审计执行官（CAE）表示他们将会更积极地与审计委员会分享中高等级的信息，这将会提高审计委员会对转型的兴趣。因此，CAE 需要带头确保内部审计创新成为审计委员会的核心议程之一，持续关注当前和潜在的利益相关者群体，并重新评估他们的需求。

二、阻碍内部审计转型与创新的因素

一是时间。虽然新技术可以节省时间，但大多数内部审计小组没有时间专门致力于加快新技术的开发，且技术发展如此之快，某些 CAE 无法跟上转型步伐。二是资源。获得技术技能和专业知识仍然是一项重大挑战，内部审计小组也可能会通过外包来应对这一挑战。但是，向利益相关者展示内部审计创新如何增加价值，这是从业者面临的最大挑战之一，将关系到能否说服董事会和管理层提供更多的资源。三是审计委员会重视程度。目前审计委员会对内部审计创新或转型的兴趣程度较低，不太可能主动提倡内部审计小组开发下一代能力。

三、下一代内部审计模型

下一代内部审计模型是基于数据的风险导向型持续审计模式。这种审计模式会为组织增加价值，成为内审的方向性旗帜。实现下一代内部审计职能的手段包括一系列方法创新。在数字时代，内部审计必须进行创新，且能够快速有效地识别新出现的风险和组织风险状况的变化，以便及时将它们纳入审计计划。为通过有效的方式为业务提供更有价值的见解，下一代内部审计模型分为三大类：一是治理能力，二是方法论，三是技术支持。

（一）治理能力

下一代治理能力涵盖内部审计小组统一标准化确认、内部资源和人才管理、组织结构和内部审计战略构想。

1. 统一标准化确认：通过内审职能发挥，提供更清晰的审计结果给利益相关者，促进公司在风险偏好内进行风险治理和管理，以最大限度地提高运营效率。

2. 内部资源和人才管理：内部审计师需要确保强有力的资源管理战略和流程到位，以获得管理资源、技能和能力，使其能够完成下一步转型目标。

3. 组织结构：随着新方法的采用，支持这些方法的内部审计层次结构需开始发展和转变，以便能够灵活地处理风险。

4. 内部审计战略构想：内部审计组织应寻求明确、简要的战略，以确定内部审计职能的目的，促进目标能够在既定的范围内实现。

总体而言，持续的培训、沟通和评估是下一代内部审计职能的关键组成部分，多数内部审计小组在治理能力方面取得了较大进展，并且正在从与治理能力相关的创新和转型计划中获得最大价值。

（二）方法论

下一代内部审计方法旨在为组织提供对实时风险精确的洞察力。高级的数据管理和分析方法代表了实现实时风险视图的关键因素，它们通常包括持续监测、高影响力报告、敏捷内部审计方法和动态风险评估。目前，内部审计小组最频繁使用的工作方法是持续监控和高影响力报告。

1. 持续监测：一种实时审查业务流程的做法，以确定业务流程是否在预期的有效性水平上执行，实现快速响应、目标精准、小型而有弹性的敏捷审计。

2. 高影响力报告：传达内部审计工作的结果，这对于表达内部审计价值至关重要，它通过优化内部审计方法来实现，为有效沟通提供了坚实的基础。

3. 敏捷内部审计方法：基于一个可迭代和可持续发展的框架，通过调整审计思维模式和工作流程，更加专注于明确清晰的审计目标，以及跨职能审计团队之间的协作，缩短审计交付使用周期，并向利益相关者提供更有价值的报告。

4. 动态风险评估：一种动态的风险评估方法，旨在适应新出现的风险，并积极主动地采取措施，使组织能够实时识别不断变化的风险趋势，定量衡量和优先考虑风险。

（三）技术支持

下一代审计转型中实施的扶持型技术包括：人工智能、过程挖掘、机器人过程自动化（RPA）和高级分析。

1. 人工智能：内部审计小组需要通过了解审计算法和相关风险领域，以及如何利用这些算法来提高其审计能力，人工智能和机器学习能为审计提供价值。

2. 过程挖掘：使用人工智能和机器学习来提取现有数据。使审计员能够容易地分析大量数据，并找出以前未知问题的根源，做出更动态和有意义的报告。

3. 机器人过程自动化（RPA）：一种新兴的技术实践，使用户能够构建和配置自动化解决方案，可以模拟人类与计算机系统交互的行为。可以提高审计质量和覆盖面，简化审计流程，提高利益攸关方的满意度。

4. 高级分析：内部审计组织应该挑战他们目前的分析能力，并承诺更好地利用数据。提高认识、发展技能、探索新工具、制订计划、逐步使用，让高级管理层和审计委员会参与讨论，并与他们分享实施进展。

机器人过程自动化等技术正在努力进入内部审计流程，但进展缓慢。甫瀚公司调查显示，只有19%的内部审计小组使用了机器人流程自动化，17%使用了人工智能。在其他新一代技术中，没有一种技术的使用率超过30%。而数字活动和工具使内部审计人员能够将数据转化为有影响力的分析，内部审计小组应提高对现有技术和方法的认识，以确定哪些方法有可能提高内部审计过程的效率和效力。

四、下一代计划：建立审计文化和敏捷心态

内部审计小组需要做好准备，要建立思维转变体系，应确定变化领域的需求，最重要的是要保持敏捷的思维方式并立即采取步骤。"评估—设计—实施—重新评估"方法已经过时。相反，随着业务的发展和新的创新方法的出现，要灵活地进行持续性变革。内部审计小组成功转型的关键因素有：建立内部审计文化、树立大局意识、增强员工的创新能力、寻求快速成功、识别两组连锁反应、将适应性融合到设计中。

（一）建立数字化和敏捷的思维方式

下一代内部审计计划需要内部审计文化融入变化和敏捷，在整个转型过程中要灌输这种思维方式，并要求 CAE 发出明确的信息，即转型成功需要改变思维方式。

（二）树立大局意识

这种转变目的是从根本上改变所有内部审计工作的执行方式。企业领导人通常关注短期目标和眼前的风险，但领导者有责任维持长期目标和树立大局意识，专注于渐进式改进审计工作而不是短期解决问题，为实现更大的利益进行更全面的变革。

（三）增强员工的创新能力

不论内部审计小组规模大小，必须鼓励并授权内部审计小组的每个成员追求创新并与团队合作。不仅要采用创新思维方式，还要提出创新的想法。需鼓励创新实验，关键是在整个内部审计职能中推动创新。

（四）寻求快速成功

内部审计创新团队应该全面了解思维转换，以一个精心挑选的项目开始实施该计划是有帮助的，因为它具有成功的潜力。换言之，审计创新项目会因适应业务需求而快速成功。

（五）识别两组连锁反应

当内部审计团队创新并实施对审计流程的更改时，必须认识到两种后果。首先，对审计生命周期的一个阶段的任何更改都可能影响其他阶段。其次，在整个审计生命周期中进行更改可能需要对流程进行相关更改，使技术和技能在组织的另外的环节中发挥作用。最后，审计人员应了解并不断评估其工作如何影响运营管理以及风险管理和合规性，解决问题的关键是与内外部利益相关者积极沟通。

（六）将适应性融合到设计中

审计方法的每一次转变都将带来短期和长期的影响，这些转变将如何影响审计业务。思考这个原因对于开发适应性强的内部审计职能非常有用，并且可以相对容易地将新技术纳入其中，并随着组织的发展而发展。这就是将创新文化嵌入内部审计部门和团队成员之间的重要之处。

目前，越来越多的 CAE 开始将其"未来审计师"的创新与转型思想扩展到个人技

能之外，以提升其职能并参与下一代内部审计模型，CAE 未来十年内将随着组织和行业的创新和转型而发展。

五、深化人民银行内审工作的建议

（一）积极创新，拥抱未来

内部审计转型和创新，已经成为世界上大部分内部审计组织的共识。与此同时，各种新技术在央行工作中广泛运用，不仅改变了原有的业务内容和操作流程，也给内部控制和风险管理带来变化，内部审计转型升级成为必然趋势，而推动内审数字化转型升级，才能更好地拥抱新时代。内部审计数字化发展，将给内部审计工作带来变革，包括内部审计战略、内部审计目标及其相应的工作方式方法的改变。内部审计运用信息技术的范围越广、程度越深，就意味着内审的工作效率和管理水平越高，以及实现更高的工作价值。

（二）创新技术，提高效率

实现下一代内部审计模型，最重要的方法就是创新内部审计技术方法，运用好互联网技术和信息化手段开展内审工作。现阶段可以从以下两个方面着手：一是推动大数据技术的运用，为实现审计全覆盖提供有效的技术支撑。加载会计、国库、支付、发行等业务数据信息，建立统一的数据平台，将监督检查职能嵌入其中，实现对业务领域数据源的审计。同时，树立大数据思维，强化对问题和风险的洞察，提高审计效率和质量。二是让实时非现场监控变成可能，审计风险预警实现自动化，丰富内部审计产品及审计成果的运用路径，具备更强的咨询评价职能，实现数据审计与业务系统的一致性。

（三）完善体系，关注风险

一要健全机制。本文在治理能力中强调下一代审计方法是要注重组织结构，要逐步完善组织治理体系，健全内审工作机制，创造有利于内审发展的良好环境。二要深化报告。改进审计报告，在内容真实客观、形式完整规范的基础上，强化审计分析，由点到面、由表及里分析问题症结，从治理层、管理层、操作层等不同层级和视角提出审计建议，以高质量的报告体现内审工作成果。三要关注风险。方法论中的持续监控和动态风险评估，要通过风险提示，及时提醒有关单位或部门关注相关风险，尽早采取措施，化解风险，发挥好内审在风险管理中的预警作用，实现内审的事前、事中预警功能。

（四）注重团队，加强协作

央行内部审计队伍应具备创新能力，必须鼓励并授权内部审计小组的每个成员追求创新并与团队合作，充分运用新技术、新方法，提升队伍综合素质。一是营造氛围，鼓励创新。引导内审人员解放思想、转变观念、积极创新，使创新成为引领内审转型发展的强大动力。二是加强研究学习，提升工作技能。加强理论实务研究，跟踪国内外理论成果和同业先进实务，加强审计专业和基层央行业务的培训教育，有效提高内审人员专业胜任能力。三是注重团队建设，主动搭建内外部交流学习平台，发挥骨干引领作用，宣传内审工作理念和价值，促进更多的内审人员成长成才，实现新时代基层央行内审工作高质量发展。

参考文献

［1］ IIA. Embracing the Next Generation of Internal Auditing ［EB/OL］. ［2019 – 03 – 19］. https：//www. iia. nl/kenniscentrum/vaktechnische – publicaties/publicatie/embracing – the – next – generation – of – internal – auditing.

［2］ Protiviti. The Next Generation of Internal Auditing — Are You Ready? Catch the Innovation Wave ［EB/OL］. ［2018 – 12 – 03］. https：//www. protiviti. com/sites/default/files/united_ kingdom/insights/next – generation – internal – audit – protiviti_ global. pdf.

美国 2019 年政府绩效审计报告及对
央行内部审计的启示

中国人民银行六安市中心支行　董友贵　苏明根　申琳燕　胡光辉

摘要： 2019 年 5 月，美国审计署第 9 次发布政府绩效审计年度总结报告，表明存在改进美国国会及行政部门中的碎片化、重叠和重复情况，改进后能够潜在获取数十亿美元的收益。本文总结分析了美国绩效审计的做法和特点，对央行内部审计工作提出启示。

关键词： 美国审计署　绩效审计　碎片化　重叠　重复　预期财政收益

一、审计背景

长期以来，美国联邦政府面临着财政赤字逐年增加、财政未来发展不可持续的问题，2018 财政年度的联邦财政赤字为 7790 亿美元，2019 财政年度的前 9 个月（2018 年 10 月 1 日至 2019 年 6 月 30 日）达到了 7471 亿美元，相比上年同期增幅高达 23％。解决赤字的急剧增长需要对财政体制进行结构性改革，但短期仍有很多改进的空间和机会。为唤起对这些机会的关注，美国国会在 2010 年 2 月颁布第 111—139 号法案，要求审计署每年对政府、行政部门具有重复目标的联邦项目或方案进行识别及报告，主要是开展绩效审计。审计署落实法案要求，每年公布政府绩效审计总结报告为国会及行政部门决策提供参考。

读懂总结报告前必须对三个重要名词进行解释：碎片化、重叠及重复。自 2011 年公布年度总结报告以来，报告的标题均为存在减少碎片化、重叠和重复的机会并实现其他财政收益，2019 年进一步将收益具体到了数十亿美元。碎片化、重叠和重复的定义及内涵如图 1 所示。

GAO 的 2019 年度绩效报告主要包括三大部分内容：一是确定联邦政府存在碎片化、重叠和重复的情况，及节约成本和提高收入机会的重要领域。二是评估国会及行政部门对 2011 年到 2018 年度报告指出审计建议的落实程度。三是突出针对国会或主要行政机构的关键案例。报告确定了国会或行政部门可以采取的 98 条新建议，其中 33 条针对原先报告提及的 11 个现有领域，65 条针对 28 个新领域。28 个新的领域中，17 个是与碎片化、重叠和重复情况有关，11 个与节约成本和提高收入有关。

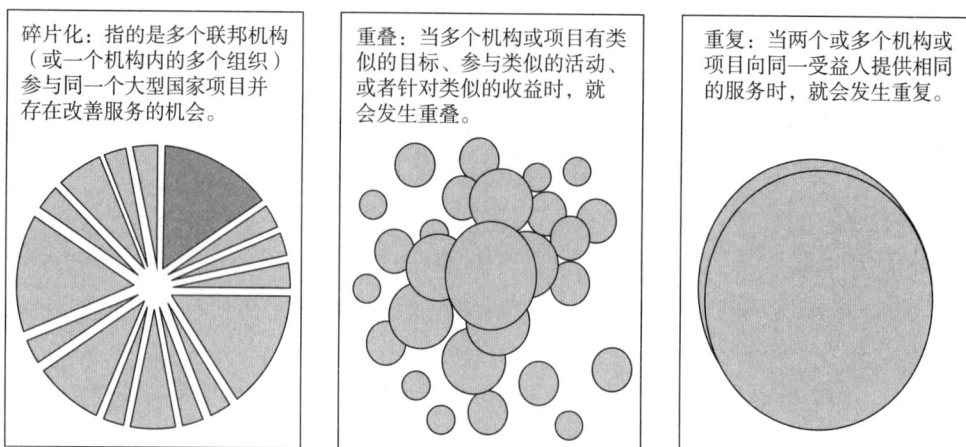

碎片化：指的是多个联邦机构（或一个机构内的多个组织）参与同一个大型国家项目并存在改善服务的机会。

重叠：当多个机构或项目有类似的目标、参与类似的活动、或者针对类似的收益时，就会发生重叠。

重复：当两个或多个机构或项目向同一受益人提供相同的服务时，就会发生重复。

图1　碎片化、重叠及重复的定义

二、绩效审计的主要做法和特点

（一）坚持完善法律法规与审计实践相结合

GAO 从 20 世纪六七十年代开展绩效审计，并高度重视建立与实践配套的法律法规。1972 年，GAO 发布《政府组织、计划项目、活动与职责的审计评价标准》，规定审计署要检查管理工作的经济性和效率性，要检查计划的效果。经济性、效率性和效果性审计又称为"3E"审计，是绩效审计的前身。1974 年，美国国会制定的《国会预算和扣押控制法案》专门要求审计署负责审查和评估政府项目和活动的效果。1988 年，《政府组织、计划项目、活动与职责的审计评价标准》修改为《政府审计准则》（俗称黄皮书），首次写入绩效审计，对绩效审计的定义为：对照客观标准，客观地、系统地收集和评价证据，对项目的绩效和管理进行独立的评价，对前瞻性的问题进行评估或对有关最佳实务的综合信息或某一深层次问题进行的评估。1993 年，国会制定《政府绩效与成果法》（GPRA），明确规定每个政府机构必须制定战略规划、年度绩效计划和绩效报告制度。国会及 GAO 指定的法律和准则为绩效审计的实施提供了科学高效的指导，形成了全面的国家绩效评估体系。强有力的法律法规带动绩效审计的飞速发展，GAO 的绝大部分工作为绩效审计，数据显示绩效审计占比 90% 以上。① 审计实践给予法规良性反馈，2010 年，GPRA 修订出台《政府绩效与成果现代法》，增加了联邦政府和部门最优目标、季度最优目标审查与绩效信息运用的规定，充分适应了社会和绩效审计的发展。

（二）坚持常态审计与年度总结相结合

常态审计即每年坚持对不同领域开展专项审计，据统计，仅 2019 年上半年，公布的审计报告涉及经济、教育、医疗、国防等各大领域多达 328 篇。每年年初，再对上一

---

① 王素梅. 中美政府绩效审计比较研究 [D]. 武汉：武汉大学博士学位论文，2010.

年度所有审计报告及证词进行总结，评价被审计领域是否存在碎片化、重叠和重复及节约成本和提高收益的情况，估算审计建议对各领域的改进机会和效益。每个领域的专项审计都是年度总结报告的素材，在年度报告的每个领域介绍中，GAO 会列出该领域的审计背景、审计发现、被审计对象的反馈情况，并在最后提供原报告的链接，便于读者进行查询验证。

以 GAO 的 2019 年度总结报告为例，主要包括三大部分内容：一是确定联邦政府存在碎片化、重叠和重复的情况，及节约成本和提高收入机会的重要领域。二是评估国会及行政机构对 2011 年到 2018 年度报告指出审计建议的落实程度。三是突出针对国会或主要行政机构的关键案例。除此之外，还存在以下特点：

1. 审计范围广、涉及机构多。审计的内容全面，GAO 的绩效审计涉及美国社会的所有领域，包括农业、国防、医疗卫生、科学与环境、能源、国际事务等，每年不断开拓各领域的新内容，如农业领域对大米中元素砷含量的研究，国防领域中人力资源和医疗设施管理问题，国际事务领域中对外援助战略调整方面等。审计涉及的政府机构众多，根据 GAO 的绩效和责任报告，仅 2018 年就接受过国会中 90% 的常设委员会和 43% 的小组委员会的委派工作，GAO 的高级官员被要求作证 98 次，涉及的问题关系到几乎所有主要的联邦机构，应该说，只要是国会提供预算资金的政府机构，都要接受 GAO 的绩效审计。

2. 审计视角宽、关注整改率。正如总结报告中对碎片化、重叠和重复的定义，GAO 将众多专项的绩效审计进行综合分析，从宏观的角度，对审计发现各领域的问题进行分类，明确指出是否存在碎片化、重叠或重复的问题，或者兼而有之。精准的分类使得各主管部门明确自身工作存在的不足之处，便于后续整改工作的顺利开展。为了确保绩效审计效果落到实处，GAO 持续对 2011 年至 2018 年所有报告提出的 805 条建议进行追踪回溯，分析建议的适用性和执行情况。GAO 将建议分为两大类，针对国会和针对行政机构的，制定不同的建议落实情况评价标准，分为"已落实""部分落实"和"未落实"。

表 1　GAO 对审计建议落实情况的标准

建议类型 建议状态	对国会的建议	对行政部门的建议
已落实	指已颁布相关立法，并包含所需举措的所有方面	所需行动已经完全实施
部分落实	意味着相关法案在本届国会期间已通过委员会、众议院或参议院的批准，或相关法律已经颁布，但仅包含所需举措的一部分	所需行动正在制定或已经开始，但尚未完成
未落实	意味着可能已经引入一项法案，但没有经过委员会的批准，或者没有引入相关立法程序	指政府、机构或两者都没有采取所需行动或没有进展

3. 在线工具巧、图表分析妙。为了精准定位到每条建议，GAO 制定了一个在线工具——"建议追踪器"，每半年更新一次内容，最新公布的截至 2019 年 3 月的所有审计建议落实情况，国会和行政机构已经完全落实了 436 项，部分落实了 185 项，剔除了

79 条已合并或过时的建议。"建议追踪器"为表格形式，内容包括领域类型、情况描述、审计建议内容、审计建议状态、主管部门、建议实施情况、是否为优先建议等，非常便于查询每个建议的落实情况。每个部门部分落实和未落实的建议如图 2 所示，建议数量最多的为国防部 85 条，最少为美国国际发展局 2 条。同时为了提升报告的可读性，GAO 大量使用图表分析，21 页的概述共包括 7 个表格、4 个图形，生动直观地向报告阅读者展示了绩效审计的成果。

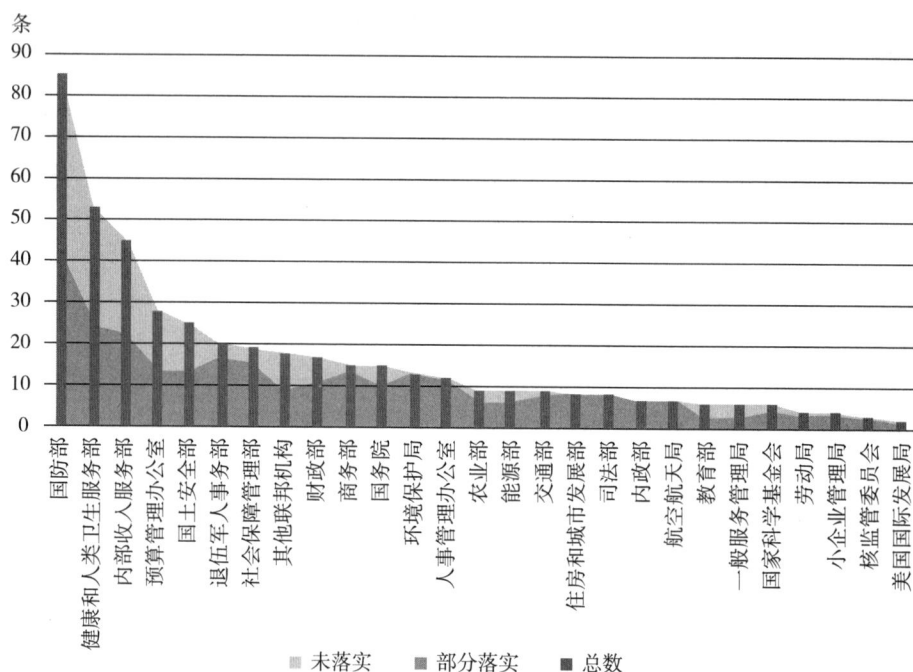

图2　截至 2019 年 3 月部分落实及未落实建议分布情况

（三）坚持审计发现问题与预期收益相结合

报告显示，2010 年至 2018 年大约获得了 2620 亿美元的经济利益，GAO 还表示，如果国会和行政部门落实所有建议，估计还能节约数百亿美元。

为了计算已落实建议（已落实或部分落实）的潜在财务收益，GAO 采取了以下方法：一是成立针对所有建议的估算组，估算组调阅了从 2011 年至 2019 年度总结及相关联的所有资料文件，对"建议追踪器"中的每一条建议进行估值。二是成立技术专家组对估算数值进行审核，确保估算基于合理的方法论。三是估算的数据来源丰富，包括 GAO 的审计报告、听证词、国会预算办公室的估算、部分行政机构、税务联合委员会和其他私立机构的各种资料。四是采用保守估计，因为不同领域绩效审计的数据区间的选择、基本假设、数据质量和方法论都存在差异，考虑数据的精确性，GAO 使用整数进行粗略估算，且每次估算使用最小数值，如 GAO 认为某个机构落实建议可能会节约数百万美元，最终仅计算其节约 100 万美元。GAO 还表示预期收益的估算是大致估计，并不是一个确切的总数，会详细列出建议的归属领域、年份、审计报告编号及预期收益，便于读者验证。

以 2019 年能源部环境责任绩效审计报告为例，能源部的环境管理办公室负责安排清理许多冷战时期遗留的放射性罐体废物及受污染的设施和土壤，GAO 对涉及 10 亿美元以上的决策进行审计，发现两个处理类似废物的站点因为采取不同方式，费用竟然相差数百亿美元，因此建议能源部制定策略平衡不同站点的风险和成本。如果完全落实该条审计建议，预计能够减少数十亿美元的浪费，也就是收益。

三、对央行内部审计工作的启示

（一）树立绩效审计理念，完善相关规章制度

深化央行内部审计发展，加大绩效审计的范围和力度是有力抓手，必须转变传统合规性审计的理念，关注使用资金所带来的效益，提高财务资金的使用管理水平。为此，必须明确绩效审计的地位和内部审计部门的职责，完善央行内部审计工作制度，突出绩效审计内容，形成与国家现代化治理体系相适应的审计监督机制。制定既符合现代审计发现阶段和特点又满足央行专有业务、预算资金和金融服务特殊性的绩效审计准则或指南，为绩效审计工作提供强有力的保障。

（二）扩充绩效审计范围，促进央行高效履职

美国绩效审计的工作基本覆盖了每一个公共领域，综合来看审计范围包括所有财政公共资金所流向的部门，近年来对国会和各行政部门履行社会责任情况、如环境保护、就业等也进行审计评估。央行内审部门应在借鉴美国审计署经验的同时，全面贯彻 2019 年中办、国办印发《关于实行审计全覆盖的实施意见》及总行《关于深化人民银行内审工作的指导意见》（银党〔2019〕40 号）的要求，从宏观、全局的角度，对所有财务资金和央行履职涉及的领域开展绩效审计，开展重大政策贯彻落实审计时也关注绩效，不局限于内部机构，必要时可延伸至外部如商业银行、企业、政府机构等开展审计调查，避免审计监督的死角和空白，促进央行整体高效履职。

（三）探索绩效评价体系，科学开展审计实践

建立健全绩效审计评价指标体系，一是注重微观效益与宏观效益相结合，既要考虑日常资源配置的合理性，更要关注执行货币政策、维护金融稳定和提供金融服务的效率和效果。二是注重定性分析与定量分析相结合，要充分利用大数据、辅助审计系统等信息技术探索实现审计业务数据、财务管理数据和其他辅助性数据的关联分析，以定性和定量的方式估算审计发现问题改进的预期收益和成本节约情况，结合审计监督发现问题和绩效评估结果进行审计评价，提高评价的客观性、科学性和绩效性。

（四）强化问题跟踪整改机制，推动审计结果运用

持续跟踪审计对促进审计建议落实有着重要的监督推进作用，央行内审部门应借鉴美国审计署长期跟踪及年度总结模式，利用现代信息技术方法，建立绩效审计建议数据库，对建议落实情况开展持续追踪，评价其是否达到经济性、效果性和效率性的标准。督促问题主管部门及时反馈建议落实情况，以抽样检查、回访、后续审计等形式验证建议落实情况，分析建议的合理性和适用性，及时协助解决落实过程产生的问

题，提高绩效审计的效果。拓宽监督途径，在不违背保密规定的情况下，适时公开绩效审计结果和建议落实情况，增强审计透明度，加大责任追究力度，将审计发现整改责任落实到人，提高审计的权威性。

参考文献

［1］ GAO. Performance Auditing：The Experience of the United States Government Accountability Office ［EB/OL］. （2013） ［2019 – 06 – 24］. https：//www. gao. gov/products/GAO – 13 – 868T.

［2］ GAO. ANNUAL REPORT：Additional Opportunities to Reduce Fragmentation，Overlap，and Duplication and Achieve Billions in Financial Benefits ［R/OL］. （2019） ［2019 – 08 – 22］. https：//www. gao. gov/products/GAO – 19 – 285SP.

［3］ GAO. Performance and Accountability Report of Fiscal Year 2018 ［R/OL］. （2019） ［2019 – 08 – 22］. https：//www. gao. gov/products/GAO – 19 – 1SP.

［4］ GAO. The Nation's Fiscal Health：Action Is Needed to Address the Federal Government's Fiscal Future ［EB/OL］. （2019） ［2019 – 08 – 22］. https：//www. gao. gov/products/GAO – 19 – 314SP.

ECIIA 关于审计后续跟踪的做法及启示

中国人民银行淮南市中心支行　白露

摘要： 后续整改跟踪是审计业务生命周期的重要一环。建立并持续完善后续跟踪流程，定期监督审计建议和纠正性措施的执行情况，及时报告整改工作进展，有利于对审计业务实施闭环管理，从而提升内部审计监督的有效性。本文梳理欧洲内审师联合会（ECIIA）关于审计后续跟踪整改的主要观点和做法，并就进一步优化人民银行内审整改和成果运用提出几点建议。

关键词： 后续整改跟踪　纠正性措施执行情况　内部审计有效性

2018 年欧洲内审师联合会（ECIIA）发布立场公告《后续跟踪监督》①，指出建立审计后续跟踪流程，监督被审计对象执行审计建议和纠正性措施的情况，是衡量内部审计有效性的一个重要方面。公告从流程建立、整改计划、整改沟通、整改情况报告等方面，阐述了内部审计后续整改跟踪的相关理念、观点以及做法、要求等，对于提升内审工作质效具有重要的参考意义。

一、审计后续跟踪的基本观点

（一）建立后续跟踪流程

审计发现问题的后续跟踪整改是审计生命周期的重要组成部分。内部审计应当通过制度的形式固化后续跟踪流程，监督审计发现问题的整改情况和审计建议的执行情况。关于后续审计跟踪流程的建立，IIA《国际内部审计专业实务框架》（2017）中 2500 号准则也做了相应阐述，"首席审计执行官（CAE）必须建立一项后续跟踪流程，监督并确保管理层已经采取有效的纠正性措施，并不断加以完善"。

审计后续跟踪流程的建立与否，是衡量内部审计有效性的一个重要标志。虽然执行纠正性措施是风险管理第一、第二道防线的职责，但是，当出现执行不力的情况时，内部审计有责任对相关原因进行调查并记录。因而，一个完善的后续跟踪流程对于提升内部审计的有效性、改进组织风险管理是至关重要的。

后续跟踪流程的建立应以风险为导向。通常，审计报告应对审计发现问题的风险等级进行分类，分为高、中、低三个等级。因为组织规模和审计资源的差异，后续跟

---

① ECIIA. Position Paper：Follow – up Monitoring [EB/OL]. (2018) [2019 – 11 – 15].
https：//www.eciia.eu/wp – content/uploads/2019/03/ECIIA – Follow – up – monitoring –. pdf.

踪的工作范围可能有所不同，但应主要关注先前审计所发现的高级和中级风险事项，核实被审计对象针对审计发现问题所采取的措施。一个优化的后续跟踪流程应包括以下内容：后续跟踪工作的目标、如何开展后续跟踪（步骤和程序及相应的工作要求）、针对不同审计类型开展后续跟踪的频率、如何在审计计划中安排和优先化后续跟踪等。

审计后续跟踪流程主要用于针对内部审计发现问题及建议执行情况的跟踪监督，也适用于针对外部监管机构或外部审计发现问题及建议的跟踪监督。在有些组织内部，风险管理的第二道防线负责跟踪外部监管机构或外部审计所提纠正性措施的执行情况，在这种情形下，内部审计应该在开展审计项目时对相关问题的整改情况进行再监督，并在开展风险评估时评估组织控制环境的完善性和适当性。

（二）沟通确认整改计划

为有效开展后续跟踪，针对审计发现问题或风险事项，要制定详细且操作性强的纠正性措施，进而形成"审计建议书"或"整改计划"。整改计划应包括具体的纠正性措施、相关责任人和完成时限。

作为审计业务文书的基础组成部分，整改计划须经过内部审计的审核。首先，内部审计应就相关的风险事项和审计建议与管理层相关责任人员进行充分的沟通，并达成一致，一般是通过签字确认的方式。其次，应对被审计对象针对审计建议所制订的具体整改计划进行审核，确保整改计划能够切实应对已识别的所有重要风险。如果整改计划经审核通过，则可以作为审计报告的一部分内容呈现。

风险接受事项也应经过内部审计的进一步评估。如果高级管理层决定接受某一风险的存在而不采取任何措施，内部审计应与高级管理层一起讨论、审查风险接受事项是否在组织的风险容忍度范围之内。如果双方不能达成一致，应提交董事会进一步讨论。

（三）审核验证整改措施

如果被审计对象报告已完成某项纠正性措施，因此想要终止一个审计发现问题或风险事项时，内部审计部门应通过适当的方式进行审核、验证并提交证据。验证过程应遵循正式的后续跟踪流程，验证所需采取的审计测试程序应充分考虑相关纠正性措施的性质（重要性、影响程度等）和类型，进一步区别是进行一次性测试或多层次的充分测试。

内部审计对"已终止"整改事项的验证可以通过定期跟踪监督或专项审计活动来实现。在有些情况下，由于要进行的验证检查具有一定的复杂性，还可以在下一次全面审计时合并进行。而对于高度负面的审计评价或影响重大的纠正性措施，应考虑开展专项后续审计。

内部审计应通过执行后续跟踪流程尽可能经常性地更新整改措施的执行进度。考虑到组织规模和复杂程度，以及审计建议的性质和数量，后续跟踪过程应尽可能自动化。一个所有利益相关方均可使用的自动跟踪系统，有助于建立并实施有效跟踪监测，生成准确的报告和证据记录。

后续跟踪系统依据审计计划、经确认的整改计划等生成纠正性措施的完成进度及时限安排。当接近所定时限时，系统将自动向相应人员发送提示，提示其在系统中完善所采取的纠正性措施及其他整改进度信息。该项提示一般在所定时限前 20 个工作日发生。如果被审计对象声明已完成了纠正性措施并且纠正性措施对应的问题为中高级风险事项的话，内部审计须在接收到进度信息的 20 个工作日内实施跟踪检查。如果跟踪检查发现没有充分的证据表明被审计对象已经完成了纠正性措施，则该项问题重新被跟踪。

（四）完善后续跟踪报告

后续跟踪结果应向组织高级管理层和治理层报告，以便于其及时了解掌握高级和中级风险事项的整改结果。后续跟踪结果的报告可纳入内部审计工作报告、组织的绩效报告中，也可根据情况单独呈报，如采取定期（每季或每半年）报告的形式向相应层级报告。报告内容上，除阐述相关建议和纠正性措施的执行状态外（已执行、正在执行、尚未执行等），应突出呈现尚未被执行的内部审计建议和纠正性措施，使高级管理层了解尚未在规定时限内得到充分解决的所有重大问题，从而及时采取进一步的措施。外部监管机构所提问题的整改情况，可由内部审计也可由风险管理部门向相应层级报告。

后续跟踪报告的格式呈现要有利于促使组织的高级管理层和治理层人员快速掌握整改措施进展不足的事项。后续跟踪报告的内容应包括主要的评价结论，为阅读者提供一个关于整改情况的清晰概貌。同时，必要的时候，报告内容也应该足够细化以提供有益信息，通常包含定量和定性的信息。定量方面，通过定期的整改进度报告，呈现汇总和详细的统计数据，包括未完成和已完成纠正性措施的数量、百分比、时间信息（纠正性措施达成一致的时间、纠正性措施完成时间、后续跟踪实施时间等）、已不适用的纠正性措施和审计建议等。定性方面，评价所有未实施的和已终止措施的总体进展情况，突出亟待解决的主要问题或关注事项，提供关于整改进展情况、已采取措施和延迟未采取措施的原因等详细内容。

二、优化人民银行内审整改工作的建议

（一）健全审计整改工作机制

加强审计整改工作是推进全面从严治党的迫切需要，是保障重大政策措施部署落实、推动金融稳定改革发展的重要举措，是夯实高质量履职基础的有力抓手。新形势下，推动审计整改、提升整改效果是深化人民银行内部审计工作的重要抓手。人民银行内审部门作为应加快推进审计整改制度建设，健全审计整改工作机制，通过制度规范审计后续跟踪整改工作的流程，细化审计整改工作的内容和要求，为进一步强化审计整改的严肃性和有效性、提高审计整改的质量和效果提供制度引领和坚强保障，从而更好地促进央行内部控制、风险管理和依法有效履行职责的能力和水平。

（二）优化后续整改沟通

审计后续整改工作的效果很大程度上取决于审计建议和整改计划的质量。审计建

议要具有针对性、可操作性，整改计划要具备合理性、可行性，都离不开充分的沟通、反复的确认。针对审计发现的问题，内审人员要与被审计对象、业务主管部门进行充分沟通、探讨，共同分析问题原因，共同研究制定整改措施，提出针对性强、可操作、富有建设性的审计整改意见建议。对于整改计划，内审人员要切实负起责任，加强对整改计划和整改措施的审核，对于整改措施要具有一定的分辨率，分类施策，对于高级、中级风险事项及相关的措施，要充分论证研究，确保整改措施的有效性。同时，也要审核整改措施的可行性，凡是整改措施不具体，整改责任部门、人员、完成时限不清楚的，应当进一步沟通确认，以切实提升审计整改的效果。此外，要充分利用内审业务综合管理系统，建立和更新问题整改台账，及时更新相关信息，对以往发现问题的整改情况实施动态管理，提升管理效果。

（三）完善后续整改报告

内审部门开展后续整改跟踪监督，应采取灵活方式，根据审计发现的性质采用不同的方式，相应地，后续整改跟踪报告也应有所区别，以确保相应层级能够及时、全面掌握审计发现问题的整改进度情况。对于审计评价较差、审计发现风险事项较严重的审计项目，可开展专项后续审计，提交专项整改情况报告，以便于及时掌握高风险事项的整改进展。对于问题多发、频发的审计业务领域，可通过定期跟踪监督和定期报告的形式，提升跟踪监督的频次，促进问题整改。审计整改跟踪报告要充分满足报告阅读者的需求，通过定量和定性分析相结合，评价被审计对象整改工作推进的整体情况、工作效果，呈现被审计对象整改措施落实的具体情况，详略得当、重点突出，以便于报告阅读者迅速了解情况、抓取有效信息，为进一步的工作决策提供参考。

运用信息技术改善审计管理的思考与启示

中国人民银行焦作市中心支行　原慧华

摘要："信息技术促进公共管理发展"是 2019 年第 23 届国际最高审计机构大会讨论的主题之一，本文编译了《国际政府审计杂志》刊发的参会代表关于"信息技术改善审计管理"的各观点。探讨了审计信息化和大数据审计在人民银行内部审计实践中的瓶颈和短板，提出新时代、新技术、信息化的审计环境下人民银行内部审计的应对策略。

关键词：信息技术　大数据审计　审计管理

中国审计署（CNAO）原审计长胡泽君曾说过，适当应用信息技术并改善审计方法，可以改善公民的生活。

信息技术（IT）极大地影响了社会的各个方面，并继续为提高决策和解决问题的效率和质量开辟前景。

在莫斯科举行的第 23 届国际最高审计机构大会（INCOSAI）针对信息技术主题——"使用 IT 改善审计管理"进行了对话和讨论，着重介绍了 IT 的领域及其作用和改进审计管理的能力，重点讨论了大数据审计在最高审计机构（SAI）的应用，以及未来面对的挑战和应对策略。人民银行内审部门作为国家央行的审计机构，也应紧跟时代趋势，积极改进审计管理模式，探索信息技术和大数据审计的应用。

一、信息技术改进审计管理

信息技术在审计管理中的应用经历了从数字化到大数据时代的发展，并导致了大量数据的扩散和多样化。关注数据是创新和优化的一种积极方式，可以影响决策、加强协调并提高准确性和透明度。

阿拉伯联合酋长国（UAE）国家审计机构总裁艾米米（Harib Saeed Al Amimi）博士为与会代表提供了一个为期 10 年的国家时间表，展示了该国如何从简单的办公自动化发展成为解决人工智能复杂性的战略。

信息技术可丰富感知、预测和管理风险的手段，加速经济发展，改进方法和提高公共服务质量。

美国总审计长兼政府会计责任办公室主任 Gene L. Dodaro 强调："运行良好的 IT 系统还可以增加公民健康、安全和福祉等重要公共服务项目的交付。"

随着移动互联网、云计算、大数据、区块链和人工智能的蓬勃发展，新的技术创新带来了指数级的数据增长，社交媒体增加了公众对数据的访问。

数据已经成为一种基本的战略资源，对于优化管理至关重要。可以通过数据公开来提高透明度，通过数据共享提高效率，通过数据分析加强决策，通过数据收集更好地定位商品和服务，实现这些都取决于成功的数据策略。

规划和实施数据策略的手段各不相同，公共组织在数据公开、共享、集成、分析、应用程序和安全性方面也面临众多挑战。

爱沙尼亚国家审计署审计长贾纳尔·霍尔姆（Janar Holm）在国会代表演讲中谈到了数据共享问题，指出面对公共管理中的"信息孤岛"① 问题，解决方案不是收集更多数据，而是建立综合数据系统。

霍尔姆还质疑"电子政务"的健康状况，并相信大数据审计和数据收集将会取得巨大的成就。

二、大数据审计分析的优势

随着政府越来越多地实施数据管理战略，各国最高审计机关（SAI）进行大数据审计的需求变得更加普遍。这在最高审计机关国际组织（INTOSAI）社区中早已得到认可，从 2016 年成立最高审计机关国际组织大数据工作组就可以看出这一点。

大数据审计可以提高审计质量和效率，并进一步加强 SAI 在促进绩效、透明度和问责机制方面的作用，是良好治理和可持续发展的重要组成部分。

胡泽君审计长回应了这些观点，并分享了中国国家审计署的几个大数据审计案例作为参考，她指出跨部门分析如何可以带来针对性更强的公共部门服务。

多数人认为大数据审计主要围绕收集和分析大量信息而进行，但它涉及的远不止这些。具有"5M"特征（多渠道、多视角、多关系、多技术和多模式）的大数据审计是审计工作的全新体现，它促进了从抽样到总体、从部分到整体、从微观到宏观的审计发展。为提高审计质量和效率提供了新的方法。

（一）消除资源限制，提高审计效率并扩大审计范围

数据挖掘和分析实现了一种智能的全数据审计模型，使"样本＝总体"成为可能。大数据审计允许在现场审计之前进行分析，从而提高了现场审核的准确性并减少了现场工作时间。大数据审计还有助于定期监测，从而提高审计工作质量。

（二）提高最高审计机关预警经济和社会风险的能力

大数据审计有助于：

1. 通过数据分析提供更客观、可靠、及时的信息；

2. 通过预测分析识别潜在风险；

3. 通过深入分析，为决策者提供更广泛的建议。

（三）拓宽最高审计机关的视野，促进国家可持续发展

大数据审计可追踪数字环境下的经济活动，使最高审计机关能够更准确，更及时

---

① 数据信息分散在不同的部门、单位和机构，不能自动地实现信息共享与交换的现象，称之为"信息孤岛"。

地评估公共部门的绩效、透明度和责任制。这有助于最高审计机关为实现国家和全球目标作出贡献；建设透明、廉洁、高效的政府；密切跟踪国家可持续发展战略、相关政策实施、公共资金的分配和使用，以促进国家良好治理体系的建立。

随着技术、经济和社会发展的不断变革，数据获取、分析和拥有洞察力将继续成为最高审计机关工作的重要组成部分。

加拿大审计署署长让·古莱特（Jean Goulet）谈到社交媒体对审计的影响，称其具有积极意义，因为社交媒体分析可以帮助最高审计机关发现一个国家公民想要改善的最紧迫的公共服务问题。

世界银行的曼努埃尔·瓦尔加斯（Manuel Vargas）还强调了"数据全覆盖"，这是政府技术（GovTech）全球合作伙伴关系的座右铭。政府技术（GovTech）是世界银行（由世界银行管理）的一种机制，它把数字治理的主要利益相关者团结在一起。瓦尔加斯在演讲中概述了一种全政府、全样本的方法，通过数字化来实现公共部门的转型，并提供了以公民为中心、透明、可访问的服务的真实示例。

三、运用信息技术改善审计管理面临的挑战

尽管各国最高审计机关在不同的国情下开展工作，但它们都面临着国内和国外两方面的挑战，在国内，大数据思维、专业知识和 IT 基础设施普遍缺乏，而外部障碍包括由于技术问题、成本和质量而限制了对数据的访问。没有权限获取审计对象的电子数据也是一个主要障碍。

在实际研究和实践中，可通过以下措施来解决与信息技术和大数据有关的问题，例如为短期、中期和长期解决方案制订大数据审计计划，规范审计标准，加强区域和国际合作。

四、对人民银行内审工作的启示

当前，信息技术和大数据审计在人民银行内审实践中还面临较多挑战，如数据资源开放共享程度低带来的"信息孤岛"问题、大数据审计应用有待改进等。

（一）人民银行内审管理中"信息孤岛"的表现

审计信息化和大数据审计的核心是整合资源，可以将其理解为将跨部门、跨领域、跨行业、跨系统的全维度信息数据整合，以多种模式的智能化信息技术手段，开展数据挖掘与分析，进行审计数据研判，形成审计结论。人民银行内部审计管理过程中，"信息孤岛"问题影响了内审职能的有效发挥，主要表现为以下几个方面：

1. 信息共享渠道尚不畅通。目前人民银行内审信息共享平台仅有"内审业务综合管理系统"，对跨部门、跨系统的数据格式、统计口径、质量标准、可操作性等未作出明确要求。部分分支机构自行进行探索，也是自己定标准、建平台，形成了"信息孤岛"。根据新形势的要求，审计承担了重大决策部署贯彻落实情况的监督检查职能，审计监督对象越来越多地会向跨单位、跨系统延伸，如深化小微企业金融服务、金融扶贫等政策贯彻落实情况的审计监督，需更多地从政府部门和商业银行获取审计信息，

信息共享渠道的不完善，将掣肘内审职能的有效发挥。且与人事、纪委监察、巡视巡查等跨部门领域形成协同配合的"大监督"体系是监督的发展趋势，信息共享渠道有待畅通和完善。

2. 信息共享协作不主动。鉴于内部审计"纠错防弊"的监督职能，一些被审计部门在审计信息共享中不愿主动提供审计信息；加之缺乏内在动力和外部约束机制，信息资源独有专享的权属观念在各个部门还普遍存在，尤其是一些非书面、非介质的审计信息难以获取，影响了审计监督的质量和效果。

3. 数据资源整合和利用效率低下。对于部门拥有的审计信息资源的告知权、管理权和使用权以及信息共享的责任主体等，一直未在制度层面予以明确，推进审计信息共享只能以沟通协商解决，时间成本高，沟通难度较大，一个审计项目有时不能按时结束现场审计和事实确认，往往在已经进场审计时还不断补充审计信息资料，事实确认需反复多次沟通协商，审计数据资源整合和利用效率低下，影响审计项目进度和效能。

（二）人民银行内审管理中大数据审计有待改进之处

1. 大数据审计理念有待强化。虽然总分行和各分支机构内审部门均高度重视审计信息化工作，采取各种方式和技术推广与开展大数据审计工作。但一部分年龄较大的内审人员适应新技术的能力较慢，处于"望数兴叹"的阶段，还依赖经验习惯于传统的审计方式方法，导致采集的大量大数据资源未得到有效运用。

2. 大数据审计技术有待完善。大数据审计技术在世界范围都处于发展阶段，现有信息技术和数据处理工具无法适应大数据审计发展的需求。一方面，大数据审计主要依赖于 SQL 技术，而实际审计中有大量的非结构化数据，现有技术难以进行标准化处理以利用和审计分析。另一方面，目前大数据审计的应用主要是通过数据关联分析、对比筛选发现疑点，获得审计线索和审计成果，对数据背后隐藏的内部控制和管理问题等深层次原因还需挖掘。

3. 人才素质不能满足大数据审计发展。随着信息化建设和大数据审计要求的不断提高，人民银行内审部门尤其是基层行缺乏精通审计业务和信息技术的专业人才：一方面，审计骨干人员往往年龄偏大，重新学习并掌握大数据审计技术的周期较长，难度较大，缺乏大数据审计的意识融入审计实践中；另一方面，信息技术专业人员由于专业所限，缺乏审计经验，难以在技术开发、应用以及数据分析中完全融入审计理念及审计思路。

（三）应对策略

人民银行内部审计要更好地适应新时代、新技术、信息化的审计发展，需打破"信息孤岛"瓶颈，从多维度不断改进、完善并融合信息技术和大数据审计的运用。

1. 完善顶层设计，改进审计信息共享机制。一是在思想观念上重视信息共享机制顶层设计的作用。只有通过顶层审计，才能从根本上降低审计信息共享的协调壁垒和资源成本、畅通信息共享渠道、提高数据资源整合效率，更加高效地推动数字化审计管理向大数据审计的发展。各级人民银行机构需重视审计信息和数据的完整及标准化收集，不断提升数据源的质量。继续完善"内审业务综合管理系统"和"风险评估管理系统"等数据信息平台建设，实现数据信息集中共享、上下贯通，最大限度地利用好审计信息和数据资源。二是通过顶层设计完善管理体制。当前人民银行的行政管理方式还是条线管理，在内部要实现跨部门的信息共享还需完善的责任机制，防止出现工作推诿扯皮，倒逼各部门主动协作；在与外部进行数据采集和信息共享时，需完善统一的数据格式及统计口径，减少数据转换的时间成本，提高审计效能。三是完善顶层设计的评估与反馈机制。虽然人民银行在审计信息共享渠道上开发了"内审业务综合管理系统"，但是在应用和推广使用过程中仍然出现有系统不稳定、数据信息利用率不高的情况，这还需通过顶层设计进行科学评估和反馈，使顶层设计更加完善。

2. 转变审计理念，深化信息技术和大数据审计的应用。转变内审人员的思想理念，将大数据审计的意识融入审计实践中，在审计实践中，尤其是重大政策贯彻落实的审计调查中以大数据审计思路理念、技能手段、方式方法进行线索筛查；不拘泥于数据关联分析、筛选比对，不断发现、开拓大数据审计的使用维度，深度挖掘数据信息背后的风险情况、内控问题。

3. 提高技术手段，改进内部审计工作。一是提高信息化建设水平，目前，人民银行内部审计还主要处于计算机辅助审计阶段，对辅助审计系统的应用主要还限于国库审计和预算管理的数据筛查，近年来对贯彻执行重大政策情况的审计调查已成为内部审计的重点，深化小微企业金融服务、账户管理"放管服"改革、金融扶贫等重大政策的审计调查需对大量统计数据筛选与分析，倒逼在内部审计中不断开发辅助审计系统，建立和完善信息化审计数据平台，可以让系统程序开发者深入一线审计项目组获得"灵感"，编制和开发更贴合实际的辅助审计系统和信息化平台，逐步实现内部审计与大数据审计服务的真正融合。二是转变审计方式，更多的探索利用大数据分析工具进行非现场审计，如审计进场前进行账务数据筛查、视频观看、报表数据采集，减少现场审计时间，提升审计效率、降低审计成本。

4. 提高专业技能，强化审计队伍建设。面对信息技术专业人员紧俏的现状，内审人员需具有好学钻研的精神，努力学习并运用信息技术知识，强化大数据挖掘和分析能力，采用"请进来、走出去＋自学"的学习模式，不断掌握新的大数据、互联网和信息系统等方面知识和技能，努力将自己打造成大数据审计的业务能手。

参考文献

［1］陈剑芳．大数据与企业内部审计融合发展探析［J］．国家审计，2019（11）：77－81．

［2］郝宏杰，王倩茹，郭子钰．郑州智慧化市政管理中信息孤岛问题研究［J］．合作经济与科技，2019（16）：121－123．

［3］International Organization of Supreme Audit Institutions. Using Information Technology to Develop Public Administration［J］. International Journal of Government Auditing, 2019, 46（10）: 7－9.

聚焦主业夯实立身之本，创新突破重塑职责定位

——《内部审计：老调重弹还是破旧立新》① 启示

中国人民银行郑州中心支行内审编译组②

摘要： 2017 年 5 月，德勤全球内部审计委员会主办了第三届年度全球首席审计执行官（CAE）论坛。论坛邀请了来自《财富》100 强企业中跨行业公司的 20 多位 CAE 参加。论坛围绕内部审计师当前面临的职能、组织、行业以及整个商业环境问题，设想如何才能使内部审计既稳定地发挥作用，又能促进变革。同时帮助被审计对象优化管理、防控风险。本文编译了这次论坛的主要观点，并提出了几点启示。

关键词： 内部审计　优化管理　防控风险　变革

一、主要观点综述

（一）内部审计需要改革和灵活变通

面对不间断的社会变化、激烈的市场竞争、飞速进步的技术、不断变化的威胁和不断进化的人类意识和思维，内部审计也要将目光转向未来，以其特有的视角观察到商业的方方面面，通过获取数据，对数据进行复杂的分析，指导企业面对充满忧虑的未来和普遍存在的机会，推动内部审计向新的方向发展。

同时，内部审计团队需要变得更加灵活，坚信自己的判断，将更多的资源投入到最重要的风险上，并通过"合理的推理"提供有价值的观点。

（二）发挥尖端技术优势，丰富内部审计工具

机器人流程自动化（RPA）部署在定义清晰、可重复且基于规则的流程上，可以显著节省时间，耗时数小时的任务可以由机器人在几分钟内完成。RPA 应用于内部审计，可以实现选定的审计程序自动化运行，从而使内部审计工作转向更有价值的领域，服务于规模更大的企业组织。

（三）"敏捷内部审计"原则

2001 年发布的"敏捷宣言"提出了一套全新的软件开发方式，其相应的思想体系已经被广泛应用于儿童开发、制造和产品开发等领域。许多最初的宣言原则可以应用

---

① https：//www2. deloitte. com/content/dam/Deloitte/global/Documents/Finance/gx-advisory-internal-audit-golden-oldies-or-latest-tunes. pdf.

② 编译组成员：潘晶晶、常霄、唐小丽、张丽娟、王怡然、万蕾、王艳秋。

于内部审计。"敏捷内部审计"的特点是更加关注个体与交互、与客户的协作结果而不是过程、响应变化、化繁为简、定期反省如何能够做到更有效，并相应地调整团队的行为。

（四）区块链技术对内部审计的影响

区块链是一个分散的、广泛分布的、加密的账簿或数据库网络，它可以切断中间机构（银行、企业、政府等），同时支持金融交易、供应链审计、知识产权保护、智能合同、身份管理、股票交易等。区块链技术使得信息更安全、交易成本更低。《经济学人》和《哈佛商业评论》预测，区块链将对商业产生深远的影响。内部审计必须对此影响进行评估并提出建议。

（五）加强内部审计人才队伍建设

内部审计要扩大其职责范围，就必须壮大内部审计人才队伍。注册会计师庞大的阵容在过去几十年中一直发挥着很好的作用，如今内部审计必须吸纳具备不同背景、技能和能力的人才，将招聘重点放在智力、创造力和批判性思维上，以帮助内部审计摆脱"按章照抄"的弊端。招聘内部审计人才优先考虑具有数学、科学和技术背景的候选人。目前，很多内部审计机构已经意识到对人才多元化的需求，但执行起来仍然参差不齐。

（六）社交媒体时代赋予内部审计新的职责和使命

在当前社交媒体时代，几十年来精心打造的品牌可能会在几个小时内覆灭。企业是否关注社交媒体的各类稿件及热点问题、是否制定了详细的危机应对计划、是否成立了危机处置领导小组、是否设置了新闻发言人等。这些都应纳入内部审计的范围。内部审计将企业声誉风险列为审计重要事项，提出问题和建议，可以避免企业声誉危机的爆发，从而帮助企业捍卫品牌和声誉。

（七）内部审计成为企业首席执行官（CEO）值得信赖的咨询顾问

目前，内部审计80%的工作是关于监管和合规方面的，20%的工作是咨询工作。而CEO们希望得到更多的咨询，希望内部审计工作向咨询方面倾斜。内部审计就要拓展视野、在审计计划中添加战略风险评估，以发现新出现的问题和机遇，为CEO们主动提供有关新兴风险领域的见解和可用于制定明智业务决策的情报，成为CEO值得信赖的咨询顾问。

（八）提高审计报告的可读性

更加生动的内部审计报告，可以使CAE与CEO交流顺畅，产生共鸣。提高审计报告的可读性可以从以下五个方面入手：一是审计报告尽可能简短，一两页即可；二是审计报告可以运用各类移动设备展示；三是完全放弃审计报告，与CEO们面对面地谈论问题；四是使用信息图表和可视化工具使审计数据栩栩如生；五是了解和掌握CEO的喜好和风格。

（九）内部审计要更加关注网络安全

许多企业的领导者对于互联网技术（IT）很陌生，这就需要内部审计成为 IT 部门与执行官和董事会之间的桥梁，通过 IT 审计报告，指出董事会需要额外关注的 IT 领域。反过来，内部审计可以利用企业的 IT 工具、功能和培训资源来改善自己的内部审计，以节省时间和精力。

二、启示

（一）引入先进技术，加速审计信息化进程，提升审计效率

综观当前国际内部审计理论发展前沿以及四大会计师事务所开展的内部审计探索实践均表明，标准化审计工作流程以及大数据审计分析是趋势。近年来，人民银行各级内审部门在审计信息化道路上做了许多有益的尝试，较为成熟的有南京分行风险评估小助手、成都分行财务数据协同审计系统、郑州中支审计信息共享平台等，另外还有许多正在开发实验的审计技术手段，这些尝试都旨在与国际内部审计发展前沿趋同，以更为优良的工作方式，提高工作效率，完成好内审使命。机器人流程自动化、敏捷内部审计、区块链技术等的标准化、流程化、敏捷性特点，为我们深入思考与探索人民银行内部审计信息化发展提供了方向。

（二）改进工作质量，综合运用内审成果，增强审计内核

内审部门要为组织增值，必须首先增强自身内核，提升自身竞争力，表现足够的竞争优势，人民银行的内部审计部门也不例外。一是拓宽思路，提高监督有效性。坚持风险导向，着力关注和监测风险高发、频发或风险发生概率小但一旦发生造成损失严重的领域。二是改进审计报告，提高报告质量。从语言的规范性、表述的准确性、逻辑的严密性入手，尽量以简洁清晰的语言，突出报告重点，使审计发现层次分明，审计建议针对性强、可操作程度高。三是提高综合分析能力，多维度反映审计成果。综合运用案例分析、调查研究、风险预警、风险提示、内控综合分析等手段，多层次反映审计发现，提高成果运用水平。

（三）拓展职能定位，开阔内部审计视野，扩大审计监测面

当前，经济金融市场形势瞬息万变、内外部环境不确定性增强、人们思维模式快速转变，面对极端多变的充满风险的组织环境，人民银行的内部审计部门也要快速响应，积极预测预警，发挥好监督评价建议职能。一是要继续坚持以风险为导向，以敏锐的视角观察和审视我们所处的环境，主动监测风险。二是要积极扩大审计关注范围，把经济金融热点、危机应对计划、网络安全等内容纳入审计关注，同时适时开展评估，动态调整关注重点。三是要积极开展建议咨询，为决策者提供行之有效的建议或风险应对策略，成为组织中值得被信赖的角色。

（四）加强队伍建设，提高内审队伍素养，增强审计战斗力

基层央行内审人才队伍的壮大和综合能力的提升是发展一切的关键。一方面，要积极吸纳具备不同专业背景、工作经历、掌握各种技能的人才到内审队伍中，以确保

内审部门能够多角度审视自身发展不足，开展多角度的尝试与探索，同时还能全方位监测人民银行面临的风险，并提出应对策略。另一方面，要注重对内审队伍的打造和锤炼，通过远程培训、现场经验交流、以审代训、以查代训等形式，着力提升内审人员的学习本领、创新本领、驾驭风险本领，避免本领恐慌、知识恐慌，增强内审人员探索新业务、评估新风险的能力。

势在必行的创新

——增强内部审计影响力的必由之路

中国人民银行郑州中心支行内审编译组①

摘要： 2018 年 12 月，德勤发布《势在必行的创新——增强内部审计影响力的必由之路》（*The Innovation Imperative*: *Forging Internal Audit's Path to Greater Impact and Influence*）② 调查报告，提出了创新是增强内部审计影响力的必然途径。本文对该报告进行了编译，并结合人民银行内部审计的履职实际提出了几点启示和建议。

关键词： 内部审计　创新　影响力

一、调查结果综述

（一）内部审计的影响力有所增强，但仍有改进空间

2016 年的全球首席审计执行官（以下简称 CAE）调查发现，28% 的 CAE 确信内部审计在组织中有强的影响力。在此次调查中，持这个观点的 CAE 已经上升到调查对象的 40%。此外，虽然有 46% 的 CAE 认为组织中的其他部门非常了解内部审计，但却只有 33% 的 CAE 认为在其他部门眼里内审部门的作用是非常积极的。这表明内部审计的影响力正在逐步增强，但组织或组织中的其他部门对内部审计的认识和看法仍需改进。当被问及内部审计所面临的关键挑战时，37% 的 CAE 提到了缺少技能和人才，这在所有挑战中排序第一。在对未来 3～5 年的主要审计战略进行选择时，61% 的 CAE 选择实施内部审计分析，51% 的 CAE 选择加强人才队伍建设及增强与业务部门的合作。

（二）内部审计创新势在必行

CAE 们认识到传统的审计模式不能满足利益相关者不断变化的需求。当被问及未来 3～5 年影响内部审计的关键创新点时，22% 的 CAE 认为是数据分析，15% 的 CAE 认为是 RPA③（机器人流程自动化）或认知技术，14% 的 CAE 认为是预测分析，13%

---

①　编译组成员：潘晶晶、常霄、唐小丽、刘炜炜、于囡囡、张蒙。

②　https：//www2. deloitte. com/us/en/pages/audit/articles/global-chief-audit-executive-survey. html。此次调查是德勤继 2016 年全球首席审计执行官调查后的又一次全球范围内的调查，选取了全球 40 个国家的 1100 多名首席审计执行官，作为调查对象。

③　RPA：Robotic Process Automation，也就是机器人流程自动化。RPA 并不是能够行走、说话的机器人，或者处理纸质文档的物理机器，而是一个简单的软件——一个能减轻人们执行有规律的重复的任务的负担的程序。该软件可以包括跨功能和跨应用宏，使其能够访问和交叉引用多个数据库和基于应用程序的流程。

的 CAE 认为是风险预期。CAE 们期待在今后几年中采用数据分析、RPA 认知技术、预测分析、风险预测等创新性手段。调查表明，认为内部审计在组织中有较强影响力的 CAE 中，有 71% 计划增加在创新方面的投入。

（三）人力资源模式必须更快地改进

除了寻求 CIA（国际注册内部审计师）、CPA（注册会计师）之外，内部审计部门倾向于招募注册 IT 审计师、分析专家。被调查的近 1/5 的内审部门还在寻找拥有其他能力的人才，包括博学者（集多种技能于一身的人）、"紫色人"①，这两种人才在内部审计中变得越来越重要。

除上述模式之外，内审部门还会采用其他替代性人力资源模式，以寻求相关领域内的专业技能。主要的替代性资源模式包括：协力式外包（指审计职能由内部员工与拥有专业知识的外部人员共同完成）、偶尔使用外部人力资源、业务外包等。替代性资源模式因其便捷性、灵活性、快速的特点可有效突破瓶颈，使内审在现有条件下得以发展。

（四）高级分析技术正在被越来越多地使用

高级分析技术包括数据挖掘、统计分析、模式识别、预测分析等。在 2016 年的调查中发现，只有 7% 的内部审计部门使用高级分析，这一数字在此次调查中迅速上升到 21%，尽管令人鼓舞，但由于高级分析技术是高效开展审计、自动化确认服务和风险预期的关键，因此这一数字仍有增长的空间。缺乏分析技能和培训被认为是迅速推行使用高级分析的关键障碍。在对分析技术培训表现出强烈意愿的 CAE 中，有 72% 在组织中有强大的影响力，他们认识到了分析技术的力量，是分析技术帮助他们提供更有效率的确认服务和更有见地的咨询服务。

（五）敏捷内部审计的运用势头有所增长

敏捷内部审计②就是将灵活运用的原理和实践应用于内部审计中，这一方法因其能增强审计计划、审计实施和审计报告的灵活性而迅速赢得认可，56% 的 CAE 已经表示他们正在使用或者正在考虑使用敏捷内部审计方法。采用这种方法的内审部门从中获益良多，包括更及时地开展审计、获取精简的文档、与利益相关者间增进合作、改善关系。

（六）RPA 技术运用有所进展

RPA 能代替人工完成重复性劳动，能让内部审计师节省出更多的时间和精力去提供增值服务。被调查的 CAE 中，有 2% 表示已在内部审计工作应用 RPA 技术，有 21%

---

① "紫色人"：能将"红色技能"（复杂的数据分析技能）与"蓝色技能"（沟通技巧、商业头脑、政治意识）结合在一起的人。

② 在敏捷内部审计中，使用反复的、时间可控的方法来管理审计规划、审计现场实施和审计报告各个阶段的活动。敏捷内部审计具有以下潜在优势：定义一条通向更有洞察力结果的更短路径——减少高达 20% 的预算，更早、更频繁地与被审计人进行接触，生成更少的文档、使用更精炼的措辞、开展更频繁的沟通，加快审计周期和资源调动，增强内部审计团队的参与度，并授权内部审计团队与利益相关者一起决定该做什么、做到何种程度以及何时做。

正在考虑或研究 RPA 在内审中的使用。

（七）仅一半的内审部门开展网络风险评估

网络风险极可能引发组织的重大战略、财务、运营和声誉风险。然而，仅有 51%
CAE 表示他们开展了网络风险评估，而这 51% CAE 中，仅有 74% 表示根据网络风险评估结果，制订了相应的网络审计计划。事实上，内审部门必须严密监控网络风险，尤其是当业务、职能或团队采用或开发新的应用程序或设备（如物联网设备）或使用新服务（如云服务）时。对组织有很强影响力的内审部门中，有 64% 开展了专门的网络风险评估。

（八）内部审计对组织文化的关注度尚需提升

近年来，由于监管者和组织领导者对组织文化的关注不足导致的风险事件极为普遍。然而，过去三年里大约 70% 的内部审计部门并未实施组织文化评估。在履行治理职责时，董事会越来越意识到组织文化是导致风险事件的驱动因素，他们通常希望内部审计部门评估组织文化，以此影响和监控组织文化。每个行业的组织都面临着组织文化崩溃带来的风险，也需要建立一种能够帮助实施战略和实现目标的组织文化，内部审计可在这方面发挥关键作用。

（九）KPI 应更好地匹配内审工作目标

设定 KPI（关键业绩指标）有利于跟踪工作进度及评价绩效。目前，大约 85% 的内审部门设定了 KPI。设置 KPI 的内审部门中，使用审计项目完成量的占 56%，使用审计对象或利益相关者满意度的占 56%，使用管理活动计划完成量的占 48%，使用内审报告发布及时性的占 45%，使用成本节约或获取额外收入机会的占 24%，使用提出内审建议数量的占 21%。但这些指标具有一定的局限性，比如审计项目完成量，如果领导层将其作为重点关注指标，那么内部审计师可能会集中精力致力于完成审计项目，而不是提出审计建议，增强内审的影响力。因而，当务之急是完善当前的 KPI 体系，引入能更好匹配内审工作目标的指标，如反映内部审计促进风险识别、价值增值的指标。

（十）审计成果的传送方式仍以书面报告为主

调查显示，90% 的内审部门发布书面审计报告。篇幅过长且缺乏独特见解、对业务无实际用处的书面报告，是无法让利益相关者满意的。调查中，有 8% 的 CAE 指出他们审计报告的形式取决于审计目标，并且他们还正在考虑用其他新的方式来表达他们的审计见解，以确保信息被清晰地接收，产生最佳效果。

调查中发现，近 2/3 的内部审计部门在一个月内提交报告。然而，大约 1/3 的内部审计部门则需要更长的时间，这意味着到采纳审计建议时可能为时已晚。

二、德勤的相关建议

通过调查发现，创新是成功的关键，具有强大影响力的内部审计团队，他们所关注的创新领域既有需要技术支持的创新（高级分析、RPA），还有无技术投资就可以为管理层、董事会提供建议的网络风险评估和组织文化评估领域等。因此，创新不仅仅是技术层面的，还可以是工作方法、与利益相关者的沟通方式、所提供的服务内容方面。然而，并非每个内部审计团队都能或应该处于创新的前沿，或者不是任何团队能处于每个区域的前沿。但是，每个内审团队都能且应该以满足组织不断发展需求的方式进行创新。创新可以从小处着手，比如内部审计团队可以从识别当前业务流程或审计活动的低效率着手，从低效率分析过程中能产生使用新技术和开展新活动（数据提取培训）来应对效率低下的想法。总体而言，内审可以从先进的分析方法、自动化核心确认服务、敏捷内部审计技术、创新驱动理念建立、资源替代模式、拓展咨询服务职能方面入手，提升内审的创新性，进而增强影响力。每个内部审计团队都能创新，虽然有些创新可能涉及技术和预算，但内审团队当下亟须的创新却是思维方式的转变。

三、对人民银行内部审计工作的启示

（一）全面履行职能，增加内审影响力

坚持审计监督与评价建议相结合，全面履行好监督、评价、建议这三项职责。在按照"应审尽审、凡审必严"的原则强化审计监督的同时，深入探索通过审计调查、内部控制评价、风险评估等工作进行审计评价。此外，也应积极探索通过提供审计咨询服务、为组织完善各项制度提供参考意见、适度参与组织相关专业委员会有关工作的方式，注重发挥审计建议职责。

（二）深入推动创新，改进工作方式

坚定深化内审工作信心，加大对 RPA、大数据、高级分析技术等新兴技术手段的学习与借鉴力度，以现有的内审业务综合管理系统、辅助审计系统、风险评估系统为依托，加强数据分析运用，不断提升内审工作智能化、信息化工作水平。同时，积极引入专项调查、政策评估、咨询鉴证等非传统审计方式，以创新推进工作方式改革，助力内审职能全面履行。

（三）适当引入外援，加强队伍建设

在采用多种途径，有针对性地对现有内审人员进行教育、培训的同时，适当地从组织的其他部门或组织之外，灵活选取借调、协力式外包等方式引入信息技术、网络、金融媒体、高级数据分析等外援，基于履职需要，全方位地加强内审队伍建设，夯实内审工作深化发展的基础。

（四）拓展审计领域，强化审计监督

在围绕财务收支、经济活动、内部控制、风险管理开展经济责任、依法行政、预算管理等审计的同时，做到针对重大政策落实情况开展审计调查，针对重要业务信息系统及硬件基础设施开展信息技术审计，同时在各项审计中加大对组织文化这一内控环境关键要素的关注，最大限度地将内部审计的触角深入到组织各项职能、业务中去，强化审计监督，促进各单位、各部门规范履行职责。

（五）立足增加价值，改进审计报告

审计报告是内审成果的重要载体，它的好与坏、优与劣直接关系到内审成果运用的广度与深度。对于内审部门来说，应紧紧围绕为组织增加价值这一目标，全面地改进审计报告。具体来讲，一是换位思考，由需求决定供给。报告的执笔人应站在报告阅读者的角度，去考虑阅读者期望从报告中获取哪些信息、知道哪些风险、了解哪些评价、看到哪些建议，进而由这些需求出发，倒逼审计报告内容的供给。二是改进框架，为信息的高效传送提供便利。首先，应增设报告摘要，将主要的审计发现、建议浓缩在其中，并将摘要置于报告文本的首页，便于将报告中的关键信息全面、快速地传递给阅读者；其次，加大对表格、图表的运用，形象、直观、简洁地描述审计发现，改进书面沟通效果。三是加大分析力度，深入挖掘问题形成原因，进而提出切实可行的意见、建议，提升报告的价值含量。

公司治理与内部控制：来自希腊的案例研究

中国人民银行南宁中心支行内审编译组[①]

摘要：《公司治理与内部控制：来自希腊的案例研究》一文是基于COSO（反虚假财务报告委员会下属的发起人委员会，2013年）内部控制整合框架，通过采用描述性研究分析的方法，对2016年雅典证券交易所上市公司的样本进行定量分析。该研究指出，控制环境、风险评估、控制活动、信息与沟通以及监控活动能够促进公司治理更加卓越和有效。本文对其主要观点和研究方法进行了编译。

关键词：公司治理　内部控制　COSO框架　希腊上市公司

一、研究背景

"公司治理"一词最早出现在20世纪80年代（Earl，1983），公司治理的概念可以追溯到委托代理理论的框架下，公司治理的重要性在学术界、企业高管、投资者和政策制定者间曾一度引起了激烈的争论。在国际经合组织（OECD）等有关各方的推动之下诞生的《OECD公司治理准则》对以下定义进行了限定，"公司治理"涉及公司管理层、董事会、股东和其他利益相关者之间的一系列关系。准则的出台使得关于公司治理理论的国际趋同越加明显，至少在以下几个方面达成共识：一是公司治理结构是解决股东、董事会以及经理之间责、权、利关系的一种制衡机制；二是治理的目标在于增加股东价值，实现利益相关者价值最大化；三是监督、风险管理、控制、激励与约束、目标、责任和权利是公司治理的重要因素；四是有效的治理需要有充分的资源来监督组织的控制和风险。

二、内部控制的理论内涵

（一）基本概念

公司治理结构由独特的相互关联的要素组成，旨在维护股东利益并消除代理成本。为了实现这些目标，迫切需要实施有效的内部控制制度。当前，公司治理委员会、监管机构和内部审计机构公认的框架是发起人委员会（COSO）内部控制综合框架（简称"COSO框架"）。COSO框架的目的是帮助组织高效地开发内部控制系统，以适应不断变化的业务和运营环境，降低风险并将其控制在可接受的水平，同时支持组织的合理

[①]　编译组组长：张兰，成员：黄雪萍、陈朗、兰洪。

决策并服务组织治理。COSO 框架为管理层如何实施和评估内部控制活动制定了标准的理论范本。COSO 框架认为，内部控制系统是由控制环境、风险评估、内控活动、信息与沟通、监控等五个基本要素组成，共包含十七项原则（COSO，2014：2）。

（二）内部控制五要素的组成关系

1. 控制环境。控制环境是所有其他组成要素的基础，它通过确保内部控制嵌入公司管理层和员工的结构和思维中来影响健全的内部控制体系的质量。控制环境可以被描述为组织的"控制意识"，它包括诚信和道德价值观、管理层的理念、权限及职责分配以及高级管理层对内部控制的领导和指导等。控制环境包括以下五个原则：（1）对诚信和道德的承诺；（2）独立于管理层，由董事会对内部控制进行监督；（3）在董事会的监督下实现既定目标的规划、建立适当的报告流程和职责分配；（4）致力于吸引、培养和留住符合目标的优秀人才；（5）追究个人在实现目标过程中的内部控制责任。

2. 风险评估。风险的定义是"未知事件对实现目标产生不利影响的可能性"，而风险评估是一个动态和反复识别的过程，用于确认和分析实现目标过程中的相关风险，为确定如何管理风险奠定基础。风险评估具有以下四个原则：（1）明确目标，以便识别和评估风险；（2）识别和分析风险，确定风险管理方法；（3）考虑欺诈的可能性；（4）识别和评估可能对内部控制系统产生重大影响的变化因素。

3. 控制活动。控制活动是帮助执行管理指令的政策和程序，它贯穿整个组织、各种层次和功能，包括各种活动如批准、授权、证实、调整、经营绩效评价、资产保护和职责分离等。控制活动有助于管理指令的有效实施，能够降低实现目标的风险。确立有效控制活动的三项原则是：（1）选择和制定控制措施，将风险等级降低到可接受水平；（2）选择和开发技术方面的一般控制活动；（3）按照指定政策和相关程序的规定部署控制活动。

4. 信息与沟通。相关的信息必须以一种能使人们行使各自职能的形式和时限被识别、掌握和沟通。沟通则被定义为"一个持续和不断重复地提供、共享和获取必要信息的过程"（COSO，2014：105）。决策驱动型的组织不仅依赖于内部生成的数据，也依赖于可用于经营决策的外部事件、活动、状况的信息和外部报告。信息对改善内部控制、促进组织实现其目标非常必要（INTOSAI，2014）。与信息与沟通有关的三个原则是：（1）获取或生成相关的高质量信息以支持内部控制；（2）内部信息共享；（3）向外部传达相关的内部控制事项。

5. 监控活动。监控被定义为"管理层的活动，用于评估内部控制的五个基本要素和每个组成部分下的原则是否存在并发挥作用"（COSO，2014：124）。由于不断变化的技术会影响潜在的风险，因此对内部控制系统进行监控是十分必要的。一个有效的监控依赖的两个原则是：（1）选择、制定和执行对内部控制组成部分持续的或单独的评估；（2）将评估发现的缺陷传递给负责整改的人员，并视情况向高级管理层和董事会传达。

三、希腊案例的研究方法

（一）样本

研究样本只选择上市公司，因为法律规定上市公司必须设立内部审计部门。具体地说，样本来自 FTSE/ATHEX 大盘指数，该股由 2016 年在雅典证券交易所交易的 25 家规模最大、清算最多的公司组成。就市值和声誉而言，它们拥有最高的综合价值、发展和盈利能力得分。

（二）数据采集方法

该项研究采用问卷调查的定量方法收集原始数据，结构化问卷分为两个部分，第一部分包括三个问题，它们均被要求强制性完成，并确保匿名性和保密性。问题包括行业类别、公司的相对规模以及公司雇用的审计员人数。第二部分包括关于控制环境、风险评估、控制活动、信息与沟通以及监控活动的 17 个封闭式陈述。受访者被要求采用李克特五分量表法进行陈述，范围从"非常同意"（1 分）到"非常不同意"（5 分）。

（三）数据分析结果

通过抽样共有 25 家公司受邀参与调查，回复率为 52%。关于参与公司的描述性统计，从图 1 可以看出，受邀公司覆盖多个行业领域，大部分（46.2%）属于"其他"，包括游戏业、制造业、金属建筑业和房地产业，其次是贸易行业（30.8%）。以员工人数作为公司规模，53.85% 的受访者是在 500 人以上的大型企业。有 76.9% 的公司拥有 1~5 名审计师，而只有 7.7% 的公司拥有超过 15 名审计师。

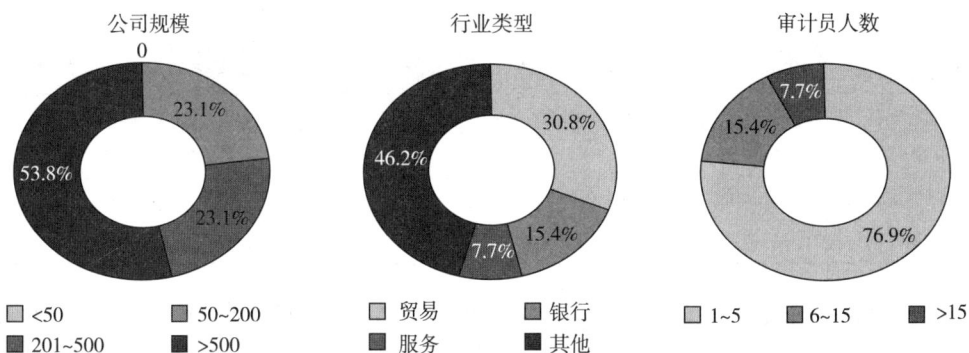

图 1　参与公司的描述性统计

（四）实证分析过程

1. 控制环境方面。大多数受访者（76.1%）强烈认为公司重视诚信和道德价值观。董事会在较小程度上（53.8%）独立于管理层，并对内部控制的发展和执行进行监督。此外，61.5% 的受访者认为公司对所有职级的工作描述均已完成，58.3% 的受访者认为公司员工职责划分清楚。69.2% 的受访者认为，在追求组织目标的过程中，管理层应在董事会监督下建立适当的报告流程、给予适当的权限和职责分配（见表

1）。因此，强有力的控制存在于（经营）控制环境中，包括诚信原则和道德价值观、董事会提供的关注和监督、管理理念和经营风格、组织结构、权力和责任的分配以及人力资源政策和程序等。

表 1　对公司的控制环境评价

描述	百分比（%）				
	1	2	3	4	5
1. 该组织表现出对诚信和道德的价值观承诺	76.1	23.1	0	0	0
2. 董事会独立于管理层，并对内部控制的发展和执行进行监督	38.5	53.8	7.7	0	0
3. 已经完成所有职级的职责描述	61.5	15.4	15.4	7.7	0
4. 员工职责分工明确	58.3	23.1	23.1	0	0
5. 在董事会的监督下实现既定目标的规划、建立适当的报告流程和职责分配	69.2	23.1	7.7	0	0

2. 风险评估方面。58.3% 的受访者明确了识别和评估风险的目标，63.5% 的受访者确定了风险管理流程。此外，61.5% 的受访者强烈认同公司在评估实现目标的风险时识别、评估了欺诈行为，认为公司能够识别和评估重大影响的达到 53.8%（见表 2）。因此，大多数人认为风险评估过程中存在强有力的控制，包括指定组织目标、分析风险、评估潜在的欺诈行为。

表 2　对公司的风险评估评价

描述	百分比（%）				
	1	2	3	4	5
6. 明确规定目标，以便识别和评估与目标有关的风险	33.3	53.8	8.3	0	0
7. 确定实现目标的风险，并分析风险，作为确定风险应如何管理的基础	23.1	63.5	15.4	0	0
8. 在评估实现目标的风险时考虑舞弊的可能性	61.5	30.8	7.7	0	0
9. 识别和评估可能对内部控制系统产生重大影响的变更	38.5	53.8	7.7	0	0

3. 控制活动方面。92% 的受访者在很大程度上同意公司选择和发展控制活动，以降低风险，从而实现其目标。此外，超过半数（53.8%）的受访者同意选择和开发信息技术。53.8% 的受访者同意控制所部署的政策和程序（见表 3）。因此，人们普遍认为组织开展了强有力的控制活动，包括出台降低风险的政策、程序及技术方面的控制活动。

表 3　对公司的控制活动评价

描述	百分比（%）				
	1	2	3	4	5
10. 选择和发展控制活动，有助于降低实现目标的风险，使其达到可接受的水平	46.2	46.2	7.7	0	0
11. 选择和开展技术方面的控制活动，以支持实现目标	38.5	53.8	7.7	0	0
12. 通过制定预期的政策和实施政策的程序来开展控制活动	38.5	53.8	7.7	0	0

4. 信息与沟通方面。53.8%的受访者认为管理层通过获取、生成和使用质量信息来支持内部控制系统。此外，有效的信息与沟通对一个组织实现其目标至关重要，53.8%的受访者表示组织管理需要获得内部资料，而61.5%的受访者认为需要与外部各方进行信息交流（见表4）。因此，充分的信息与沟通需要在组织的内部和外部各方之间进行。

表 4　对公司的信息与沟通评价

描述	百分比（%）				
	1	2	3	4	5
13. 本组织取得或产生并使用有关的、有效的资料来支持内部控制的运作	53.8	38.5	7.7	0	0
14. 本组织内部交流为支持内部控制运作所必需的资料，包括内部控制的目标和责任	53.8	30.8	15.4	0	0
15. 本组织就影响内部控制运作的事项与外部各方进行沟通	15.4	61.5	7.7	15.4	0

5. 监控活动方面。92.4%的受访者支持通过应用持续评估和单独评估来执行监测活动。同样，他们相信这些评估有助于识别内部控制缺陷，并将其传达给更高级别的管理层和负责采取纠正措施的董事会（见表5）。因此，可以看出监控活动是通过持续监测、单独评估和报告缺陷来完成的。

表 5　对公司的监控活动评价

描述	百分比（%）				
	1	2	3	4	5
16. 本组织选择、开发和执行持续的和（或）单独的评估，以确定内部控制的组成部分是否存在并发挥作用	46.2	46.2	7.7	0	0
17. 本组织及时评估和沟通内部控制缺陷，并将其传达给负责采取纠正措施的各方，包括高级管理层和董事会（视情况而定）	46.2	46.2	7.7	0	0

（五）实证分析结果

上述实证分析的总体结果强调了所有组成要素保持一致的重要性，以确保"组织治理成熟度"。控制环境对一个健全的内部控制体系的重要性是通过实施管理、提供组织纪律和组织结构、人力资源政策和责任分配来确定的。风险评估决定了组织的目标（广泛的和狭窄的）和组织可能面临的风险之间的联系。控制活动至关重要的作用则是确保治理结构是有效的，为了确保正确应对风险，通常需要制定和执行某些政策和程序。信息与沟通则强调信息和内部信息共享在控制活动中的重要性，最后同样重要的是，监控活动确保了内部控制的有效运行。

四、结论与启示

一是 COSO 内部控制框架提供了一种系统且可信的方法，它的应用有助于改善组织治理、风险管理和内部控制。基层央行内审部门如需更好地运用就要更为深入地了解内部控制系统各组成要素之间的相互联系，在这些相互联系中有机融入管理过程。

二是内部控制系统的所有组成部分都至关重要，它们之间的结合可以带来卓越的管理和有效的治理。此外，包括人民银行在内的任何一个组织不可避免地面临不同程度的风险，执行风险评估机制的管理人员应重视识别特定的、基于风险的内外部因素，制定并遵循可靠的预防措施。

三是重视形成监督合力。当涉及内部控制时，各级行各管理层充分的内控信息交流更有助于沟通并确保决策的有效性。

内部审计在反腐败中的作用

中国人民银行南宁中心支行内审编译组①

摘要：本文论述了内部审计人员在公共治理中减少腐败和贿赂方面的关键作用。风险削减始于上层组织，需要强有力的合规环境和组织文化，才能够制定并实施反腐败计划。当前，公共组织和私营组织对贿赂和腐败有了更清醒的认识，并努力通过尊重国际协定、区域公约、最佳准则、腐败感知指标和案例等方式来打击这些行为。此外，打击腐败还意味着将发现风险作为全球的主要关注点，其最有效的方法就是通过贯彻执行道德标准、程序和政策、实施流程、制定明确且强有力的法律等手段进行预防。

关键词：腐败　贿赂　审计　会计

一、基本情况

官僚主义伴随腐败而来，而审计失败将会导致组织绩效低下。腐败是由经济、政治和社会文化等因素造成的，因其削弱了公信力和国内投资，对税收收入有着极大的影响。腐败限制了公共机构应赋予公民的合法权益，抑制市场竞争和经济增长，限制了生活水平的提高，削弱了产品质量，导致价格上涨。适当的反腐败计划包括确定最高管理层对道德行为、诚信、组织治理结构、风险评估、沟通、监督和审计、调查和报告、执法和制裁以及审查与更新等方面的领导（IIA，2014）。

二、理论背景：腐败定义解析

可以将腐败定义为不诚实或非法行为的一种形式，它涉及被赋予权力的人群。腐败与那些有权势的人有关，他们可以利用自己的权力通过交换某种形式的服务、礼物和金钱为自己或同伴（商人、朋友、家人）谋取利益。腐败有几种类型，但通常指的是发生在最高政治权力阶层的政治腐败和在执行公共政策时出现的官僚腐败，以及涉及地方或中央公职人员的腐败。

---

① 编译组组长：张兰，成员：黄雪萍、欧心语。

表1　腐败的类型和解释①

腐败的形式	定义
贿赂	提供、承诺、给予、接受或索取利益等形成对违法或违反信任行为的诱因的行为（"国际透明组织"）。 贿赂指的是用于腐化个人行为的金钱或其他事物。
挪用公款	它指的是以欺骗的方式将某人的钱或财产转变为由负责保护它们安全的人自己使用的行为。 维基百科将挪用公款作为一种有预谋的犯罪，通常是有条不紊地进行，并采取预防措施以掩盖财产的犯罪转化，这种转化发生在不知情或未经受害人同意的情况下。
疏通费	它指的是为了达成或加快一项目的而向政府官员行贿的一种方式。
欺诈	它是一种旨在获取非法利益的失信行为。
串通	双方之间的共谋，以欺骗或误导第三方。 词典网站"Dictionary.com"将其定义为欺诈目的的秘密协议。
勒索	它指的是通过武力或威胁获得某种东西，特别是金钱（牛津在线词典）。
资助（赞助），庇护主义和裙带关系	赞助是指一个组织或个人向另一个组织或个人提供的支持、鼓励、特权或经济援助（维基百科）。 庇护主义指的是赞助关系下的社会秩序。 牛津词典将裙带关系定义为那些有权力或影响力的人偏袒亲戚或朋友的行为，尤其是通过给他们提供工作。

三、调查结果

腐败导致发展下降、经济停滞、社会倒退、生活成本上升，从出生到死亡，对每个公民都有很大的影响。举个例子，一个母亲去医院生孩子时，有义务向医生支付贿赂的费用；当然，这些都是没有发票的。

根据《全球腐败晴雨表》（*Global Corruption Barometer*），2016年，全球四分之一的人在获得公共服务时行贿，而同年为公共服务行贿的罗马尼亚人比例为20%～30%。我们无法确定腐败是我们对公共组织失去信心的原因还是其结果。

事实证明，如果企业认为其他企业拥有不平等的特权，也可能失去对司法体系的信任，这往往导致其不缴纳税款，并可能行贿。

15年前，罗马尼亚开始加强反腐败斗争，在过去10年里，因腐败而被起诉的高级官员比任何其他欧盟国家都要多。根据欧盟反腐败报告对罗马尼亚的情况披露，50名议会成员和10名部长受到了调查，并且国家廉政局（ANI）开出了5200多张的罚单。

罗马尼亚会计法庭是一个独立的机构，负责对罗马尼亚的公共机构进行审计，并向议会、政府和公民通报公共资金的使用情况。仅在2014年，他们才评估了一项对国

---

① 资料来源：作者对腐败类型的解释及国际透明组织、维基百科、词典网站"Dictionary.com"、牛津在线词典。

家造成 39.57 亿欧元损失的财务影响，接着 2015 年又因为不遵守法律规定导致 81.29 亿欧元的损失。造成这种损失的原因，可能是由于没有对预算收入进行严格的管理，也可能是财务报表中数据和信息损坏或失真。2017 年，随着美国拉比理事会领导层的更换，审计评估的损失总计达 3.74 亿欧元。

尽管如此，这并不意味着已经打击或减少了罗马尼亚的腐败，人们仍不断地因腐败而死亡。打击腐败必须要做的是从根本上建立一个制度，严格执行控制腐败的标准，维护言论自由，并拥有一群为正义而不懈奋斗的担当者。

四、通过审计预防和发现腐败

公共和私营组织对贿赂和腐败有了更清醒的认识，并正努力通过尊重国际协定、区域公约、最佳准则、腐败感知指标和案例等方式来打击这些行为。

各机构进行审计是监察贪污贿赂的最有效方法。审计失败将直接影响组织绩效。

一个独立的反腐机构取得成功的可能性更大，因为它们拥有强大的财政资源和良好的执行机制。假如它们拥有一个风清气正的治理环境，那么反腐工作更能取得成功。通过追究公共机构的责任和支持反腐败改革、公民参与、参与式预算等方式，能够促进公众反腐意识的提高，这对打击腐败具有重大影响。

该组织的管理层需要制定一套行为准则，包括反腐败政策，并确定对其实施零容忍。内部审计的作用在于确保管理层对腐败的态度是绝对禁止的，并且整个组织是知晓这一点的。

政策应能够向员工、合作伙伴或其他利益相关者解释在发生腐败时的处理方式。处理程序应包括涵盖风险账户、支出报告、收入确认、准备金、培训、利益冲突等内容在内的第三方协议，尤其是政府官员在涉及资金交易的过程中更应关注。

审计有助于评估反腐败计划，预测风险并监测现有和潜在的事件（IIA，2014）。

一方面，审计可用于检查反腐执行计划的每个组成部分，另一方面，在每次审计中都包括对反腐行动的评估。根据国际内部审计师协会和德勤全球公司治理中心的说法，内部审计的作用应该为：

- 包括评估腐败和贿赂风险的具体程序；
- 评估反腐败计划；
- 评估内部控制环境；
- 将审计技术的前景与评估的风险联系起来；
- 评估整个合规结构、法律和内部审计职能；
- 账户和活动的风险评估标准；
- 评估培训内容、培训频率和培训方式；
- 评估尽职调查体系的有效性（政策和程序、业务赞助伙伴关系、尽职调查要求、风险排名、确定和解决它们的危险信号协议，合同认证，合并和收购）；
- 评估举报系统；
- 评估监督和审查流程、调查和报告协议、内部审计方案；

- 评估违规行为和激励程序。

如果存在非法行为的案例证据，审计必须有响应和纠正程序。首先，内部审计应征求法律意见或建议管理层征求法律意见。其次，内部审计应与调查组和管理层共同努力，以确定存在违规行为并衡量其影响。

五、结论

治理薄弱和制度质量低下导致腐败。腐败对投资领域、社会支出和环境的影响最大，其中包括砍伐森林、污染、走私木材或野生动物。

腐败有不同的类型，因此需要根据腐败行为的特点、利益相关者和性质执行不同的解决方案，例如，公共财政管理、最高审计机构、直接反腐败干预和社会问责措施。

基于强调社会责任而言，国家的民主、言论的自由和独立在反腐败斗争中会具有积极的影响。内部审计的作用在于与组织的其他职能共享，如外部审计、合规以及欺诈调查等方面。

打击腐败还意味着将发现风险作为全球的主要关注点。在此过程中，打击它的最有效方式是通过制定执行道德标准、制度和政策、执行程序、构建清晰有力的法律来预防。其中一项预防贪污贿赂的措施可以是培养在公共行政部门工作的人，而这些人一般来说是指拥有权力的人，通过培养他们的道德和廉洁以打击贪污腐败。

会计准则和审计技术应加以修改，使腐败不仅应被视为内部欺诈（对财务报表可能产生重大影响），而且还应被视为非法行为（Ivakhnenkov，2016）。反腐败需要监管部门、独立的内部审计机构等进行合作。

腐败是一个关乎教育、文化和政治背景的问题。事实证明，社会受教育程度越高，腐败程度越低，因此重视国家的教育体系和治理就显得尤为重要。扎实的组织文化和更加严格的法律治理体系将能够改善公共机构的绩效，提高反腐败的效率，促使反贿赂行为得到贯彻落实。

参考文献

［1］ IIA, Auditing. Anti-bribery and Anti-corruption Programs ［EB/OL］. （2014）［2017－06］. https：//www. iia. nl/SiteFiles/Nieuws/PG-Auditing-Anti-bribery-and-Anti-corruption-Programs. pdf.

［2］ Ivakhnenkov, S. Corporate Corruption and Functions of Independent and Internal Auditors ［EB/OL］. （2016）［2018－10］. http：//ekmair. ukma. edu. ua/bitstream/handle/123456789/14695/Ivakhnenkov_% D0% A1orporate_Corruption_and_Functions_of_Independent. pdf？ sequence＝1&isAllowed＝y.

［3］ King E, ACCA, Global. How Auditors Can help Fight Corruption in Local Government ［J/OL］. International Edition of Accounting and Business magazine，（2018）［2018－11］. https：//www. accaglobal. com/in/en/member/member/accounting-business/2018/05/insights/fight corruption. html.

［4］Nieuwlands. IIA Fighting Corruption：What Should Internal Auditors Do？ ［EB/OL］. （2018）［2018 - 10］. https：//ic. globaliia. org/Documents/CS - 3 - 5. pdf.

［5］Pring C. People and corruption：Citizens' voices from around the world，Global Corruption Barometer ［EB/OL］. （2017）［2018 - 10］. https：//www. transparency. org/news/feature/global_corruption_barometer_citizens_voices_from_ar ound_the_world.

内部审计职能的可靠性评估[①]

中国人民银行南宁中心支行内审编译组[②]

摘要：2019 年，《商业、经济和金融当代研究》期刊上刊发了《内部审计职能的可靠性评估》一文，文中提出了内部审计可靠性评估的研究框架，指出内审人员的独立性和客观性、管理层和相关利益者的支持和影响、内审人员能力以及监管问题是影响内部审计可靠性的重要因素，并在前人研究的基础上，对上述四个因素是如何影响内部审计可靠性进行了详细分析，但由于本文只是提出了一个概念研究框架，未来仍需研究人员进行进一步的实证检验。

关键词：内部审计　可靠性　审计人员的独立性和客观性

一、引言

21 世纪初期，安然和世通等几家大公司的突然倒闭震惊了整个企业界，并由此引发了公司对可靠的内部控制和监督的迫切需求。各国正在通过加强各层级公司治理的方式来实现监管目标，而审计就是公司治理中最重要的一环。

通常情况下，审计（包括内部审计和外部审计）已成为全球所有上市公司的法定要求。其中，外部审计的职能是对公司的财务状况进行法定审查，确保其公开信息的真实性和准确性；而内部审计的职能则是保障公司风险管理，运作治理以及内控流程得到有效运作，因此内部审计对整个公司的发展而言尤为重要。

二、内部审计及其可靠性的概念

（一）内部审计的定义和职能

在国际内部审计师协会（IIA）的最新定义中，内部审计是指旨在增加公司价值以及改善公司运营的独立性和客观性的保障和咨询活动。它通过采用系统化和规范化的方法来评估风险，提高风险管理能力和治理流程的有效性，从而帮助公司实现既定目标。这一最新定义强调了内部审计在公司管理控制系统中的重要程度。根据收集众多文献和参考资料的结果，细分后的内部审计职能主要有以下十五项（见表1）。

---

① Assessing the Reliability of the Internal Audit Functions: The Issues [J]. Journal of Contemporary Research in Business Economics and Finance, 2019, 1 (1): 46 – 55.

② 编译组组长：张兰，成员：何玲、邹飞翔。

表1　内部审计职能一览

序号	职能类型
1	会计制度的建立
2	会计系统监控
3	会计制度的评价
4	内控制度的设计
5	内控制度的维护
6	内控制度的完善、补充和应用
7	通过政策措施、计划安排和流程监控保障业务的合规性
8	外部审计前的财务报表审查
9	经营的经济性、效率性和有效性
10	核实资产状况
11	开展特别调查
12	交易和收支的详细测试
13	人力资源管理
14	文件的安全性审查
15	信息技术数据库的安全性审查

此外，IIA还将内部审计划分为三个领域，即风险管理、企业治理和内部控制。可见，内审人员不仅要在风险管理方面发挥基本作用，而且还应为高管提供顾问和保障服务。具体来说就是：协调风险管理活动、协助识别和评估风险、维护和设计全风险管理框架、风险管理策略制定的管理支持。为充分履行上述职能，有学者提出内审人员应具备以下特质：一是能够将内部审计结构与组织运作有机结合；二是与内审需求相匹配的专业能力；三是严格贯彻和执行审计计划的能力；四是协调内部审计活动的管理能力。

（二）内部审计的可靠性定义

外部审计是由无利益关系的第三方来执行的，所以其可靠性相对较高。而内部审计由于是公司内部员工以审计人员的身份开展审计工作，并向公司管理者进行汇报的行为，所以内部审计的可靠性可以从整个内部审计流程和职能发挥的有效性来衡量，具体可分为三个方面：一是从管理者角度来看，要协助管理者进行战略决策、维护财务纪律、控制风险并使风险最小化。二是从外部审计角度来看，外部审计应与内部审计相互支持和合作，从而提高整体审计质量，完善公司治理机制；在此情况下，对内部审计可靠性的衡量可以转换为对内审人员的公正性和客观性的衡量。三是从利益相关者角度来看，培养和加强与利益相关者的沟通和联系有助于建立内部审计工作的信心，提升内部审计可靠性。

三、内部审计可靠性的相关问题

经搜集众多研究文献和参考资料，本文总结概括了与内部审计可靠性相关的四个基本问题，即内审人员的独立性和客观性问题、管理层以及利益相关者的支持和影响问题、内审人员能力问题、监管问题（见图1），共同构成内部审计可靠性的研究框架。

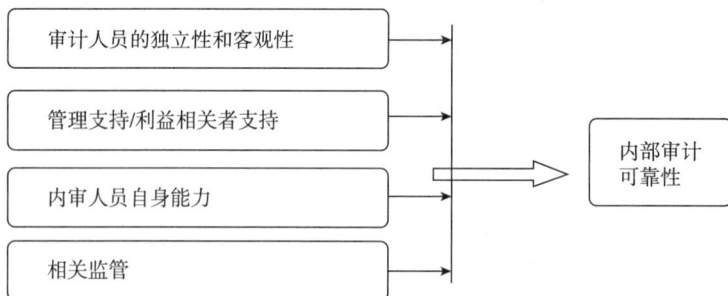

图1 关于内部审计可靠性的研究框架

（一）内审人员的独立性和客观性问题

国际内部审计师协会在其最新定义中也明确了，内部审计是一项独立职能，内审人员应该不受过度控制、自主操作、独立思考或独立行动地开展内审工作，同时客观履行相应职责。其中，独立性是指内审人员能够不受干预和威胁地开展审计工作，而客观性是指内审人员能够透明公正客观地履行职责。这两项原则是内部审计和外部审计都不可或缺的共有特点，也是审计活动能够有效可靠开展的基石和保障。

（二）管理层以及利益相关者的支持和影响问题

众多案例表明，审计负责人与管理层之间的互动和联系是影响内部审计有效性的关键因素。因为内部审计毕竟是机构内部活动，其可操作性和可靠性在很大程度上取决于管理层是否支持该项活动。因此，如果管理层，甚至是监事会或利益相关者能够真正支持和推动内部审计职能的发展，期望通过内部审计看清企业运营的真实情况，并与内部审计部门在统一目标、相互尊重和共同努力的基础上开展内审工作，给予内审人员透明公开、不受干预的审计和评估环境，内部审计的有效性才能从根本上得到切实保障。

（三）内审人员能力问题

内审人员的能力是指其所具备的教育水平、专业经验、可持续发展前景以及能够正确执行和完成工作任务的能力。内审活动的顺利开展必须依靠这些拥有严格符合职业道德操守、有熟练经验的内审人员，审计人员能力越高，内审的有效性和可靠性才越强。Desai、Roberts 和 Srivastava（2006）的研究发现，内审人员的能力是保障内部审计可靠性的最重要因素；其次才是客观性和工作绩效。除了内审人员的业务能力外，内审人员数量也是保障审计可靠性的关键因素，其与内审团队的整体能力密切相关。一旦人员不足，将有可能导致审计无力、审计错误甚至职能滥用的发生。但对于多大规模的人员数量才能保证审计的可靠性，相关文献资料并没有明确指出，因此这就需要各个组织根据自身规模和业务情况，决定最为合理的审计人员规模。此外，内审人员还应接受定期培训，不断提高其专业能力和综合素养。

（四）监管问题

要明确内部审计的监管问题，首先就要正确区分内部审计和外部审计（见表2）。外部审计侧重于企业财务报表的审计，而内部审计则是对企业所有职能，包括财务状况、业务流程、公司治理、法律法规和政策标准的执行情况以及道德规范等各个方面全方位的审计。另一方面，内部审计又极其容易受到管理层和被审计部门的干预和影响，因此通过建立相关的监管制度，遏制管理层和被审计部门的不当干预，保障内部审计的顺利开展，也将是内部审计可靠性的重要支撑。

表2　内部审计与外部审计的区别①

主要项目	外部审计	内部审计
向谁汇报	组织治理结构之外的股东或成员	组织治理结构中的董事会和高级管理层
审计目标	通过对报告提出意见，增加该组织向其利益攸关方提供的财务报告的可信度和可靠性	评估和改善组织治理、风险管理和控制过程的有效性（这为委员会成员和高级管理人员提供了保证，帮助他们履行对组织及利益攸关方的职责）
覆盖范围	财务报告，财务报告风险	所有类别的风险，包括对这些风险的管理和对他们管理情况的报告
改进的责任	没有，但是有义务报告问题	改进是实现内部审计目标的根本（但它是通过建议、指导和促进来实现的，以免削弱管理层的责任）

四、总结与启示

本文从概念上探讨了内部审计的可靠性，并从审计人员的独立性和客观性、审计人员能力、管理层和相关利益者的支持和影响、相关监管四个方面建立了内审可靠性的研究框架。可见，首先，各类组织和机构要不断加强对干预内部审计活动行为的监管，保障内审人员的独立性和客观性不受威胁。其次，发展中国家的会计专业机构需要加强对内部审计活动的监测，以提高其核心任务的可靠性。此外，文中只是对内部审计概念框架进行实证检验，尚需我们在内部审计实践中对其进行研究印证。

---

①　资料来源：英国特许国际内部审计师协会出版物（2017年，第2页）。

审计人员的新挑战：财务审计中的数据分析运用

中国人民银行南宁中心支行内审编译组①

摘要： 数据分析是通过对数据进行研究，找出数据包含的内在信息并得出分析结论的过程，而且现在的数据分析越来越多借助了专业系统和软件运用，使得分析的速度更快、精准度更高，并且开始广泛运用于众多公司的日常运营中。而财务审计又是一项专门的领域，对于数据分析的运用有助于提高财务审计的质量。当前，新技术和软件解决方案的运用已经从根本上改变了人们对审计的看法，虽然目前审计中的数据分析尚处于起步阶段，但在不久的将来会成为审计人员必须面对的挑战。

关键词： 数据分析　财务审计　专业会计师

一、引言

我们正处在一个不断革新的世界，层出不穷的挑战将逐渐成为我们将面临的常态，而这些挑战未来的演化发展将取决于我们现在对其的看法和作出的反应。大多数情况下，这些挑战都来自信息技术或是与信息技术投入密切相关的领域。数据信息的普遍应用对社会和经济环境的发展产生了巨大的影响，因此对数据进行深入分析，提取有用的信息对任何一个行业而言都是至关重要的，并由此引发了对数据分析的定义。在学者们之前的许多研究中，对数据分析的理解各有不同：部分学者认为，数据分析就是数据核查的过程，运用专业系统和软件分析数据所包含信息从而得出结论；也有学者认为，数据分析是一项运用专业计算机系统从原始数据和资料中提取重要信息的活动。这些计算机系统通过对数据进行转化、整理和建模，从而得出分析结论；还有学者认为，数据分析不仅仅是一个大数据的术语，而是对各种类型的历史信息处理的统称，但随着信息量的不断增加，这一术语已经逐渐发展为借助系统对大数据进行处理的统称。

---

① 编译组组长：陆艳，成员：何玲、沈悦。

二、财务审计中数据分析的运用及挑战

（一）数据分析的优势

2016 年 9 月，由国际审计与鉴证准则理事会成立的 DAGW 数据分析工作组发布了题为《以数据分析为重点探索审计中日益增长的技术使用》的文章。

文中指出，运用数据分析能够帮助审计人员更加高效准确地掌握审计对象的情况，提高审计风险评估的质量并作出准确恰当应对。财务报表的审计过程中运用数据分析则是指从基础数据中提取有用信息，用于相关审计项目的分析、建模和可视化判断。而财务审计的另一个特点是从财务报表中包含的全部信息集中收集选定样本的审计证据，然后将样本的测试结果延伸推理至所有的审计对象，通过使用数据分析这种延伸推广效率将得到显著提高。具体地说，运用大数据分析后，工作至少能在以下两个方面得到明显改善：一是被数据分析能够通过扩大样本数量来提升审计人员收集审计材料的能力，并做出风险最优选择；二是数据分析能够有效扩大审计工作的广度和深度，并为企业的风险评估和商业运营提供有益参考。

文中还提到，财务审计中的数据分析是从众多基础数据中提取有用信息，搜集数据，并通过分析、建模和可视化审查的方式识别异常指标，从而执行审计，得出结论的新技术。数据分析包含以下方法：一是先对审计模式和关键风险点进行定义和分析；二是以风险审计为目标，绘制和建立包含财务状况、业务关联、产品信息等内容在内的可视化视图；三是建立统计模型或其他预测方式，明确数据与其他因素的相关性，并适时在模型中加入偏差因子；四是充分利用不同来源的数据信息，增加数据分析样本量。

然而我们也必须看到，虽然数据分析的优势显而易见，但也存在一些不足，例如，1. 审计人员需要对数据的可用性进行准确识别，及时剔除与审计无关的无用数据，排除其对审计结果准确性的影响；2. 财务报表中的大多数项目都有其特定的含义，只有具备专业知识的审计人员才能推理其中的关联，而数据分析则无法满足这一要求；3. 数据分析技术的应用也存在一定的风险，所以应谨慎使用。

总体来说，数据分析在财务审计中的应用仍然利大于弊，因为运用数据分析之后大大减少了基础业务的手工核查时间，让审计人员能够拥有更多的精力来进行报表中各项目之间的逻辑推理，提高审计的工作效率和审计的准确性。

（二）数据分析的挑战

审计中数据分析的运营往往会受到环境和其他诸多因素的制约，而且数据采集过程本身就是一项艰巨的挑战，因为它涉及要将公司的大量数据信息共享给审计人员，而过程中数据传输的安全性、保密性和储存载体都是我们应当充分考虑的问题。除此之外，数据分析的应用给会计审计、财务审计带来的挑战还有：1. 被审计对象能否积极配合数据的调取，供审计人员分析数据并提出问题；2. 数据具有属地管辖的特点，在数据传输过程中的安全性和保密性是否符合法律监管方面的要求；3. 获得数据后，审计人员是否有足够的专业技能对数据进行分析建模；4. 相关的监管法规和监管机构

是否能够满足当前形势变化的需求。

三、在会计审计中运用数据分析的建议

2017 年世界银行的公司财务报表改革中心曾就中小企业财务审计中，关于数据分析技术的应用提出建议：

（一）在审计工作中要积极应对数据分析带来的工作方式革新

如今数据分析的使用已经对传统的审计方式提出了巨大的挑战，但许多大型公司已经意识到数据分析的重要性，在内部控制和内部审计部门普及使用数据分析应用，逐步通过数据分析提出解决方案，增加公司运营的竞争力，帮助实现公司组织既定目标。

（二）适时调整审计工作标准

针对数据分析的特点，在审计工作中应加入相应的执行流程：一是既要分析整体数据样本，也要排除特殊情况，提高分析结果的准确性；二是对在当前条件下引入数据分析后的结论进行必要审核；三是明确如何从非传统性的外部数据来源中提取有效数据，并对重要信息进行规范的整合。

（三）加强对数据分析技能的培训和学习

审计人员除了要通过高等教育或专业技术培训，掌握传统的基本审计知识和技巧外，还应当加强对信息技术、数据统计和建模等新技术的学习。高校人民银行内审后续教育和专业技术培训中，也应尽可能将上述技能纳入教授课程中。

（四）增加数据分析的软硬件投资

由于数据挖掘的复杂性、多系统采集数据的难度、数据有效性识别以及是否符合相关法规监管要求等一系列的困难，增加软硬件的投资已经成为将数据分析与审计应用程序进行充分整合的必要条件因素，应在基层行经费中应有所倾斜。

新时代下对首席审计执行官的"5C"要求及其对人民银行内审工作的启示

中国人民银行海口中心支行　常月明

摘要： 近年来，新兴技术不断发展，对审计工作带来了巨大影响，这为内部审计带来很多机会，同时也带来了一定的风险。2019 年 9 月，新加坡内审协会网站发布了《新时代下对首席审计执行官的"5C"要求》①，在不断变化的商业环境中对审计人员提出新的要求，包含推动改变、协作、持续学习、交流、文化等内容，以此来保证审计的有效性和高效性。我们对上述内容进行编译整理，并提出对人民银行内部审计的相关启示。

关键词： 内部审计　推动改变　协作　持续学习　沟通　文化

一、多变的环境对内部审计的影响

多年来，科技的不断进步成功地改变了世界，也不断影响着审计的发展。技术的更迭和进步不断影响着工业发展，同时也在重新设计或重新塑造商业模式，各个企业都根据自身情况选择最适合企业发展的技术。在新时代下，随着业务逐渐复杂、内控风险逐渐加深，内部审计的范围不断扩大，如网络安全、数据安全、数据伦理、数据和新技术、监管变化、第三方，以及人才管理和文化等方面的风险。董事会越来越多注重风险管理，这为内部审计人员提供了机遇和挑战。在迅速变化的商业环境中，在企业发展过程中如何应对各类风险有着至关重要的作用。因此，在新模式下内部审计如何管理风险，与企业各部门保持相关性和交换价值，并以此增加企业价值已成为许多内部审计人员优先考虑的问题。

二、内部审计的转变

（一）新兴技术对审计的影响

以车载 GPS 导航系统为例，GPS 导航系统已经从一个便携设备变成一个高效的数据分析工具，能够为驾驶员及乘客提供准确一致的信息。与此相似，内部审计人员可以通过帮助管理层和董事会识别潜在的风险，提醒管理层和董事会任何合规风险或失

---

① Koh Chin Beng. A New 5Cs for the Chief Audit Executive［EB/OL］. (2019 – 09). https：//iia. org. sg/content/ia – magazine – featured – articles.

败的迹象，并在必要时提出建议及应采取的纠正措施，确保企业按照既定的方向前进，帮助企业增加价值并改善客户体验。

当前的商业环境在不断变化，企业之间竞争激烈，不断发展的商业环境为许多人提供了多种机会，同时也带来了挑战，有效的领导者应该知道如何以不同的方式领导并克服挑战，利用机会继续创造和提升企业价值。审计不仅仅局限于发现问题，而是要在防范风险的同时，引导各部门提高企业价值并创造价值，这就对审计人员提出了新的"5C"要求。

（二）新时代下对首席审计执行官的"5C"要求

1. 推动改变（Catalyst for change）。"领导者"和"上级"这两个术语经常可以互换使用，但是这两个术语有所不同，领导者强调以不同的方式进行引领和指导，依据不同的实际情况，开展不同的思考方式，采取不同行动，并在某些时候要勇于挑战现状。为了保障领导的有效性，确保风险得到良好的管理，领导者是否对业务知识熟悉，是否能够适应不断发展的环境，需要不断地质疑领导者是否拥有该项能力，能否摒弃旧观念，克服困难及惰性、积极创新至关重要。内部审计人员应该积极接受并挖掘、运用新技术，充分利用新技术如机器人过程自动化和人工智能的便利。传统审计需要多个审计人员花费十多天时间完成的审计工作，通过智能审计的操作，可以让一个审计人员几分钟内快速审计会计资料。除此之外，对于内部审计人员来说，最关键的是要不断完善思维方式，从战略角度思考，站在管理层和董事会成员的角度思考问题，在提高董事会对内部审计的可信度的同时，创造企业价值。

2. 协作（Collaboration）。内部审计人员可以不受限制地获取有关企业组织系统、业务流程、企业人员和其他各类数据信息，与被审计部门合作，保障并促进部门价值提升。为了使效用最大化，内部审计人员还需与各种利益相关者合作，突破传统作为仅仅作为保证人的角色，在内部审计开展过程中为管理层提供更深刻的见解和建议。内部审计过程与车载 GPS 导航系统相似，导航系统（审计过程）使得司机（审计部门）和乘客（被审计部门）都能够参与路程实时监控中，从司机（审计部门）的角度来看，它提供了最好的路线，并通知司机任何即将到来的交通状况，从乘客（被审计部门）的角度来看，它提供了一个更准确的估计到达时间，并允许司机（审计部门）监控自己的位置，这种合作有助于在各方之间建立协同效应，并提供了一个提高效率水平、改善服务、减少重复的机会，最重要的是有助于增加内部审计对企业的价值。

3. 持续学习（Continuous learning）。与其他岗位相比，内部审计工作需要审计人员了解的业务范围更加广泛，需要掌握的知识内容更加深入，随着业务的发展和变化，审计人员也需要不断进步和自我提升，这就需要审计人员不断学习新的规定，不断适应新的审计环境，以获得深入的技能和专门知识，更好地应对经济不断变化的需求。审计部门领导者也需要对审计人员提出更高的要求，不断培养手下员工，以确保审计人员富有洞察力、前瞻性，高度专注于为企业创造价值，成为值得信赖的顾问。在学习业务的同时，学习先进的审计经验和审计方法，不断提高审计能力。

4. 沟通（Communication）。在任何企业中，有效的沟通都是必不可少的。它有助于审计方向与利益相关者的关注点产生共鸣，向利益相关者提供见解和建议，与利益相关者期待的发展方向保持一致。当审计的方向、过程和结果与利益相关者的管理期望出现偏差时，审计部门与利益相关者之间的频繁沟通可以弥补差距。与使用导航系统来提高效率相同，它显示了司机（审计部门）应该走的最佳路线以及当前旅程的进展，导航系统的彩色编码路线提供有关当前交通状况的最新信息，这样的信息不仅有助于增加方便性和极大地增强彼此之间的通信，还减少了任何潜在发生的错误通信。

5. 文化（Culture）。良好的审计文化，可以成为提高企业价值的强大驱动力，不仅有助于企业培养业务水平超群且道德高尚的骨干员工，也有助于企业保持稳步发展并树立正确的发展方向，因此在充满挑战和风险的商业环境中保持健康的企业文化十分重要。相对于业务审计和财务审计，企业文化审计的开展更有难度，目前鲜有法律法规或规章制度对企业文化进行具体的指引，且没有统一的衡量指标和标准化约束。随着审计文化受到越来越多的关注，内部审计人员必须迅速识别企业文化中的任何潜在差距或不道德行为，提出适当的建议，以确保并保持健康的企业文化和审计文化，使企业的价值最大化。

三、对人民银行内部审计工作的启示

（一）转变内审部门审计思维

此前的审计工作中，审计方案中往往直接采用上级内审部门的印发的审计方案，审计工作的开展局限于完成当年的审计任务，虽然审计范围和审计数量达到上级行的标准，但是没有充分发挥对本级行的审计意义。因此要充分做好审前准备工作，制订审计方案前要做好调研工作，审计内容不仅仅局限于本职岗位，要站在其他部门及上级领导的角度统筹安排计划方案，结合辖区实际情况修改、完善审计方案。审计过程中不仅仅为了发现问题开展工作，更重要的是强调规范各部门业务操作、完善各部门业务流程、保障各部门有效的运行。审计结束后，不仅仅以问题整改作为目标，要加强审计成果运用，促进业务不断完善，提高工作效率。

（二）加强内审部门与被审计部门之间的协作

过去的审计工作，部分时候内审部门以查找问题、撰写审计报告为目的，而被审计部门以提供调阅资料，沟通确认问题为任务，内审部门与被审计部门之间的关系相对被动。良好的审计关系应当将双方的审计与被审计的关系推进到互相监督；将指导与被指导的关系推进到互相指引；将评价与被评价关系推进到互相评价。从制订审计方案、确定审计目标开始，加强被审计单位的参与度，在提高被审计部门运转效率和质量的同时，将审计目标与业务现状、被审计部门需求及业务未来发展相结合。在各方之间建立协同效应，使审计双方达到互相促进、互利共赢、共同发展的目的，增加内部审计对整体的价值。

（三）加大内审培训力度及经验交流

一是要组织培训学习，及时掌握内部规章制度，派人跟踪各个部门的办法修订及出台新的规章制度，知悉各项业务的具体要求，及时汇总并组织培训所有内审人员特别是市县支行内审人员；二是开展案例分享，将单位内审经典案例隐去敏感信息，定期开展案例分享或风险提示，达到警示提醒的作用；三是强调审计部门需求，组织各审计部门或审计人员定期与各个业务部门沟通，了解各部门业务现状及发展方向，定期交流经验，为业务整体发展提供良好的环境；四是总结归纳内外审计经验，在充分学习内部审计经验的同时，学习外部审计前沿知识，了解审计发展趋势，将内部审计与外部审计进行有效对接。

（四）挖掘审计沟通深度，拓宽审计沟通范围

过去的审计工作，大多数审计仅与被审计部门进行问题确认方面的沟通，忽视了其他环节的沟通，也忽视了与其他利益相关者的沟通。一是挖掘审计沟通深度，不仅就确认的问题进行商讨，更要探讨问题如何发生和如何避免再次发生，未来将采取哪些措施来防范此类问题；二是拓宽审计沟通范围，与相关利益者如被审计部门同级相关业务部门、被审计部门的同级监管部门、审计部门的同级业务部门及相关业务部门、审计部门的同级其他监督部门进行沟通，重点关注利益相关者提供建议和诉求，关注当前该业务领域方面的最新信息及存在的问题，带着这些信息、建议、诉求、问题开展审计。

（五）建立审计文化

良好的审计文化对发挥内审意义有着至关重要的影响，能否建立良好的审计文化主要取决于以下两个方面。一是树立文化标准，目前人民银行内部还未出台文化方面规章办法，缺少衡量指标，这方面可以通过研究国内外先进的审计经验及文化要求来确定一个总体范围，再结合人民银行实际情况加以判断；二是坚持判断摸索，内审部门作为人民银行的组成部门，与被审计部门处于同一工作环境，受同一工作文化的熏陶感染，久而久之习惯于现有的工作文化，短时间内很难发现工作文化中有何问题，需要不断地摸索研究，对人民银行文化有着充分的了解，再加上丰富的经验才能发现该方面问题。

《提升内部审计在数字拟合功能中
发挥的作用》^① 摘译

中国人民银行三亚市中心支行　张晟　张孟敏　林婧婧

摘要：在一个由数字化、自动化以及复杂的网络攻击所定义的领域里，各个组织正在迅速推出数字化举措。2019 年，普华永道管理咨询公司（PwC）发布了《提升内部审计在数字拟合功能中发挥的作用》的报告，调查报告显示随着组织进行数字化转型，更符合数字化要求的内部审计职能将更有效地帮助其利益相关者在面对不断变化的风险状况时成为更聪明的风险承担者。本文对报告内容的主要观点进行了摘译整理，并结合人民银行的实际情况提供几点启示建议。

关键词：内部审计　数字化转型　风险

一、报告调查的主要内容

在信息技术飞速发展、业务量及不确定性大幅增加的背景下，数字化的出现虽然对风险状况有所改善，但同时各种数据化产品的推出增加了技术本身以外的风险。例如，随着公众对机构和公司的信任度越来越低，数据隐私泄露可能带来重大影响，一个有缺陷的人工智能（AI）算法都可能会对财务会计造成严重破坏。因此，内部审计需要灵活快速地转变，跟上业务数字化的步伐。在这个新领域中，要拥有能够提供建议和战略保证的知识和技能且不断提高自身数字化水平，这样内部审计职能才能更有效地应对这一挑战。通过利用数字的力量——包括组织内部的数据和外部的数据——内部审计职能可以发现相关性，不仅能够监测不断变化的风险，而且有助于预测不断变化的风险状况。

（一）内部审计数据拟合的定义

内部审计数字拟合的定义有两个方面：一是具备向利益相关者提供战略建议和为组织数字化转型带来的风险提供保证的能力；二是改变职能部门自身的流程和服务，启动数据驱动和数字功能，该功能可以与应对组织的风险战略保持一致，从而以组织数字化转型所需的速度和规模来预测和响应风险事件。内审职能的数字拟合功能必须与组织的数字化转型相匹配，否则防线之间的差距将扩大，这样就会出现更多的风险

---

① Jason Pett，Andrew McPherson，Mike Maali，Verne Klunzinger，Lauren Massey，Jim Woods. Elevating Internal Audit's Role：The Digitally Fit Function ［EB/OL］.　［2019］. https：//www. pwc. com/us/en/services/risk – assurance/library/internal-audit-transformation – study. html.

切入点。

（二）关于内部审计数字拟合功能的调查

1. 关于数字拟合功能的调查评估。普华永道通过对 2000 名高管进行调查，结果显示，作为一个整体，内部审计部门在某些领域的数字化水平落后于风险管理和合规领域。但是，内部审计职能逐渐从数字化举措中受益，一是数字化能有效地管理和转移风险，二是数字化对于改善客户体验和增加收入等方面优于预期回报。调查通过在综合视角、工作方式、运营方式、服务模型和利益相关方参与度五个维度上对受访者的数字拟合功能进行评估（见图 1），结果显示，数字拟合功能最高的那组（以下简称"动态组"）占比 19%，动态组包括高度管制和较少管制的行业，他们的数字化功能已经较成熟。第二个数字拟合功能较高的组（以下简称"活跃组"）占比 27%，他们采取许多必要的措施使其适应数字化，其余占比 54% 的组别（以下简称"新手组"），他们正在进行或计划进行用于平衡内部审计职能的活动，这些活动都处于数字化发展的早期阶段。

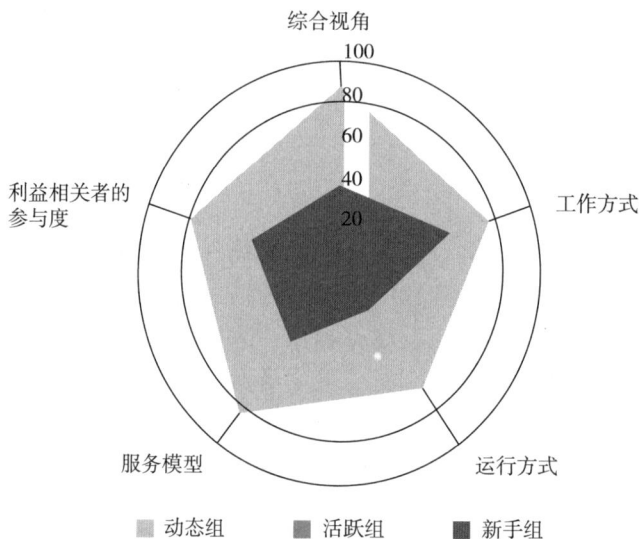

图1　从五个维度对受访者的数字拟合功能进行评估

2. 关于"动态组"为支持组织战略采取的措施。如果内部审计部门对组织的数字化转型战略没有清晰的认识，他们就无法帮助组织在数字化环境下蓬勃发展。通过参考"动态组"为支持组织战略采取的措施，可用于规避组织在数字化转型过程中可能出现的风险，同时也有助于提高内部审计职能的有效性和提升整体风险管理绩效。一是积极地与领导层接触和协作，领导层的支持能更好地推进数字化进程；二是要加强与其他部门的交流合作，共同协作有助于内部审计部门在正确的时间识别数字化计划以外的风险点，同时，伴随着风险领域动态化，所有风险职能部门从共同的风险视角出发，综合考虑风险信息，这也为利益相关者和董事会提供风险的综合视图；三是提升现有员工的技能，引进新的技术人才，找到适合新兴技术的审计方法。因为内部审计人员对风险和业务流程有透彻的理解，如果内部审计人员参与组织的数字化活动，还可以将整个组织多个数字化计划中的风险点联系起来，因此内部审计人员的数字敏感度和技能的基线水平必须伴随着组织的数字化而不断提高。

（三）提升内部审计数字拟合功能的必要性

1. 数字化举措的高风险要求内部审计职能要尽早参与组织的数字化转型。抛开数据技术的威力不谈，内部审计职能拥有基本技能，能够对组织治理作出贡献，且与数据化相适应的内部审计职能，能帮助利益相关者在数据化之旅中成为更聪明的风险承担者。在帮助企业实现数据化目标方面，内部审计职能可以发挥很大的作用。因此，在组织整体数字战略的背景下，应评估内部审计职能的现有员工并考虑招聘具有更多数据能力的人才，确保内审团队具有高度的商业敏感度，以便更好地与商业领袖进行数据化对话，并帮助识别风险所在。

2. 内部审计职能中的数字拟合功能应该与组织同步发展。如果一个组织本身在数据化方面落后，那么一个数据化的内部审计功能可能很难从其数据化投资中获得全部收益。相反，如果内部审计职能的数字适应能力落后于组织的其他部门，就会有更多的风险切入点，这就要求内部审计部门采取更快的行动去进行创新。内部审计可以和组织的数据化战略保持一致，并通过考虑自身的战略计划和风险职能，去确保自身拥有的技能和提供的服务能够快速且灵活地在组织数据化转型中作出贡献。数据化转型能让内部审计职能越来越成熟，这也正提高了利益相关者对内审职能的预期，内部审计职能现在比以往任何时候都必须提高其作用，以确保其组织在当今复杂的环境中有效地管理风险。

3. 内部审计职能可以促进和支持有效的组织治理。数字化转型需要强大的数据库和数字化功能，内部审计功能可以为组织治理提供建议，并可以帮助组织了解如何在执行决策前影响控制操作。数据治理如果缺失零散的数字，会使得数据的可用性降低，新技术无法有效运行使得风险系数增加。随着数据治理的建立，内部审计职能可以提供初步策略，一旦数据治理到位，内部审计职能就能提供保证。内部审计职能虽不能介入每个项目，但内部审计职能与组织的数字化战略紧密相关，可帮助形成数字化治理框架，扩大风险覆盖范围。所以内审部门应将持续的数据治理审计纳入审计计划，以降低数据治理方面存在的风险，同时也要识别新的数据驱动和技术驱动的功能和服务，如对关键控制领域进行持续审计，以实时监控高风险区域。

二、启示与建议

（一）改进审计工作方式

当下，人民银行尤其是基层人民银行的内审工作方式和工作理念仍相对落后。主要表现为：第一，获取业务数据的手段相对落后。在现有的信息系统模式下，由于系统开发时并未将审计接口考虑进去，绝大多数的数据提取都是靠最传统的人工导出模式，此种数据获取方式不可避免会存在数据容易遭受篡改和删减的风险，且效率低下，人工成本高。第二，审计工作中对数据的分析方法落后。对数据的分析不善于借助数字拟合功能和数据模型的搭建，大多数仅是停留在简单的数字统计、筛查，一旦数据量大往往耗时较久，且容易出差错或漏项，对数据的挖掘广度和深度也不足。因此，人民银行内审部门应该转变传统观念，引入新兴的审计技术，提高工作效能。在这个信息丰富的时代，传统的审计模式已经难以有效地控制和应对实时交易及大数据等情况下所产生的风险，偏重数字分析和实质性测试的连续性审计等新型审计模式越发受到关注。内部审计需要新的方法和服务，以便能够以足够的速度和灵活性采取行动，为组织的数字化转型提供有力的建议。对于新兴技术，比如云技术等领域的自动化业务流程和物联网，通过运用大数据、数据分析的方式来进行审计，可以对数据总体进行检验，从而发现传统审计抽样下不易识别的关联和特征。同时，利用计算机对大量重复性工作进行自动处理，能够使得内审人员将更多的精力和时间投入更有价值的风险识别、审计分析等环节，极大地提升审计的效率和质量。通过引入新思想和新技术来应对风险，最高限度发掘内审人员的价值。尽管审计技能是基础技能，但是，在当今激烈的技术技能市场上，人民银行应持续投资和鼓励发展干部职工的数字技能，提供相关的技术支持，通过技术简化内部审计操作，提升技能，提高效率，节约时间。

（二）引入新的数字型审计人才

目前，人民银行内部审计部门能熟练掌握计算机专业技能或数据整合、分析技能的人才偏少，能将计算机专业知识或数据整合、分析技能和内部审计专业知识相结合的人才更少，要想提升数字拟合的作用，发挥出内部审计和数字拟合 1+1>2 的效应，就必须在人民银行人员引进和队伍建设过程中，加大数字型审计人才在人员队伍中的比重。内部审计职能部门要引进新的人才，招聘人员时需要把数字技术的要求放在首位，这样有助于提升整个内审团队的技术技能。在投资方面通过与风险合规部门合作，建立技能培训项目，人民银行要寻找技术资深领域专家或拥有数据技能的审计师来对内审人员进行培训，不断学习数字化技能，只有拥有新兴技术专长和对业务有深入理解的领军型人才才能满足数字化转型的需求。除了领军型人才培养以外，现有的数字型人员和一般的审计人员也应加强相互沟通，通过日常的学习交流取长补短，一方面达到审计人员的数据获取和分析能力的提升，另一方面也能让数字型人员得到审计知识的更新，二者相互促进。

（三）加强审计数字拟合的相关培训

目前，人民银行内审系统内熟练掌握计算机辅助审计、逻辑分析、统计分析等方法的专业人员较少，部分简单的审计数据分析工作，如 Excel 分析、描述统计分析等，仍然需要依靠少数人员完成。在举办辖区内审业务综合培训班或者远程培训时，可增加数字拟合或者数据分析的知识、方法和工具的内容，加大对现有信息技术审计人员和一般审计人员信息技术知识、分析数据能力的培训，切实提高人民银行内审工作人员的整体审计数据分析能力和相关专业知识的普及率，使数字拟合能更加自然、有效地融入审计项目中，有效推动人民银行内审工作的数字化水平不断提升。

（四）提升审计战略高度

当下，人民银行内部对内部审计在数字化拟合功能中所发挥的重要性认识仍需进一步加强，只有在战略高度上充分认识到内审工作与数字拟合之间的紧密关联，才能实现内部审计职能参与组织数字化转型的目标，进而促使内审工作发挥出防范风险以及向领导层提供可行性较强的战略建议的能力。内部审计要实现为组织增值的目标，就需要从战略的高度了解组织的期望和面临的风险挑战。当前人民银行内审部门应积极加强与各业务部门之间的协作与联系，深入理解业务现状和发展趋势，不能只是满足于提供可靠的审计结果，还需要具有充分的前瞻性，对新领域、新业务提出更深刻的见解。同时加强内部审计与上级领导的讨论沟通，既充分领会组织的战略使命和战略意图，又能识别组织目标和行动中蕴含的风险，进而有针对性地制订审计计划发挥审计关注风险的最大价值。审计计划的实施也要兼顾灵活性，不断调整以数字化转型为中心的审计安排，建立基于数字化发展。

欧洲审计院①《2018 年活动报告》② 及其启示

中国人民银行铜仁市中心支行　陈华勇　丁红梅　周骁骁

摘要： 2019 年 5 月，欧洲审计院（ECA）发布了《2018 年活动报告》（以下简称"报告"），该报告全面介绍了欧洲审计院 2018 年的审计报告、出版成果、对成员国和非欧盟国家的检查以及与欧洲议会、理事会和各国议会之间的活动，同时提供了其内控管理的关键资料，展示了对自己和审计对象适用同样透明度和责任制的标准。

关键词： 欧洲审计院　活动报告　绩效目标

一、报告背景与目的

2017 年，欧洲审计院发布了《2018—2020 年战略规划》，确立了"提高担保声明的附加价值、更加关注欧盟行动绩效、向受众传达清晰的信息、调整组织机制适应产品发展"四大战略目标。2018 年是战略实施的开局之年，为使战略目标付诸实施，欧洲审计院制订了一系列行动计划，集中精力评估欧盟行动的表现，对 2018 年审计活动进行全面总结，同时委托对战略实施进行独立同行评审，以向受众传达明确的信息，增加为利益攸关方所做工作的价值。显示了欧洲审计院继续改变机构组织，顺应未来发展趋势，继续走在公共部门审计发展前列的决心。

二、主要活动管理

（一）2018 年活动概述

除常规审计工作外，欧洲审计院更加注重通过公开发布审计成果、参加重要会议、提高媒体覆盖率等形式增加信息公开度，扩大对外公共活动，增加自身引导力，如表 1 所示。

---

① 欧洲审计院：ECA（European Court of Auditors）是欧盟五个主要下设机构之一，成立于 1977 年，总部位于卢森堡，主要职责是审计欧盟及其所属机构的账目，审查财政收支情况，监督与审查欧洲共同体预算的执行。

② 文章来源：https：//www.eca.europa.eu/en/Pages/DocItem.aspx？did=49832。原文标题：2018 Activity Report.

表 1　欧洲审计院 2018 年活动情况

出版作品	发表出版作品 44 份，其中：专题报道 35 份，评论类出版物 9 份
年度报告	欧盟预算年度报告对欧盟账目和付款条件发布了意见
公共活动	参加了 43 场欧洲议会、44 场欧盟委员会会议，同时参加了全球审计领导论坛等其他国际活动约 46 场次。向欧盟立法者提供审计建议 10 余份，创历史新纪录
工作影响	大多数建议得到实施；利益相关者认为我们的工作是有用和有影响力的；增加了 17000 篇在线文章，社交媒体帖子 1100 万次，有效提高了媒体覆盖面
扩大影响	增加 4 名欧洲经委会成员国，更新 5 名欧洲经委会成员国
团队管理	来自所有成员国的 834 名工作人员、保持员工性别平衡（50：50）

（二）实施标准化审计管理

按照国际上公共部门审计标准进行审计，一般分为"立项计划—现场工作—起草建议—事实确认—审核批准—出版报告"6 个基本步骤，如图 1 所示。

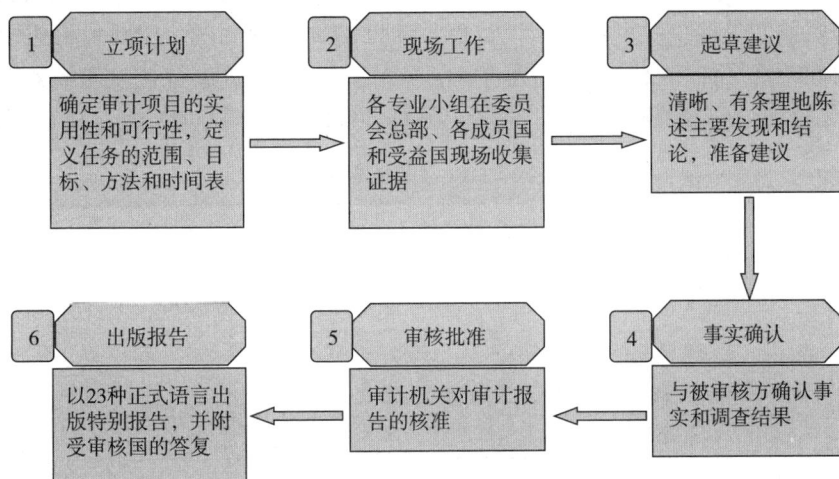

图 1　ECA 标准化审计步骤

在审计立项时优先考虑欧盟面临的关键问题，如可持续利用自然资源、增长和包容、移民、安全与全球发展、单一市场、欧盟的问责制和效率等，以确定欧盟是否履行了承诺。在审计对象上采用随机抽样的方法，确保每花一欧元都有相同的机会被审计。在审计的实施中充分运用现场审计、延伸审计、外部咨询及视频会议等信息技术加强证据收集，除了到访受审对象现场外，还对欧盟内部和境外的资金接收方进行现场核查，并从参与管理欧盟政策和规划、收集或支付欧盟资金的人员以及接受这些资金的受益人那里获得直接审计证据，经常与有关成员国的最高审计机构保持联系。此外，越来越多地利用视频会议和其他信息技术，如安全数据和文档共享，来获取和验证审计证据。审计报告对欧盟实现政策目标的程度和财务管理状况作出了明确的结论，这有助于提出切实可行的政策建议。

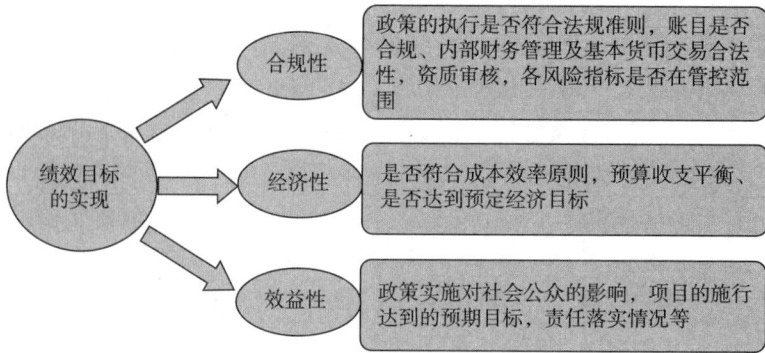

图 2　绩效目标实现各方面内容

（三）提高对绩效的关注

1. 审计对象绩效评估

ECA 在欧盟预算的不同领域进行不同类型的审计，对欧盟政策和计划的合规性、经济性和效益性进行绩效审计。审计重点反映欧盟面临的问题，对账目的可靠性、工作的绩效性或合规性、收入或支出水平以及政治和公共利益进行合规与绩效审核。其中最引人注目的是《保证声明》[①]，对特定预算领域的系统是否遵守规则进行评估。

表 2　KPI 绩效指标内容

KPI1	建议的执行，对欧盟各成员国以及对各利益相关者提出建议被采纳条数，审计结果和建议的采纳度
KPI2	利益相关者对 ECA 工作的反馈，对 ECA 审计工作或开展活动的评价
KPI3	ECA 在欧洲议会、理事会和各国议会的出席次数，在欧盟会议、成员国重要会议上的参与度
KPI4	发布的特殊报告（类似产品）的数量
KPI5	媒体报道转载率

2. 审计项目绩效评估

ECA 从 2008 年起采用主要表现指标（KPI）进行绩效评估（见表 2），通过这些指标反映 ECA 对社会的传播、影响程度以及社会公众对 ECA 的评价及满意度，每年 ECA 都会更新 KPI 绩效指标体系内容，评估人员得到第一手 KPI 评估数据后，每年向管理层汇报目标进展和绩效完成度。

ECA 通过及时派遣审计人员跟进审计建议的执行，采取现场调查问卷及匿名电子调查等形式对利益攸关方就报告的有效性和可能产生的影响给出意见反馈。经统计，2018 年有 74% 或大部分或部分的建议得到全面落实；87% 的受访者认为报告对他们的工作有用，78% 的人认为它们有影响；ECA 代表出席欧洲议会 133 次，理事会 65 次，各国议会 50 次，较 2017 年分别增长 46.15%、38.30%、163.16%；2018 年共发表专

---

① 《保证声明》（*Statement of Assurance*）是欧洲审计院关于欧盟账户以及基础交易的合法性和规律性可靠性的保证声明，以促使相关方遵守欧盟规则。

题报告44篇，向欧盟议会提交了33份专题报告、4份意见、6份审稿，在ECA排名前15的出版物中有12份是专题报道；以23种欧盟语言发布76篇新闻稿，举行新闻发布会20场，有关专题报道的网络文章超过1.1万篇，在线和社交媒体的覆盖率增加近两倍。

（四）改进信息沟通方式

ECA将信息沟通作为实现战略的关键。一是及时发布审计预览。即向公众提供即将或近期启动的审计信息，2018年共发布12份审计预览，旨在为那些对正在审计的政策或项目感兴趣的人提供信息来源，ECA也将在2019年继续发布这些通信产品。二是通过媒体向听众传达清晰的信息。2018年媒体对审计产品信息兴趣大增，主要向欧盟和成员国、公共审计领域、各行业组织、学术界以及社会公众传达清晰的信息，在欧盟成员国国家媒体上对重点活动进行报道，这些报道也越来越多地在国家媒体和以欧盟为重点的媒体上得到讨论。三是整合期刊资源，敞开审计对外窗口。2018年，ECA整合了期刊选题，每个问题都有一个不同的主题，重点聚焦欧盟加入前援助、议会融资和审计、欧盟金融和经济治理等议题，并聚焦特别审计报告、工作计划、国际合作和面向未来的展望活动，2018年下载数为16357次，同比增长75.62%，进一步提升了审计产品的覆盖率，提升了社会对审计活动的认知度与参与度。四是积极参与对外公共活动，2018年ECA举办了公共资金国际研讨会、金融工具使用联合高级别会议、欧盟法律适用大会等一系列欧盟公共活动，就如何加强问责制和透明度、改善欧盟财政管理发表意见，加强ECA审计人员与成员国政府审计人员间的交流。

（五）加强与外部合作，合力打击预算欺诈行为

ECA加强与欧洲反欺诈办公室（OLAF）密切合作，打击针对欧盟预算的欺诈行为。在审计工作中发现任何影响欧盟金融利益的欺诈、腐败或其他非法活动嫌疑线索后，移交OLAF对这些案件进行后续调查，并在必要时与成员国当局合作。

2018年，向OLAF通报了审计工作中发现的9起涉嫌欺诈案件，在关于欧盟预算的年度报告中，提供了更多关于移交给OLAF的涉嫌欺诈案件的性质以及OLAF建议对这些案件进行追回的信息。

三、经验启示

《2018年活动报告》显示，欧洲审计院通过标准化的审计程序，有效拓展信息沟通渠道，加强与外部机构的合作，聚焦于审计对象绩效评估，主动公开审计成果，增强审计引导力，展示出ECA最具特色的审计活动是提升审计活动的公开度和覆盖面。ECA通过及时发布审计预览、公开出版审计成果、积极参加对外公共活动等方式改进与被审计对象和社会公众的信息沟通方式，以向受众传达明确的信息，增加为利益攸关方的审计价值。这些沟通方法对我国央行审计具有重要借鉴意义，我们可从以下几方面来提高信息公开度和提升内部审计价值。

（一）规范审计程序，延伸审计范围

在工作实践中，内审通知书的下发形式各不相同，有的以"行发文"的形式，有

的以"厅发文"的形式，有的以"内审部门发文"的形式，影响了内部审计的规范性。现有的《中国人民银行内审操作程序》（银办发〔2001〕338 号）对内审程序前期准备、现场实施、确认事实、报告完成和处理五个阶段进行了规范，但对各个阶段的时限未作规定，一定程度影响了审计效率。在现场实施阶段，除了常规现场审计外，应充分运用延伸审计、外部咨询、问卷调查，扩大审计范围，对利益相关方进行实地走访获取直接证据，采取视频会议、安全数据和文档共享等信息技术方法，提高审计效率。

（二）拓展交流渠道，加强外部合作

对于金融扶贫、金融支持稳企业保就业、金融服务中小微企业等重大政策贯彻落实监督审计中，可加强与银保监会、财政部、发改委、人力资源和社会保障部等部门的沟通合作，在审计中发现的相关线索通过工作移交、信息共享、联合审计等方式，形成合力，督促重大政策有效的贯彻执行。

（三）聚焦绩效评估，增加审计价值

在合规审计的基础上，应针对不同项目开展不同类型的专项审计，对重大政策和计划的合规性、经济性和效益性进行绩效审计。审计重点反映政策实施面临的问题，对账目的可靠性、工作的绩效性、工作计划的完成水平以及社会公共利益进行合规与绩效审核，对政策实施是否遵守法律法规进行评估。建立关键绩效指标，对政策制定、政策实施、社会传播、影响程度、取得成效、公众满意度等方面进行评价，并定期向管理层汇报目标进展和绩效完成度。

（四）强化信息公开，改进沟通方式

一是定期公开年度审计要点。于每年年初通过内网或外网向被审计对象和社会公众发布年度审计计划和审计依据，为那些关注央行内部审计项目或审计动态的人提供信息来源。二是定期发布年度专题报告。对大家关心的审计方法理论、问题变化趋势、目标实现情况等传达清晰信息。三是积极参加对外公开活动。组织内部审计人员积极参加各类审计论坛交流，参加外部审计培训学习，加强与外部机构合作，促进审计人员与时俱进，开拓创新。四是打造具有影响力的审计刊物。虽然现在央行出版有《中国人民银行内审转型理论与实践探索》和《国际内审观点汇编》书籍，但其发行量少，基本在内部职工中传阅，流通范围窄，传播覆盖面有限。创设央行审计刊物，既可扩大央行审计信息的传播渠道，提高内部审计能力水平，又能扩大与外部审计的信息交流，提升社会对央行审计活动的认知度与参与度，进一步提高央行内部审计影响力。

参考文献

[1] 苏孜，王俊锋. 我国重大政策落实跟踪审计绩效评价体系研究［J］. 财经理论研究，2018（6）：1－13.

[2] ECA. 2018 Activity Report［R/OL］.（2019）.［2019－05－06］. https：//www. eca. europa. eu/en/Pages/DocItem. aspx？did＝49832.

新加坡银行业拓展内部审计范围对
人民银行工作的启示

中国人民银行楚雄州中心支行　段欣　胡波　夏兆平

摘要：技术革新和数字化给银行业带来翻天覆地的变化，内部审计也因此面临着新威胁和风险的挑战，内部审计如何转型，处于技术和业务创新的最前沿，保持自身的合规性、有效性和相关性，切实为利益相关者增加价值，2019年新加坡内部审计师协会开展了一次变革性的讨论——拓展内部审计业务范围。本文对相关内容进行了编译，并提出对人民银行内审工作的几点思考和启示。

关键词：数字化　内部审计　变革　业务范围

一、拓展内部审计范围变革势在必行

在快速的技术革新和数字化的推动下，金融科技的出现给当今传统银行带来了重大冲击。新加坡金融管理局（MAS）首席金融科技（FinTech）执行官Sopnendu Mohanty对此进行了相关阐述：技术革新如何为银行转型金融服务创造机会，同时也对传统的工作职能构成了挑战。内部审计的作用和范围也将发生变化，审计师必须为这些挑战做好准备并重新开始自我调整。

与传统银行不同，金融科技公司有三个关键属性：一是以消费者为中心，热衷于提高客户参与度和体验。二是擅于利用智能和敏捷的技术。三是职员不仅有超群才能，而且热衷于转变金融服务以满足客户的需求。这些要素为金融科技公司提供了以更快的速度扩展和创新的能力及灵活性，使他们能够比其他金融机构更具竞争优势。

因此，内部审计师应熟知四种技术趋势：人工智能（AI），大数据和应用程序编程接口（API），云计算和分布式总账技术（DLT），并熟悉MAS为促进公平、道德、责任和透明度（FEAT原则）在金融业务中使用人工智能和数据分析而引入的一系列原则，同时还应熟悉新加坡银行业协会的金融行业云计算实施指南。

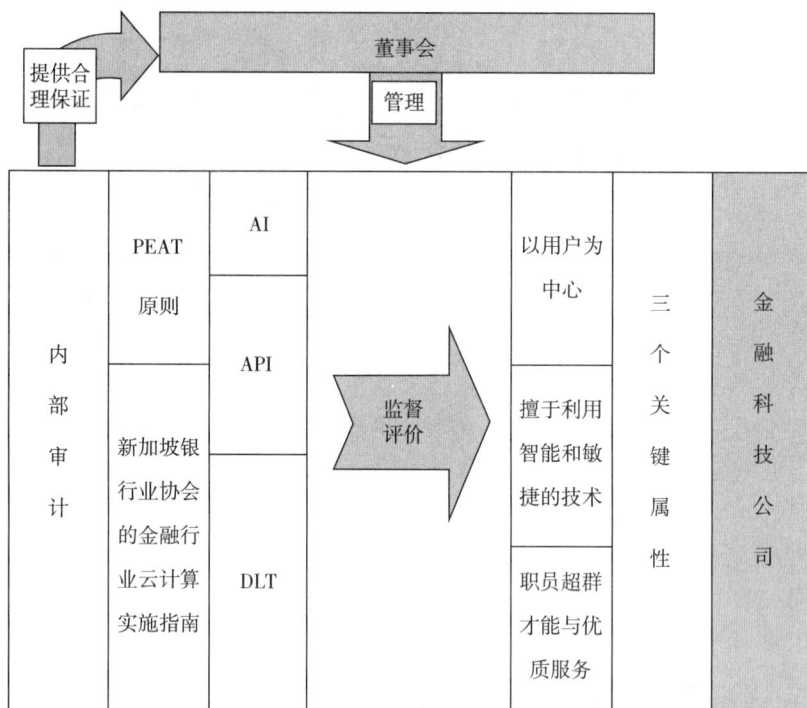

图 1　金融科技公司内部审计监督图示

二、拓展内部审计范围的关键要素

在 2019 年 2 月 27 日新加坡内部审计协会召集了超过 150 名的银行业内部审计在职代表，就面对迅猛发展的金融科技，银行业内部审计该何去何从展开了激烈的讨论。

（一）保持与信息技术领域相关性的内部审计改造

前瞻性审计。战略风险现在成为审计委员会和高级管理层议程中的最大风险，因此前瞻性审计的需求不断增加。内部审计在战略风险方面的任务不是审计战略的内容，而是审视战略制定过程，评估企业战略如何与业务战略相结合的战略一致性以及审查战略实施的有效性。

数字化转型战略，对网络安全和数据泄露等风险产生影响。在审计数字风险时，需要考虑的一个方面是，是否存在人工智能治理框架，以及人工智能的使用是否与银行的道德标准和价值观相一致。采用数字和自动化的步伐模糊了传统审计方法的界限，因此要求审计人员和技术审计人员密切合作以实现有效审计。与战略风险审计一样，内部审计人员需要相关的技术能力，跟上不断发展的监管变化和要求。在开展以上前瞻性审计的同时，内部审计的作用和范围能够得到发展并获得新的工具和技术，包括使用预测分析。

重塑内部审计职能。华侨银行计划通过三大支柱进行改造：技术、流程和人员。对于技术，华侨银行内部审计正在开发一个集中的审计数据集市，以持续引入企业范围的数据，这意味着内部审计可直接访问银行业务范围的数据，以促进持续审计和风险评估。这些数据由各种数据科学工具处理，并开发成审计分析程序，供不同的审计职能组织和国家使用。在人员方面，培养审计人员接受数字文化，同时使用数字技术和科技提升技能。此外，华侨银行内部审计还在探索跨审计流程使用机器人过程自动化、机器学习和自然语言处理。

花旗银行正在开发机器人，并相信这项技术将成为未来的发展方向，内部审计也因分析技术的发展和自身的重塑变得更加有效和高效。

（二）在数字化颠覆下董事会对内部审计的预期

技术创新和数字化给银行带来了新的威胁，安全和保障是最受关注的问题。银行业务是持续性的，因此确保数据和平台安全至关重要。为了缓解新出现的技术风险，必须在三个阶段（预防、检测和恢复）有效地投入精力和资源。

数字化带来了威胁，但也使内部审计职能有了转型的机会。内部审计部门可利用技术提升其职能管理和内部审计能力，利用治理、风险管理和控制（GRC）软件解决方案进行综合审计规划、文件编制和跟踪。同时采用数据可视化工具进行风险评估结果的仪表板报告，并审查银行各种职能的风险状况。内部审计还可以利用大数据、数据分析和数据挖掘工具来识别隐藏的模式与趋势、异常情况以及政策与实践的不一致。

采用这些技术时内部审计面临的挑战包括：IT 和业务功能之间缺乏充分的协作，能够不受限制地访问数据和要求内审人员有才能和正确心态。为此，审计委员会、董事会和高级管理层对内部审计的期望越来越多地发生了变化，不仅仅是提供保证，而且能够提供对现有和新兴风险以及增值咨询服务的见解和预判。但是，在内部审计开始提供咨询工作的那一刻，他们必须确保角色定义明确，以避免失去独立性的风险，在举步维艰的业务推动过程中牢记：内部审计的作用是确保组织内的风险得到识别和减轻。

（三）加强自身基础，提升执业标准

技术和数字化正在改变银行向客户提供产品和服务的方式，又影响了银行业务流程和风险的维度，并改变了内部审计的角色和责任的期望。内部审计通过获取新的工具和方法来发展相关的技能，还应该学会与机器一起工作和协作。

内部审计的基本作用是为主要利益相关者（包括董事会、审计委员会、高级管理层和/或监管机构）提供独立保证。但是，越来越多的高级管理层希望内部审计更进一步提供有关战略和文化如何在实地运作的见解。同样，管理层或受审计方要求内部审计提供有关如何在控制和风险管理方面做得更好的建议。甚至对 CAE 担任首席风险官或首席合规官的额外角色的需求也在增加，这可能会使三道防线之间的界限变得模糊，并损害内部审计的独立性。

IIA 标准提供了关于内部审计如何"绕过三道防线"并在不损害其独立性的情况下实现成果的指导。为了实现提供基于风险的客观保证、意见和建议的目标，内部审计师必须在可靠和相关的 IIA 标准的坚实基础上建立职业规划。IIA 标准为内部审计提供了蓝图，用于评估和促进组织 GRC 流程的改进。符合标准是内部审计师取得成功并在未来保持相关性的唯一方式。

（四）利用创新的力量推动内部审计

技术创新和数字化的快速发展影响了银行业的内部审计职能，包括遇到的挑战和采取的战略。审计正飞速创新发展，变革是不可避免的，必须在银行内部审计工作范围内考虑新风险的出现。内部审计师面临评估新的风险，包括深度舞弊风险、数据质量差的风险、治理风险、文化和行为风险、战略风险、与道德相关的风险（特别是使用 AI 和机器人技术）及其他风险。除了最初的独立性保证外，内部审计师被期望能以提供见解和增加组织价值来发挥作用。比如作为业务顾问，在涉及新技术和创新的变革项目的设计阶段或更早发挥作用。

推进内部审计部门职能不断变化和拓展新的工作范围，将会遇到多重困难。第一，拥有所需知识，技能和态度的内部审计师的可用性。第二，内部审计在 FinTech 等新业务模式中有效且需保持敏捷性。第三，拥有增加外包安排特别是云服务的"审计权"。第四，拥有适当的审计工具和方法。第五，质量数据的可用性。第六，有足够的资源和预算来投资技术、工具、流程和人员。第七，平衡在传统角色中提供独立保证与对未知或控制不佳风险提供意见的相互关系。

为了应对这些挑战，第一，更新"内部审计章程"，以反映其不断变化的角色和工作范围。第二，不断审查三道防线的框架，加强与第二道防线的合作。第三，使用数据分析，数据挖掘和流程挖掘等技术。第四，采用新的审计方法，如连续审计和敏捷审计。第五，进行实时沟通不断改进并及时报告。第六，从系统化转向更具创造性的工作方式。第七，增加协作审计，特别是与云外包风险相关的审计。

（五）开展敏捷性审计

敏捷审计的动力源于日新月异的环境，灵活的方法使内部审计人员能够与利益相关者合作，促进信息交流并澄清审计工作的范围。敏捷审计有助于打破"SILO"心态，提高发现风险的能力，还能提高审计范围的有效性。制定敏捷审计工作的一些关键因素包括内部审计师的能力，他们必须具备相关的技术创新知识和最新知识。第一，内部审计团队应在不同风险领域构成多样化的技能组合。第二，从最高层开始的正确基调对于促进协作且将风险降至最低至关重要。第三，正确的文化和思维方式是不同单位合作的必要条件。内部审计师和利益相关者，甚至是管理层都必须改变自己并更新所使用的工具。

三、对人民银行内审工作的启示

（一）重塑自身价值，推动业务创新化

科技信息技术日新月异，推动内部审计开展不可避免的变革。内部审计必将重新审视自身，平衡其日常职能与创新，使自身能够对组织的风险及时敏锐地洞察，提供合理公正的保证，并及时增加自身价值，保持独立性。简而言之，内部审计需要升级，适应和采用新兴科学技术，做好决策者的耳目。人民银行各项业务在飞速迅猛发展，内审工作不能仅停留在纸笔化阶段，更应学会利用 Excel、SQL 数据语言、计算机辅助审计系统等,快速查阅数据,提取关键信息,提升审计效率和质量。同时,也进一步鼓励更多安全高效的计算机辅助审计系统的开发,推动内审业务的科技化创新,探索新型审计业务范围。

(二)建立良好沟通,获取支持和信任

内部审计信息化技术的创新型变革,必将导致内部审计各项职能颠覆性的转变,审计委员会、董事会和高级管理层对内部审计的期望也发生了越来越多的变化,内部审计的工作也朝着对新兴业务风险及相关增值服务提供保证的方向发展,所以获取信任和支持必不可少。在人民银行内审工作中,首先,可以多向党委部门介绍计算机辅助审计系统的安全性、便捷性和有效性,获取对采用新型审计技术的理解和支持。其次,多与被审计对象业务沟通,辅助系统的作用是辅助,更多的决策需要审计人员自身优良的职业判定。最后,利用新型技术向党委部门、被审计对象进行审计成果展示,说明在与时俱进的同时也不会缺少专业审慎的职业判断。

(三)筑牢执业原则,提升内部审计成果可信度

技术革新和数字化下,内部审计的范围也因此变得模糊,既是科技在推动业务发展中的参谋者和监督者,同时又担任在科技作用下业务运行的评价者。因此,严格界定内部审计范围,保持应有的独立性变得至关重要。在开展人民银行内部监督的过程中,应保持角色定位的警惕性,例如在参与信息技术、信息系统开发研究等的事前监督时,需考虑会不会影响到对基于其的业务运行情况评价。若存在风险,应及时向党委部门报告,提出不应承担有损自身独立性的业务及承担后的风险与后果。

(四)探索新型审计工具,加强专业人才培养

虽然技术创新和数字化在迅猛发展,带来了更多的机遇和挑战,但是内部审计始终不能缺乏专业审慎的职业判断。所以,对于内部审计人员来说提升自身业务技能的同时,更应加强对审计工具的探索,朝着数据化、信息化的方向提升专业性,并根据实际需要及时更新完善内部审计章程,不断适应新的角色和范围。积极去认知新型审计工具,并给内部审计人员提供学习和培训,以培养必要的技能和态度。同时,可以鼓励内审人员进行多方面的新型审计工具的探索,增进彼此之间的团结协作,在共同合作中获得有效的专业知识和新知识。

(五)积极探索"区块链+内审",紧跟时代步伐

"区块链"拥有非中心化、不可篡改、信息可靠传递等特点,给现有业务带来颠覆性的创新,同样给内部审计提出了新的挑战。因为审计工作在收集信息、分析数据、判断问题严重性以及形成客观公正的结论上会消耗大量资源,而"区块链"在信息真实、完整方面能节省大量的工作资源,审计人员在获得信息后,不用花大力气做信息的校验、访谈等工作,可以使审计人员获得更多的信息,把更多的精力集中在对发现问题的评价上,从而提高审计效率及质量。随着习近平总书记在中央政治局第十八次集体学习时强调,"把区块链作为核心技术自主创新重要突破口""加快推动区块链技术和产业创新发展"。"区块链"的发展成为焦点,人民银行的审计人员也该紧跟时代

步伐，深入学习区块链的概念，了解其特点及其应用的每个过程。探索适合央行的"区块链＋内审"技术，做到早探索、早推广、早应用，更加有效履行好央行的内部审计职责。

参考文献

The Institute Of Internal Auditors Singapore. Pashing the Internal Audit Boundaries［EB/OL］.（2019）［2019 － 11 － 27］. https：//iia. org. sg/sites/default/files/2019 － 06/BSIA% 20PCR% 202019_0. pdf.

2019 年金融业 IT 内部审计热点

中国人民银行庆阳市中心支行　董春光　付江　刘甲

摘要： 德勤企业管理咨询有限公司发布了《2019 年金融业 IT 内部审计热点》（2019 *Hot Topics for IT Internal Audit in Financial Services*），其主要内容涉及 IT 内部审计职能面临的挑战，以及这些挑战对内部审计造成的影响，提出了未来高效开展 IT 内部审计的"五要素"。

关键词： 内部审计　金融 IT

这份报告是依据英国金融服务机构的调查，及在 2019 年中与首席内部审计师、IT 审计主管和 IT 审计专业人员的讨论形成的，讨论内容涉及金融业的重点领域和技术控制环境所面临的挑战。德勤企业管理咨询有限公司采访了英国金融服务业的 20 多个主要组织，以集中获得 2019 年 IT 内部审计计划中的"热点话题"和重点领域的观点。虽然"网络安全"在报告列表中仍然排在第一位，但有趣的是焦点已经开始转向网络"可恢复性"、事件响应和恢复能力，以及对新数字资产的安全考虑。事实上，在 2019 年的调查中，职能部门似乎更"着眼于未来"，首次引用了人工智能、机器人、过程、方法与系统等要素，并特别强调了上述要素需要克服的审计挑战；虽然这些挑战是"新出现的风险"，但不难预见，在不久的将来，这些风险将成为影响正常业务活动的核心风险。

一、IT 内部审计职能面临的挑战

（一）对减少审计开支的意愿强烈

表 1 显示了被调查组织被问及 IT 内部审计职能面临的挑战时出现的高频词组。有 40% 的被调查组织希望预算保持稳定或减少，要求"用更少的成本提供更多的东西"，同时寻求解决更广泛 IT 风险的途径。

表 1　IT 内部审计职能面临挑战的高频词组

变量	IT 审计领域
技术和业务审计技能	革新
SME 可用性	三线协作
预算和成本	网络弹性
审计灵敏度	技术风险

续表

变量	IT审计领域
更改页面	技术技能
风险承保的完整性	利益相关者管理
针对人工智能的自动化和高级分析	保证和建议
资源调配	留住人才
留住顶尖人才	新兴风险

（二）对全能型人才的需求愈发强烈

人力资源挑战在前几年表现尤为突出，现在仍然值得关注。高新技术人才很少，特别是具有强大和深厚的IT专业知识以及良好的商业意识的"全才"。正如一位受访者强调的那样，"越来越难找到并留住那些同时拥有技术和专业内审技能且具有合规人际关系的人，以实现资源集中，增加价值，推动业务和IT审计发展"。

（三）对金融审计人员的培养成本增加

金融行业缺乏云计算、大数据和人工智能等新兴技术方面的内部专业技能解决方案，那些通过招募技术专家扩充其核心团队的职能部门会发现，技术专家和审计人员在风险和控制方面的思想差异可能会导致需要投入大量资源以提高技术专家的审计技能，使其成为合格的专业的审计人员。

（四）对新技术需求与实现能力不足的矛盾日益凸显

使用技术和创新来转变职能并提供"预测性"洞察力，是审计委员会和利益相关者越来越普遍的要求，然而许多职能部门仍然难以实现这一目标。原因包括：用于此类活动的专用投资预算不足；没有足够的专家资源来主导这些倡议；或者在传统审计思维主导的团队中存在文化限制。

二、金融业高效开展内部审计的五个要素

随着金融机构不断利用数字科技等前沿技术创造新的价值，越发意识到金融业尽快开发新的审计工具的重要性；在很多情况下，需要专业的研发团队专门从事新型审计工具开发工作，以便可以有效应对金融机构不断攀升的创新能力以及由此带来的各类监管风险。德勤内部审计3.0报告为未来的高效审计工作提供了一个框架，该报告所展示的审计功能正好可以应对数字科技带来的新风险。报告认为，一个高效的IT内审团队的核心要素可以归类为以下五个方面：保证、建议、预期、推动因素、数字技术（见表2）。

表2　德勤内部审计3.0

智能保证				
保证	建议	预期	推动因素	数字技术
核心过程	强化三道防线	风险感知	自动化核心保证	分析学
最大风险	控制效果	风险学习	人工智能灵敏度	流程自动化

续表

智能保证				
保证	建议	预期	推动因素	数字技术
决策治理	涉及保证	企业	深度影响报告	人工智能
行为	变化期间	下一代资源	反应小组	自动化问答
三道防线	—	关系管理	更换催化剂	仪表板
数字技术	—	—	—	—

（一）保证

提供及时保证是内部审计的核心，对一个高效的 IT 审计项目而言，需要一个能够平衡各方面的审计计划，来对核心流程和控制提供保证，同时确保涵盖主要风险或高风险，如网络、数字化的变更以及新技术带来的风险。许多职能部门已经开始借助现代化的审计工具和方法来实现连续审计：一方面使用人工智能，机器人和大数据分析等技术可以实现智能化的实时监控，另一方面可以生成自动化的分析报告。如果 IT 内审能够启用上述保证功能，则可以将技术资源优化分配到风险较低的"商品化"领域，从而释放更多资源用于根本原因分析、咨询或与高级管理层的交流。

（二）建议

建议部分称，首先要确保 IT 内部审计拥有独立的、客观的提供建议的能力，广义地说，高效的 IT 内审职能应该通过分享见解、行业风险框架、同行经验来增加价值。一个典型的例子是：人工智能和新技术带来的风险可能是管理层还不太了解的，因为管理层将重点放在内审功能和概念验证的执行上，而这些风险可能未被重点关注。IT 审计可以掌控风险框架，即提供"建议"，并推广"设计控制"的概念，这有助于 IT 管理嵌入机制和自动化控制，以支持实时保证或异常报告等目标的实现。IT 审计在 IT 转型计划中占有一席之地，将不再只是提供变革方面的"保证"活动，而是充当挑战和实时风险支持"建议"角色。

（三）预期

预期可以理解为事前审计，真正具有创新性和前瞻性的 IT 内部审计职能部门侧重于在出现风险或问题之前生成并提供预防性的见解。从某种意义上讲，这与传统的事后审计方法相反，事前审计侧重于关注出现问题的地方或控制未起作用的地方。金融行业中已经出现了这样的例子，通过对客户投诉内容、风险事件记录以及监管问题的分析，建立因果关系，最终分析找到根本原因或产生可以推动预防措施的预测见解。尽管目前成功的案例仍然是少数，但可以看到大多数内审工作以这种方式思考，越来越多的资源用于开发能够提供预测分析功能且具有实用价值的解决方案。

（四）推动因素

推动因素包括人才、技能以及其他关键要素，例如人工智能灵敏度。报告提到了由 IT 审计团队交付使用的一些内审方法，增加了内审交付的价值或增强了内审工具本身的运营效率。就人才和技能而言，职能部门应寻求能够全面掌握 IT 高效内审方案及全面的 IT 审计人才，可以深入掌握人工智能和新兴风险的专家型人才。因此，注重内部人才发展才是真正的高效内审工作的一个显著特征。

（五）数字技术

数字技术中的可能包括一些高级文本或语音分析，在某些情况下具有行为和情感分析功能。后者可以作为完全集成的语音和交互监控平台，监控各种风险因素之间的交互。通过使用无监督的机器学习应用程序来补充基于风险管理和控制的分析，使用多种不同的算法（包括拓扑数据分析等尖端技术）来梳理数据集中的关系和异常值，从而实现功能创新。这是以完全数据驱动的方式完成的，从而降低了审计人员无意识而导致的风险偏差。传统的分析通常是由一组标准的内审检查流程来驱动的，或者由一个了解调查和结果分析领域的专家来进行分析，这样虽然可以更加高效，但也有可能出现因分析人员的先入为主的偏见导致出现"未知"的偏差。数字技术工具是由技术娴熟的数据科学家开发，一旦部署，审计人员通常只需要很低的专业技能就可以使用它们产生数据流来识别跨业务功能的异常行为。

三、对人民银行内审工作的启示

（一）全方位提升审计人员能力

IT 内部审计对内审人员提出了更高标准的要求，内部审计正在向专业化、技能化、知识化方向发展，对于人民银行内部审计人员来说，审计技能、金融知识、IT 技术储备三者缺一不可。正如《2019 年金融业 IT 内部审计热点》中提到的仅仅将 IT 技术专家扩充到审计队伍中是远远不够的，必须充分利用内部培训、参加专业协会、远程培训等途径提升广大内审人员 IT 内部审计技术能力和知识水平，通过以查代训、内部专家指导等方式建立起适应人民银行内审人员的成长规划方案，逐步促使内审人员更新知识储备，确保内审人员专业水平保持稳定。

（二）建立科学的 IT 审计项目库

我们可以从《2019 年金融业 IT 内部审计热点》关于"保证"和"建议"部分得到启示，IT 审计项目不同于传统的审计项目，易受到网络、系统、数字化变更以及新技术带来的风险因素影响，审计计划要尽可能覆盖 IT 审计项目的主要风险和高风险，确保对核心流程的控制。建议在开展 IT 审计项目前，设立对应的审计项目库、完善审计项目方案选择机制，为每个审计项目量身定制一套高效的审计方案，保证审计核心流程的完整性和风险覆盖的全面性，并根据业务变化及审计实践及时修订完善，不断推进 IT 审计业务规范化发展。

（三）充分发挥 IT 技术在人民银行内部审计中的应用

从人民银行各项业务发展情况来看，信息化建设已成为趋势，各项业务均需依托计算机、服务器、交换机、路由器等硬件设备和操作系统、业务系统、数据库等软件资源才能正常稳定运行，在这样的背景下，传统的审计方式已不能满足对信息系统的审计要求。《2019 年金融业 IT 内部审计热点》指出，一个高效的 IT 内审团队离不开数字技术的有力支撑。在日常业务审计中，我们要积极利用系统运行过程中产生的日志数据进行挖掘，提高审计效率，同时要借助外部辅助审计工具对业务数据、电子账簿等进行分析、筛选、整理，直观地反映异常数据变动，快速从各个业务条线的数据中提取有价值的信息，进行数据挖掘、数据分析，及时发现风险隐患，更好地发挥内部审计的作用。

（四）加强事前审计，发挥预防性监督和控制作用

充分考虑德勤会计师事务所关于事前审计重要性的认识，我们可以研究探索对辖内单位风险管理状况开展事前审计的方式方法，比如利用风险评估系统数据分析结果和内审综合业务管理系统审计案例，对可能影响组织目标实现的风险事件及高风险领域进行排查，揭示人民银行业务部门在履职过程中的风险点和注意事项，并从业务过程、防控机制等方面提出审计意见，提示业务部门强化防控措施，防范风险，提出预防性的审计报告，确保人民银行各项业务整体上达到风险可控。

参考文献

Deloitte Consulting. 2019 Hot Topics for IT Internal Audit in Financial Services ［EB/OL］. (2019). https：//www2. deloitte. com/br/en/pages/risk/articles/tendencias-auditoria-interna-servicos-financeiros. html.

关于提升内审绩效的思考及启示[①]

——基于影响内审绩效因素实证分析的角度

中国人民银行西宁中心支行内审编译组[②]

摘要：内审绩效是内部审计运作效率与质量的集中体现，内部审计显著影响信息安全与内部控制的有效性。本文主要阐述内审绩效的内涵与特点，总结编译了影响内审绩效的因素、内涵与路径，并基于此梳理出对于人民银行内部审计的启示，希望为提高人民银行内部审计绩效并促进持续审计提供参考建议。

关键词：内审绩效　团队协作能力　信息化审计　履职能力

企业组织逐渐聚焦于提高运作效率，并实现不同系统部门的信息融合以实现业绩效率的最大化。其中，内审部门可确保信息系统的准确性、核实运营过程是否需要修正确保信息系统中交易过程的准确性与完备性，故内部审计可显著影响信息安全与内部控制有效性，而对内审绩效的衡量与评价则是保证上述进程较好运行的关键，纽约州立大学经济管理学院 David C. Yen 等人通过实证分析手段探究内审人员履职能力、团队协作能力和信息化审计活动对内审绩效的影响效应，得出的理论成果为提高人民银行内审工作效率与质量提供了新的角度与思考。

一、研究对象的从业特征

虽然较多国家实施了 IIA（国际内部审计师协会）审计实践标准，但实施 IIA 实践标准的效果会受到文化与监管条规差异的影响。比如，美国与亚洲的内审人员在社交互动与职场中是具有显著差异的。如对于管理层的热情与鼓励，两个内审群体的反映是截然不同的。为了解亚洲内部审计人员的从业特征，作者向参加在台湾举办的 IIA 特别会议的人员发放了调查问卷，在筛选后的 246 份调查问卷中显示，女性审计人员比例明显高于男性，达到 65.9%，受过高等教育的比例也达到 60.6%，受访的调查者大部分为金融或会计专业，且拥有注册内部审计师（CIAs）证书的人员占到 69.8%，但是拥有信息化审计能力的审计师则相对较少，仅占 4%。最常用的计算机审计软件是 Excel，其他计算机审计软件的推广比例仅有 6.5%，具体调查数据见表1。

---

① Tung-Hsien Wu, Shi-Ming Huang, Shaio Yan Huang, David C. Yen. The Effect of Competencies, Team Problem - solving Ability, and Computer Audit Activity on Internal Audit Performance [J]. Informantion Systems Frontiers, 2017, 19 (5): 33 – 48.

② 编译组成员：陶华、周森、崔强、裴传聪。

表 1　亚洲内部审计人员的从业特征

统计变量	统计组别	频数	百分比
受教育程度	高中	3	1.2%
	大学	166	67.5%
	研究生及以上	77	31.3%
所获证书	CIA（国际注册内部审计师）	139	69.8%
	CISA（国际信息系统审计师）	8	4.0%
	CPA（注册会计师）	7	3.5%
	其他	45	22.6%
专业	金融学或会计学	151	61.3%
	工商管理	58	23.6%
	信息技术（IT）	10	4.1%
	机械工程与电气化	9	3.7%
年龄	小于 25 岁	1	0.4%
	26～35 岁	51	20.8%
	36～50 岁	156	63.4%
	50 岁以上	38	15.4%
公司雇员人数	小于 100 人	32	13.0%
	100～300 人	51	20.7%
	300～500 人	29	11.8%
	500～1000 人	39	15.9%
	1000 人以上	95	38.6%
公司审计雇员	1	54	22%
	2～5 人	141	57.3%
	6～10 人	25	10.2%
	10 人以上	26	10.5%
审计软件	Excel	172	69.9%
	ACCESS	20	8.1%
	ACL	27	11%
	IDEA	3	1.2%
	自主研发软件	18	7.3%
	其他软件	11	4.5%
	未运用审计软件	58	23.6%

注：审计软件统计项中，ACCESS 为 office 自带的数据库软件，ACL 为访问控制列表软件，IDEA 为 java 语言开发的集成环境。

二、影响内审绩效的因素及内涵

（一）CAATTs 与内部审计绩效

在审计应用技术中，计算机辅助审计工具和技术（CAATTs）是应用最普遍的，它通常应用于审计应用控制，其融合包括数据库系统以实现内部审计目标，此外，CAATTs 还可用于编写执行自动化审计的脚本以实现持续审计的目标，2011 年全球内部审计调查（IIARF 2011）显示，只有 46.9% 的内部审计人员使用计算机辅助审计软件来执行内部审计。在信息系统中，信息技术控制分为两类：一般控制与应用控制，一般控制可以应用于所有系统与进程，包括数据库、操作系统、系统开发和程序更改。而应用程序控制用于确保相关交易的有效性、完整性和准确性。而对于电子系统内部控制的有效性，CAATTs 系统可协助其确认有效性。内审人员可以通过 CAATTs 自动获取数据并进行分析，内部审计师便可通过自动化分析手段进行连续审计，从而缩短审计时间和减少审计成本。

根据研究假设的要求，调查样本可以分为实施 CAATTs 的公司与未实施 CAATTs 的公司。从表 2 可以得知，实施 CAATTs 的公司在知识、技能、任务自我效能、计算机自我效能、团队协作能力、信息化审计活动、内审绩效等方面均高于未实施 CAATTs 的公司，两组之间在知识、计算机自我效能、信息化审计活动、内审绩效等方面存在显著差异。

表 2　实施与未实施 CAATTs 公司统计对比

统计维度	组别	数目	平均值	标准差	概率值
知识	实施	188	4.988	0.899	0.003
	未实施	58	4.572	1.026	—
工作技能	实施	188	5.598	0.733	0.612
	未实施	58	5.540	0.810	—
任务自我效能	实施	188	5.864	0.750	0.966
	未实施	58	5.859	0.976	—
计算机自我效能	实施	188	5.113	0.966	0.000
	未实施	58	4.438	1.101	—
团队协作能力	实施	188	5.597	0.748	0.202
	未实施	58	5.451	0.786	—
信息化审计活动	实施	188	5.431	0.810	0.049
	未实施	58	5.176	1.005	—
内审绩效	实施	188	5.592	0.829	0.060
	未实施	58	5.351	0.925	—

（二）履职能力与内部审计绩效

履职能力通常与以下几个因素有关：动机、性格、自我认知、知识与技能。其中性格、动机与自我认知是人性的核心层面，但上述特质往往在日常中难以察觉且后天的练习难以塑造。相反，技能水平与知识水平则易显现且可以通过后天练习获得。以往的研究也表明，协调和整合市场的能力、技术与综合能力这三大核心工作能力可以提高工作绩效。

可采取 KSA 履职能力评估模型来评估与计量审计能力，一般来说，KSA 模型包含审计人员的知识水平、技能水平与态度。关于履职能力的衡量，自我效能作为其标准是常用的方法，审计自我效能可分为任务自我效能与计算机自我效能。而内审人员的知识则包括审计知识、信息安全管理、数据库管理、ERP、风险管理、会计以及 CAATTs 等知识。

（三）信息化审计活动与内部审计绩效

国际上通常采用审计周期去衡量信息化审计活动，在国际技术审计指南（GTAG）中，审计周期包括计划、准备、测试与评审四个阶段：

计划阶段，内部审计师协会建议对被审计单位进行风险分析，此外，审计组还必须了解风险分析的过程与有关的信息系统操作规范。

准备与测试阶段，内部审计人员必须充分了解审计所需数据，以及如何获取这些数据，当然包括制定执行数据分析和增强自动化持续审计的脚本。

审核阶段，审核组应向管理者提供建议，此阶段内部审计师可以使用审计依据与审计结论准备审计报告和建议。

信息化审计的主要功能是促进内部审计，而内部审计的目的是为了提高内部控制的有效性并构建良好的企业管理体系。内审人员应根据制定的审计原则，制定信息化审计程序与范围。若信息化审计项目可以按期完成并保证到达预期。信息化审计团队将保证其审计工作的质量与效率。另外，对计算机知识的匮乏也直接影响了信息化审计的范围，当内部审计人员拥有数据分析工具、信息技术、内部控制与审计方法相关的能力时，审计团队就能获得信息化审计活动所需要的数据以及进行合理的数据分析，并建立完备、全面的自动化审计模式。故信息化审计活动显著提高了信息化审计活动的专业性与完整性，使内审结论更具有综合参考价值。

（四）团队协作能力与内部审计绩效

团队协作能力是团队能力类型之一，其可帮助团队灵活应对变化的环境，并迅速实现团队的目标。团队协作能力包括每位成员的知识水平、技能水平与能力，因此团队协作能力是由个人履职能力形成与发展起来的。

问题—解决行为理论认为，问题的解决过程分为定义问题、信息搜寻、制订方案、评价结果等多个方面。对信息化审计的分类可能因项目性质差别而不同，因此，每个审计项目所遇到的困难是相异的。而与信息化审计项目相关的工作内容可能包括职责的划分、管理数据的迁移和处理应收账款。上述审计职责划分必须由不同专业特长与专业领域的内部审计人员团队执行，故团队协作能力是保证项目的开发质量的又一关键因素，信息化审计项目与传统审计项目是具有差异的。团队组织可以利用其解决问题的能力，快速灵活地处理变化与问题并迅速调整其方法以完成审计目标。

三、内部审计绩效影响路径探究

对于内审绩效、履职能力、团队协作能力与信息化审计之间的关系由图 1 可得，内审人员的知识水平对内审绩效具有显著的间接影响，内审人员知识水平显著影响技能、任务自我效能与计算机自我效能。技能、任务自我效能与计算机自我效能显著影响团队协作能力，而知识对于团队协作能力并无直接显著影响。实证结果显示，技能、任务自我效能与信息化审计活动的中介效应是显著的，故技能、任务自我效能、计算机自我效能对知识水平间接影响团队协作能力具有中介变量的作用。

结论表明，即使内审人员有能力进行信息化审计，其必须将个人知识与经验同团队审计项目结合起来以发展团队协作能力，使得审计项目团队能够快速生成问题的最优解决方案。并且内审人员同样需要具备必要的履职能力来计划审计活动、发布审计报告、使用 CAATTs 来收集和分析，并根据表格自动化连续审计以提高内审绩效。

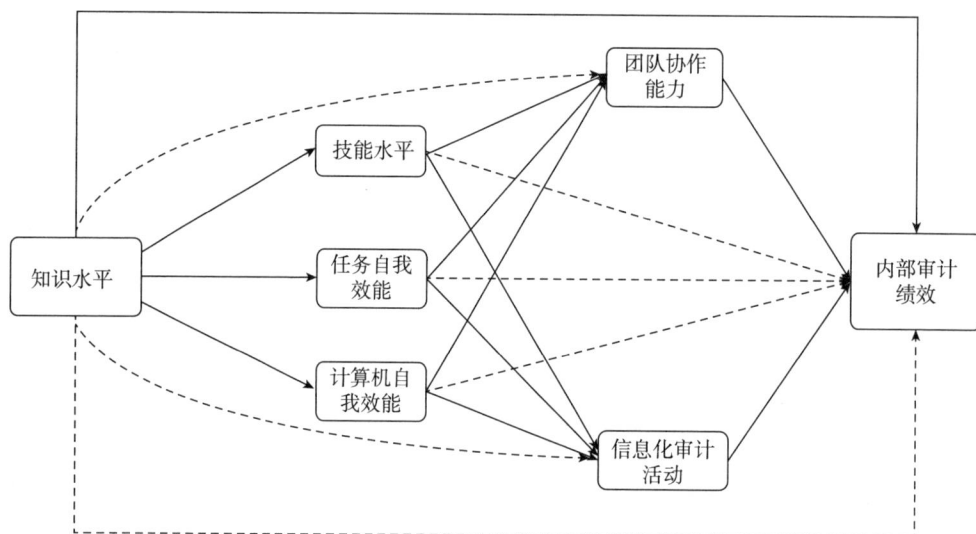

注：上图中实线代表影响程度统计学上显著，虚线代表影响程度统计学上不显著。

图 1　各因素影响内部审计绩效路径

四、对人民银行内审工作的借鉴与启示

（一）加强业务水平，提高内审履职能力

人民银行内审工作是服务于组织管理的，其中审计能力的不足是造成内审影响力有限的重要原因。本文的实证结论也表明，内部审计人员的知识水平与计算机自我效能普遍较低。所以要加强人民银行内审队伍人才建设，可从以下几方面努力：

1. 提高内部审计技术性，由于被审计单位（处室）各项业务信息系统的普及，故内审部门应考虑如何提高内审人员的数据库管理知识、信息化审计技术和自我效能，紧随"大数据"发展趋势建立数据审计新模式，为综合性工作和审计项目查证比对提

供全面、准确和高效的服务。

2. 开展新审计项目之前，应确保审计人员充分熟悉与了解审计的相关依据与方法，切实防范审计中发生的风险事件，根据实际审计内容、风险环境的变化来调整审计技能与工具。

3. 创新内审人才的引进、培养与评价模式，首先，根据内部审计工作的新变化适时调整人才引进策略，提高内部审计部门的专业性与技术性，更好地适应不断变化的审计环境与风险环境。其次，营造"比、赶、超"的工作氛围，量身定制审计人员的职业发展规划，不断壮大审计人才队伍。最后，建立统一的人员考核评级方法与指标体系，比如，建立多层级绩效评价体系，选取定量与定性指标，根据实际履职情况进行打分，并赋予不同的影响权重，更加科学准确地反映内审工作人员绩效。

（二）提高团队协作能力，塑造审计团队文化

国际管理学家赫尔·雷格尔指出："企业组织文化是成员间共有的哲学、意识形态、价值观、信仰、假定、期望态度和道德规范。"组织文化代表着内部的行为指针，其并不能由契约明确下来，但却制约和规范着管理者与员工。内部审计的规则与战略已经相对成熟，但不可忽视的是，没有积极、健康的团队组织文化，战略的实施也会面临失败。因此，战略与组织文化并不是一个非此即彼的对立问题，而是需要相互调整和融合的。塑造优秀的团队文化，内审人员除了应有专业的审计知识与技能之外，还应具备良好的社交礼仪、沟通能力以及处理人际关系等技能。审计组内要建立高效有序的沟通机制，如在审计结束后与部门成员召开座谈会，总结审计中的经验与得失，激发审计工作创新，从而发挥出最大的团队效能。尤其需要考虑的是怎样在审计发现问题整改阶段与被审计方沟通，既要尽力消除被审计方的抵触情绪，也要保持交换意见的独立性和连续性，消除共同谋划风险，充分向行党委负责。

（三）积极推动审计工作创新

面对日新月异的发展形势，人民银行各部门如货币信贷、支付结算、国库、科技的业务出现了许多新变化、新特点，各类办公信息新系统开始出现，对于各业务条线新的风险点该如何防范，是需要人民银行内审工作人员需要思考的重大问题，因此我们的内审工作也需要进行迭代与创新。

由于市、县支行内审队伍建设相对薄弱，可以按照信息化审计的需要建立跨部门的审计小组，充分发挥个人职业特长。在尽可能规避利益冲突、减少隶属关系控制、领导层意见干预和保密要求的前提下，建立一个高效、客观、严谨的内审工作队伍。

创新审计工作形式，改进审计报告内容与方式，提高可读性。人民银行对于审计报告的结构、内容、语言等虽有着固定的格式与规则，但是主审人可以根据审计项目的差异灵活选择报告侧重点。如侧重于审计发现问题的表述，精简基本情况等部分的内容以突出问题导向。可采用图表展现比对、追溯对比等方式更简洁清晰地表述报告内容，积极学习借鉴其他单位内审工作创新点与国际内审工作最新理论成果，改进自身内审工作，不断提高内审绩效。

以德尔菲法预测数字化对
未来审计工作的影响[①]

中国人民银行海北州中心支行内审编译组[②]

摘要： 持续的经济数字化为审计行业带来了挑战和机遇，并要求审计师及其客户进行调整。在大数据分析、人工智能（AI）和区块链技术发展的背景下，本研究调查了德国审计专业人员在未来五到十年内预期的审计实践变化。在德国进行的两轮调查表明，在给定的时间范围内，审计工作预期不会有深远的变化，年度审计将逐渐朝着连续审计的方向发展，新技术不会代替审计员，而会提供救济和支持，虽然继续留在该行业将变得更加困难，但在近几年不会对审计师的履职环境造成破坏性影响，反而在审计过程中使用新技术后会提供更多研究机会。本文通过研译，提炼了该项研究的主要成果，旨在为提升人民银行内部审计工作质量提供有益参考。

关键词： 数字化　大数据　人工智能　区块链　审计

一、数字化与审计之间的联系

（一）大数据分析

大数据具有数据量大、流通速度快、多样性、高价值的特征。在过去的几十年中，随着数据存储成本的直线下降，数据量呈指数增长，大数据技术可以迅速生成并处理大量以数字、文本、图片、音频、视频等非结构化方式存储的数据，具有很高的潜在价值。

大数据分析在审计方面的使用目前并不明显，在"大数据"时代下，进行数十亿笔交易的会计数据仍是小的，并且通常情况下会计数据结构良好，但大数据分析技术也可以应用于较小的交易量。因此"大数据"处理模型可应用于全面审计，而不适用于随机审计。大数据分析在审计中可以间接地利用大数据外部的非会计信息来丰富对业务运行的见解或将这些非会计数据与会计数据进行合理性匹配。

（二）人工智能

目前对人工智能没有统一的定义，人工智能基于参与人类活动信息的处理，现阶段大多数人工智能应用于语言识别、视觉识别或逻辑问题解决。

---

① Victor Tiberius, Stefanie Hirth. Impacts of Digitization on Auditing：A Delphi Study for Germany ［EB/OL］. ［2019 – 11 –03］. https：//doi. org/10. 1016/j. intaccaudtax. 2019. 100288.

② 编译组成员：焦海清、夏萧轶、谈岩莹、哈裕婷、赵明、马启梅。

从审计角度来看，人工智能能找到会计数据中的异常。当前，机器学习是人工智能最重要的子概念，越多的数据被输入到算法中，它可以学习的就越多。但是，未来人工智能还有其他应用于审计的途径，例如，人工智能可以避免库存流程中的人为失误或用于改善整个审计行业的流程和标准，强大的人工智能甚至可以取代人工审计。

（三）区块链技术

区块链是分布式数据存储、点对点传输、共识机制、加密算法等计算机技术的新型应用模式，是一个去中心化数据库，按时间顺序存储全部交易信息并供每个节点的网络成员使用，该节点拥有相同的副本并验证称为块的每个事务，当每个新块都附加到先前的块上时，串联的块将构建成区块链。由于需要分散验证，在数据库中不能进行单方面更改，因此区块链的透明性可以很好地防止欺诈，未来审计也有可能被区块链系统所取代，通过区块链系统处理交易时，由于所有交易均实时经过去中心验证，因此使用区块链系统是可以被信任的。

二、数字化对审计影响的预测

（一）德尔菲研究法

德尔菲法是指使用标准化问卷对专家进行至少两轮的提问，并对上一轮的结果给出结构化反馈，来提高受访者的共识。德尔菲法适用于预测社会未来状态，与天气等因果决定论的自然发展过程不同，未来社会是基于人类的意图、社会互动和巧合。因此，社会预测可以来自一组专家表达他们的主观知识和基于经验的意见，该方法已应用于管理的诸多领域。不同于情景分析法，该方法生成多个未来场景，通过合并多个专家声明进行预测，从而最大程度地减少对专家陈述造成误解的风险。德尔菲研究的目标是使表达的意见趋同，缩小统计范围，形成明确的共识。在审计方面可以探索未来发展和趋势。

（二）德尔菲研究对未来德国审计工作发展的预测

德国利用德尔菲法研究了未来五到十年中审计对象观念的改变、审计师与客户关系的变化、监管变化、审计结构、程序及审计职业概况的变化六个主题，从不同角度提出针对性预测。

1. 审计对象观念的改变。德国利用德尔菲研究法从审计对象的角度提出以下几点预测：一是未来五到十年内，公司资产负债表中的无形资产的数量将比现在高，估值更具灵活性，审计的信息量将会减少。这一预测只有12%的受访者完全同意，但大多数专家认为未来无形资产比物质资产更重要。二是被审计方将更信任数字化审计程序，而不是人工审计程序。对于这一预测，大部分受访者持反对意见，可能是因为实证性预测与理想性预测之间存在差异，一些受访者可能没有回答他们的期望，而是回答了他们希望发生的事情。三是数字化将使审计人员的个人判断过时。绝大多数的受访者反对这一预测，即使数字化审计客观上优于人工审计，但人类仍然可能更信任和偏爱人类的判断，而不是程序化的判断。

2. 审计师与客户关系的变化。除了审计对象外，付费客户也是另一个重要的利益相关者群体，因此该实验的预测也涉及审计师与客户之间关系的变化：一是在未来五到十年内，客户将不会认为目前的价格模式是合适的，因为数字化程度的提高将削减费用。61%的专家预计数字化将对当前的审计服务价格模式施加压力。二是审计师与客户的关系将变得更加紧张，因为数字化通常伴随着更高的透明度，数字透明度会导致客户承担更高的责任风险。三是使用区块链技术进行交易的客户将认为常规审计已过时，使用区块链技术的客户会质疑是否还需要正式审计。但这一预测遭到了82%参与者的反对，反对的原因可能是由于这一极端的预测对整个审计行业构成了威胁，受访者可能已经用更理想化的预期取代了他们的真实预期，其次，区块链技术只能描述单个交易，主要是相对于资产负债表的其他部分的损益表。

3. 监管变化。监管机构构成了审计机构的第三个重要利益相关者群体。随着技术的进步，未来很有可能需要进行监管改革。因此，第三部分涉及以下几点对监管改革的预测：一是新的数字业务和审计标准之间将存在巨大的监管差距。在许多情况下，技术进步比立法和制定监管制度要快。受访者认为数字化将需要新的标准，但监管机构将无法在给定的五年到十年的时间内制定新的标准。二是会计和审计标准将由人工智能建立，97%的受访者不同意此项预测，他们不认为新的审计标准可以由人工智能制定，认为应该由人类监管机构设置。

4. 审计结构的变化。除了对审计利益相关者的预测外，对审计组织的结构变化和程序变化也进行了预测。一是在接下来的五年到十年内，93%专家认为数字化将对简单的审计产生积极影响，审计的常规程序将自动执行，但对 IT 合规性或数据保护咨询等非审计任务的工作量不会减少。未来审计人员将免予日常简单的审计，而专注于诸如咨询、决策等复杂和高要求的任务，比如通过分析非结构化数据来支持数据科学家进行探索性的大数据分析。二是在未来年度审计可能会被连续甚至实时审计所取代。一方面现在的年度审计与可以立即获得的财务数据或新闻相比信息提供不及时，但客户等利益相关者要求更频繁、更近期、甚至持续的实时审计，这需要客户和审计人员之间通过实时数据交换来满足，例如使用可扩展业务报告语言（XBRL），以及基于大数据分析的自动会计和审计程序。另一方面技术的进步和资本市场需要更迅速可靠的财务报告，如果投资者拥有透明、最新和可靠的财务信息，可以减少甚至完全避免季度报告偏离先前预期后在股市进行的重大价格修正，从事连续甚至实时审计的股票上市公司将受到投资者的青睐，先驱公司可能会迫使其他人效仿，为某些交易所建立新的标准。

5. 审计程序的变更。一是57%的专家认为，在未来五年到十年内全面审计会取代随机审计成为新标准，全面审计将使审计对象之间的信任度更高。目前的手工审计程序会随机选择部分业务交易，以合理的概率确保包括未评估的所有业务，符合有序会计的标准。随着日常审计程序的不断自动化，使涵盖客户公司所有交易的全面审计成为可能。有部分专家未同意的原因是全面审计不仅取决于审计机构的技术基础架构，还取决于客户的技术基础。另外，全面审计的额外工作和费用是否与其附加价值成正比，审计师没有看到完全审计相比随机审计的明显优势。二是大部分专家认为在未来，审计风险依旧存在，不会因人工智能的发展而消除，原因有以下三点：第一，全面审核的不确定；第二，许多专家期望审计师在将来的审核过程中扮演关键角色，从而消除人为错误是不可能的；第三，完全自动化的审计流程不可能完美无缺，如人工智能不能做出高度谨慎自由裁量的审计决策。

6. 审计职业概况的变化。预测的最后将审计作为一种职业来探讨审计人员的变化。一是在未来五年至十年特定的审计知识和技能仍然主导审计工作，而不是 IT 知识，即使 IT 知识在审计中变得更加重要，这也将由 IT 专家提供，而不是由审计师提供。二是在过去的二三十年中，由于知识的大量增长，增加的考试要求会降低毕业生对该领域的兴趣，审计行业对年轻人的吸引力降低。三是在过去的二十年里，国际财务丑闻在一定程度上损害了公众对审计师的信任。未来的丑闻可能会推动这种发展。四是审计程序的自动化会降低成本，审计费用将面临降低的压力，这可能导致审计师的薪酬减少。

三、对人民银行内审工作的启示

（一）加大审计信息化建设力度，加快审计科学化进程

随着人民银行各项业务和管理活动信息化的普及，内部审计的对象、范围、线索、风险都发生了变化，按照审计数字化转型的需要，应加快信息化建设步伐，加大对计算机辅助审计的使用和推广，实现计算机网络审计监督关口前移。搭建审计与业务条线大数据查询与统计平台，建立业务系统与内审监督系统同步的非现场监督系统，实现现场审计与非现场审计互补的审计作业方式，推进内部审计传统手工操作向主要运用计算机等信息化工具的转变，健全风险点、敏感点、关键点共享机制。实现数据分析机器化、专家化、智能化，监控预警模块化、自动化、实时化。推动传统"专家经验判断"向"数据模型分析"模式的转变，提高审计结果的客观性，提升审计的数字化、智能化科学化水平。

（二）健全数字化审计机制，强化数据风险管理

数字化对审计工作不仅意味着机遇，同时也使审计面临着更多的风险和挑战，如何做好风险管理，成为数字化环境下审计工作成败的关键。从组织架构、制度、流程及审计项目的组织方式等各个方面，建立数字化审计机制，对审计过程中可能出现的风险进行预测和评估并制订风险预案，引进先进数据安全技术，防范审计信息失真等数据风险，全面确保审计信息系统的数据安全及审计数据的可靠，减少审计风险，避免假账真审，将风险意识贯穿于审计工作的始终，才能充分发挥审计的内生动力和作用。

（三）加强审计专业队伍建设，促进信息化审计人才培养

在内部审计信息化建设过程中，构建一个强大的内部审计信息化队伍，对于内部审计信息化建设起到举足轻重的作用，内审部门更加需要专业型和复合型的人才。鼓励干部职工考取与内审相关资格证书，积极打造一支懂业务、懂技术的一专多能型内审人才队伍，大力培养数据分析师，组建大数据分析团队。积极鼓励老审计人员更新知识、提升水平的同时，要积极引进信息化审计人才，充实审计队伍，为审计的数字化转型提供人力保障。

英国审计署云服务指南①及其启示

中国人民银行银川中心支行内审处　杨硕

摘要： 政府公共职能部门和企业越来越多地采用云服务，旨在通过改变运营方式降低成本、提高效率。本指南概述了云服务，并从审计视角列出组织在云服务规划、实施和管理阶段需要考虑和解决的问题。本文立足于人民银行"数字央行"发展规划，从云服务路径选择方向出发，提出对人民银行信息技术审计的启示建议。

关键词： 云服务　审计委员会　信息技术审计

云服务是指使用互联网访问组织场所外部存储的系统和数据，主要提供虚拟化的资源。尽管云解决方案引入了新的合约模型，但仍可以将其视为 IT 服务外包的发展方向。英国政府的数字化战略支持公共部门和私营企业广泛使用云服务，鼓励信息系统向云的迁移。但是传统的组织可能缺乏选择正确产品、安全实施并有效管理的能力和专业知识。特别是涉及多个供应商时，云服务成本、迁移技术和后续管理都是需要考虑的因素。

一、云服务概述

云服务通过互联网提供，不同于传统信息系统主要依赖组织内部的软、硬件设施。高速发展的互联网技术为云服务创造了新机遇，不断拓宽应用领域。云服务在效率、灵活性和安全性等方面的显著优势可以通过云供应商的规模经济和专业知识实现。

1. 云服务模式。目前，云服务种类主要分为 IAAS、PAAS、SAAS 三种模式。每种模式都提供了自己的特定功能和特性，来适应不同的应用场景和企业。图 1 将本地系统架构与三种服务模式进行了对比。

---

① NAO. Guidance for Audit Committees on Cloud Services［EB/OL］．［2019］．https：//www. nao. org. uk/wp-content/uploads/2019/04/Guidance-for-audit-committees-on-cloud-services. pdf.

本地系统	基础设施即服务	平台即服务	软件即服务
数据内容/安全	数据内容/安全	数据内容/安全	数据内容/安全
应用程序	应用程序	应用程序	应用程序
数据库	数据库	数据库	数据库
操作系统	操作系统	操作系统	操作系统
服务器	服务器	服务器	服务器
存储设备	存储设备	存储设备	存储设备
网络设备	网络设备	网络设备	网络设备

□ 用户管理　　■ 服务商管理

图1　本地服务和各类云服务之间的对比

（1）基础设施即服务（IAAS）。提供的服务是对所有基础设施的使用，如，CPU、内存、存储、网络、防火墙等资源。为最灵活的云服务模式，最不可能导致供应商锁定，用户能够部署和运行任意软件，包括操作系统和应用程序。但是随着业务数据累计增加需要花费更高的费用去升级服务器或者扩容存储空间。

（2）平台即服务（PAAS）。提供应用程序开发、测试和部署平台，包括应用设计、开发、测试、部署和托管等服务。用户必须具备较高的IT技术水平。

（3）软件即服务（SAAS）。用户直接通过网络租用供应商提供的应用软件服务，不需要安装或维护软件或拥有自己的硬件。但对更新和功能更改的控制最少，会面临软件许可、软件维护和技术支持等隐性成本不断增加，也很难迁移到其他云服务平台。

2."云"的类型。上述三个级别的云服务可以在以下类型的云上提供：

（1）公共云：多个客户可共享相同的硬件、存储和网络设备等资源，不用架设任何设备或配备管理人员，便可享有专业的IT服务，这对于一般创业者、中小企业来说，无疑是一个降低成本的好方法。

（2）私有云：云供应商为单个客户提供特定云系统的专用使用。架设私有云是一项重大投资，需自行设计数据中心、网络、存储设备，并且拥有专业团队。

（3）社区云：在有限的组织之间共享专用服务，这些组织对安全性、隐私、性能和合规性有共同要求。

（4）混合云：这是上述内容的组合，其中某些应用程序和服务在公共云中运行，而其他应用程序和服务在私有云中运行。

二、云服务的评估

在选择云解决方案之前，组织需要评估云是否适合他们的需求和目标。云服务供应商正在市场上大力推广他们的服务。对于决策者来说，有必要清楚了解各种云服务的相对优点和潜在缺陷。而管理层则需要制定明确的需求目标并对备选方案作出恰当评估，综合考虑成本效益，从而选择最适合的供应商。

（一）数字战略

成功的数字战略应以更广泛的全局视角和战略为中心。组织在部署"云战略"时，应制定明确的数字战略和清晰的技术要求，避免过度依赖于特定技术方案。

审计委员会可以提出的问题：

1. 数字战略的优先重点是什么？数字团队是否了解组织运营现状？

2. 技术要求是什么？组织是否考虑过选用哪种类型的云解决方案？能否确保用户将访问的所有地方都能访问到互联网？

3. 是否真正了解本地系统向云平台迁移的复杂性和相关配置？数字化策略是否对系统迁移进行风险评估？

4. 在安全方面是否遵循最佳做法？在承诺使用云服务之前，该组织是否遵循了国家网络安全中心发布的云安全原则？对于云服务如何与现有的服务、系统和进程兼容是否有一个长远的规划？

（二）业务案例

云服务供应商一般会以成本效率、适应性、可扩展性和安全性等优势来宣传云服务。但是，不同的供应商有不同的定价要素，比如，根据用户数量和数据规模等因素，云服务的成本可能会有很大差异。

审计委员会可以提出的问题：

1. 组织对云服务的投资成本和预期收益是什么？是否清楚组织当前使用云服务的情况以及未来的变化趋势？是否分析了备选云解决方案的固定成本、边际成本及阶梯成本？是否需要购买全套服务或精简或更基本的版本？

2. 商业模式考虑的时间范围是什么？管理层是否在合同中明确如果供应商没有跟上行业标准的变化，组织有权终止合同？如果服务定制化程度较高，是否会影响续签合同时的谈判地位？

3. 风险应对成本是多少？例如，如果数据隐私或其他法规发生变化，将服务回迁的成本是多少？

（三）尽职调查

云服务供应商种类繁多，很多都是全球供应商。政府对供应商经过预先筛选，只是为了检查他们是否适合与政府合作，而不是为他们的特定服务提供任何保证。因此，选择标准应涵盖组织的特定需求。组织应对备选供应商进行尽职调查，以查核他们是否符合所有安全规定、相关标准及业务特定需要。

组织机构应该清楚，他们对云端数据的安全负有责任。供应商可以提供一个安全的技术环境，但识别和处理数据泄露、黑客入侵等行为仍然是组织的责任。

审计委员会可以提出的问题：

1. 组织和云供应商之间是否有明确的责任关系？组织对云供应商将有什么监督机制？云供应商是否签订分包合同，如何管理风险？是否已作出足够的尽职调查，来降低违反《通用数据保护条例》的风险？

2. 服务功能是否得到验证？组织是否通过市场调研，了解该服务的配置情况？新服务与其他系统能否进行整合？是否有一些功能仍在测试中，有可能会未经通知而被修改或撤销？

3. 服务条款是什么？云供应商保证的存储空间和服务功能是否足以满足组织的需求？业务连续性安排是什么？供应商的责任上限是否足以弥补组织遭受的任何损失？

4. 供应商的基础设施部署在哪里，该机构的数据在哪个司法管辖区保存？对数据境内存放和跨境行为是否有法律法规保护？

5. 供应商获得了哪些安全认证？符合哪些信息安全标准？如何防止未经授权的访问？

6. 组织是否了解供应商会反馈哪些安全信息？是否有足够的专业知识和能力来理解反馈的信息，并及时处置警报？

7. 组织是否考虑过利用市场竞争优势选择其他供应商而终止当前合同的成本？合同终止过程是否有完整的文件记录，当前合同中云供应商是否有协助传输和删除数据的法律承诺？是否有合同条款明确供应商向组织提供电子数据，以便转移至另一供应商？

三、云服务的实施

相较于传统系统而言，云服务配置可能更为复杂。管理层需要确信他们已经充分了解并能够接受实现云服务涉及的相关风险。

（一）系统配置

云环境中的潜在变化和创新可能使配置比本地网络更具挑战性。正确的配置可以确保云服务系统和原有系统进行高效、安全地通信和互操作。

审计委员会可以提出的问题：

1. 组织是否制订了项目管理计划？供应商对系统配置方面的承诺是什么？

2. 是否为迁移准备了基础设施、应用程序和数据？如果旧数据质量较差，是否应将其以现有状态传输到新系统中？其他系统能否集成？

3. 组织是否过度依赖第三方资源？实施完成后内部团队是否全面了解系统的配置方式？

4. 组织是否遵循最佳实践？是否清楚记录了迁移到云的过程？实施前的测试是否充分并完整记录？

5. 用户是否全程参与迁移？

（二）风险和安全

云服务并不一定比现有的技术架构更安全，它们所面临的安全风险大致相似。云解决方案虽然具有强大的网络防御能力和多层安全性，但同样存在大量默认配置的问题。

审计委员会可以提出的问题：

1. 组织是否明确技术风险的责任归属和应对措施？组织是否对系统资源枯竭、数据泄露、误操作等风险制订应对方案？操作人员是否了解其职责范围内发生各类风险的可能性及处理措施？

2. 合同是否涵盖数据保护、许可和管辖权变更等内容？

3. 组织是否更新了业务连续性计划？系统备份如何实现？

（三）实施

云服务的实施过程中，除了技术管理外，还必须关注变更管理对所有利益相关者和用户的重要性。

审计委员会可以提出的问题：

1. 主要利益相关者是否通过全面的变更管理策略参与实施？组织是否根据所选服务为用户提供培训和指导？

2. 是否有应急计划？

3. 是否制定了测试规范？

四、云服务管理

转向云服务应该会减少组织维护内部管理系统所需的人力物力，云服务供应商可以负责管理和维护基础设施，以及软件更新。但组织不能将数据管理和业务流程控制的责任外包出去。

（一）变更

云服务上线后，可能会面临一个短暂的问题高发期，在此过程中，持续的变更管理对于消除用户疑虑、匹配系统接口或更新配置都非常重要。与内部部署环境相比，云环境更具动态性，更改和更新的频率和数量会更大。

审计委员会可以提出的问题：

1. 对云供应商的计划是否有明确的监督？云供应商是否公开发布新功能和系统升级计划？组织是否评估计划变更对业务的影响？

2. 系统变更和升级的责任是否明确？内部团队是否具备管理变更的权限和知识？将更改发布到实时服务中之前，是否进行模拟测试？

3. 是否已打开审计功能以提供跟踪信息？

（二）保障

云供应商通常以服务组织控制报告形式向客户提供保证。云供应商委托独立审计师编写这些报告，以确保其流程安全合规。管理层需要掌握这些报告提供的保证以及可能存在控制缺陷或需要进一步保证的领域。

审计委员会可以提出的问题：

1. 管理层是否了解不同服务组织控制报告的一般范围和局限性？

2. 服务组织控制报告的频率是否足以跟上持续改进的步伐？如果云供应商对其系统进行重大更改，是否有相关合同条款要求获取最新报告？

3. 管理层是否仔细审查服务组织控制报告的结果？

（三）能力

将系统功能移入云系统并不一定会在效率方面取得显著提升，简单的云应用程序可能对性能需求没有多大影响，复杂的集成将需要大量的前期资源来配置和实施，需要较长的时间来管理系统改进和更新。

审计委员会可以提出的问题：

1. 组织会保留必要的技术档案吗？

2. 是否有足够的能力来管理更新、停机和系统变更？组织是否会保留了解云系统配置并能够管理变更和持续改进的人员？技术团队是否能够有效地监控云系统的更新和对组织的影响？

3. 是否有足够的商业经验和法务能力来质疑性价比和合规性？商业团队是否可以通过监控工具了解云系统的使用情况？他们是否能够理解成本动因，以确保持续的性价比？如果有违反服务合约的情况，是否有充足的法律依据维护合法权益。

五、对央行内部审计工作的启示

随着我国金融改革的不断深入和信息技术的快速发展，由金融科技的兴起与发展所催生的金融创新和金融新业态不断涌现，为适应新形势的变化，更好地履行中央银行职能，人民银行总行提出建设"数字央行"的发展战略，充分利用大数据、云计算技术，实施 IT 架构转型升级，对人民银行内部管理和各项业务进行整合与重构，打造高效履职、能够适应和胜任信息化条件下的金融服务与监管职能"数字化"的中央银行。在总体规划的指引下，各分支机构纷纷先行先试，积极开展探索，在保障数据安全的前提下，推进人民银行内部以及人民银行与外部机构之间的纵向、横向数据整合和开放共享。随着云计算的不断渗透，在以虚拟化为基础的 IAAS 私有云之上，基于容器技术和分布式中间件构建适用于人民银行分支机构的云服务平台，形成分布式服务型系统架构，已经成为一种可行的解决路径，很可能会成为未来人民银行"数字化"进程中的一种备选方案。

在云服务不可逆转的发展趋势下，云环境的开放性和商业性、特有的数据和服务外包、虚拟化和跨业务领域共享等特征使其面临的安全威胁相比传统 IT 环境更复杂多样，给信息技术审计带来新的挑战。云租户对云环境资源的非法访问、恶意云管理员的越权操作和误操作、云端数据泄露、被破坏或丢失、云基础设施资源枯竭、配置不当、网络遭受攻击等风险将会成为信息技术审计重点关注内容。人民银行各级内审部门需要持续从关注风险的角度出发，在推动央行科技工作改革升级过程中，始终紧跟技术发展趋势，围绕信息系统重大风险、重要业务应用系统和科技领域重点工作开展信息技术审计，靠前一步，主动学习了解云服务在金融行业领域的场景应用和安全保障，主动加强与科技和业务部门的沟通协调，及时掌握业务需求变化和技术路径选择，做好知识储备，更新审计技术和工具，为高质量发挥审计监督职能奠定坚实的基础。

5G 技术变革下内部审计人员的发展方向

——基于 IIA《全球视角和见解：5G 和第四次工业革命》①②的思考

中国人民银行银川中心支行内审处　赵倩

摘要： 2019 年 5 月，国际内部审计师协会（IIA）在《全球视角和见解》上发布了题为《5G 和第四次工业革命》的报告。报告分为两个部分，分别阐释了 5G 技术可能产生的影响及其对于组织和内部审计的意义。本文通过梳理 5G 技术变革对组织的影响，探索内部审计人员在 5G 时代背景下的发展方向。

关键词： 5G　内部审计

一、5G 技术概述

5G，即第五代无线网络通信技术，不但可以改善设备性能，使我们的生活更加便利，还将使通信数据容量得到前所未有的增长，从而使得以前无法想象的服务应用变为现实。同时，5G 的技术性能能够保证高速的数据传输、减少等待时间、节约能耗和成本、提供更高的系统容量和大规模的设备连接，带领我们进入一个"万物互联"的泽字节③时代。5G 将通过"网络切片"④重新定义网络基础设施的意义，届时，人工智能（AI）、物联网（IoT）、无人驾驶、远程控制等都将得到普及和应用。

二、5G 技术变革对组织的影响

5G 的到来必将重新定义整个行业，并创造新的行业，给目前的商业环境带来颠覆性的影响。它对组织的影响主要体现在以下两个方面：

（一）彻底改变组织文化和工作环境

2017 年 1 月，IHS Markit⑤ 在《5G——5G 将如何影响全球经济》一文中指出，"在

---

① IIA. 5G and the Fourth Industrial Revolution, Part I［EB/OL］.（2019）. https：//global. theiia. org/knowledge/Public%20Documents/GPI-5G-and-the-Fourth-Industrial-Revolution-Part-I-English. pdf.

② IIA. 5G and the Fourth Industrial Revolution, Part Ⅱ［EB/OL］.（2019）. https：//global. theiia. org/knowledge/Public%20Documents/GPI-5G-and-the-Fourth-Industrial-Revolution-Part-Ⅱ-English. pdf.

③ 泽字节（Zetta Byte），简称 ZB，是一种计算机存储容量单位，1ZB 大约等于 1 万亿 GB。

④ 网络切片，指提供针对特定用途的定制网络，并为网络资源利用率提供更多更新的可能。

⑤ IHS Markit 公司是为推动全球经济发展的主要行业和市场提供关键信息、分析和解决方案的全球领导者。

245

移动技术从一项对个人通信产生变革性影响的技术发展为颠覆整个行业和商业环境的通用技术的过程中，5G 起到了支柱性作用。" 5G 将从根本上改变组织提供产品和服务的方式以及消费者的消费方式，它能够帮助组织几乎实现对移动通信的完全依赖。但是数字化转型的主要挑战之一将是组织文化的变革。组织文化是被组织成员普遍认同和遵循的价值观念、行为规范、群体意识等的总和，是组织经过长期实践形成的。优秀的组织文化能够增强组织价值的认可度、影响员工的工作态度、规范行为方式，从而实现组织的战略发展目标。对于打算引入 5G 技术的组织而言，他们的领导者必须从公司战略的角度出发，思考引入 5G 技术即将要面临的发展和挑战，而且组织能否成功引入 5G 技术在很大程度上取决于领导者如何把控组织文化。

同时，5G 也将彻底改变工作环境，尤其是制造业和信息服务业。对于制造业而言，5G 将为更高水平的自动化发展提供条件，助力智能工厂的建设，由人工智能取代人力，降低生产成本，提高生产效率和质量，更便于组织管理和长远发展。对信息服务业来说，5G 将对现有网络环境造成巨大的冲击。一是数据安全问题导致对防火墙等保障数据安全的技术提出更高的要求；二是超高网速和超大数据容量将给服务器带来前所未有的压力，从而使得对云服务的需求更大、要求更多。

（二）影响组织战略决策和政府政策

5G 将诱生新的业务模式，使得旧的业务模式要么进行颠覆性改变，要么被彻底遗弃，因此，5G 技术变革也会导致组织的战略决策和政府相关政策变得尤为复杂。

在 5G 时代，只有能对持续连接和即时信息环境做出有效响应的组织才能获得成功。因此，希望通过利用 5G 技术实现变革的组织应合理利用 5G 时代正式到来前的这段时间，建立自身的技术应用和资本化战略。这些组织必须从成本效益的角度，充分考虑现有有线网络基础设施的状况，权衡将其转换为完全无线系统的成本支出，以及无线系统将给组织带来的未来收益。他们还必须考虑在这一变革中信息技术部门为确保业务部门能够充分利用新技术而需要承担的额外压力。

5G 的容量和基础设施在全国范围内的部署水平对 5G 带来的收益起着决定性作用，而这也是 5G 发展面临的最大挑战之一。许多司法部门都存在审批流程过长、监管不一致以及费用范围过宽等问题，因此，为了能够充分发挥技术的潜力，政府需要精简审批流程，简化 5G 设备安装的程序，加快 5G 基础设施的建设并对运营商采用基于成本的定价政策，从而加速 5G 的部署和应用。

三、内审人员的职业发展方向

5G 的到来势必导致组织发生变革，可能是技术变革、产品和服务变革、结构和体系变革以及人员变革中的一种或几种，甚至是全部。因此，内部审计应该对 5G 将会带来的机遇和发展进行预测，分析审计部门现状，并考虑其未来的发展之路。2019 年 1 月 20 日，IIA 秘书长兼首席执行官理查德·钱伯斯（Richard Chambers）在博客中提醒读者，5G 技术革命的到来使得内部审计的变革尤为迫切。的确，5G 的到来对内部审计发挥战略性和支持性作用的能力提出了更高的要求，也使得首席审计执行官（CAE）

意识到采取行动增强员工技能的紧迫性，他们需要为内部审计人员设定新的技能要求以应对技术变革对内审工作的冲击。

（一）创新工作方法，提高工作效率

1. 不断创新工作方法是内审人员职业发展的需要。IIA 标准 1230 指出，"内部审计师必须通过持续专业发展来增加知识、提高技能和其他能力。"但是 2018 年北美内部审计脉搏调查结果显示，截至 2018 年年底，采用审计任务流程自动化和审计证据分析自动化方法的审计部门仅占样本的 18% 和 13%，加上拟计划采用的，占比也不到 40%（见图 1）。随着 5G 时代日益来临，巨大的变革之下，内部审计部门在工作中接纳并利用新技术解决问题的需求更加迫切。内部审计人员应当克服对新技术的抵触情绪，主动了解诸如区块链等技术的工作原理，以及如何根据组织实际情况合理利用这些技术，并带头引进人工智能、认知计算①和智能机器人技术等。此外，随着组织实施新的业务流程，实时审计的必要性将大大提升，因此，审计人员还需要在审计过程中充分运用机器学习和数据分析技术。

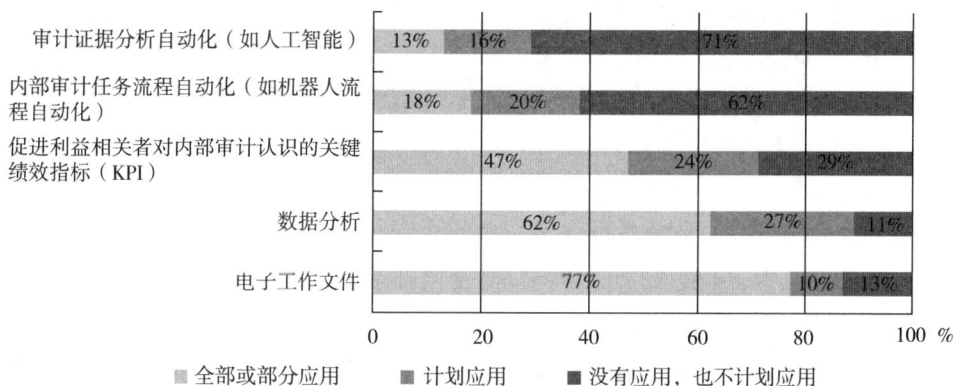

注：2018 年北美内部审计脉搏调查问卷，第 32 个问题：请描述您所在审计部门在以上几个方面的应用程度。n = 636。

图 1　2018 年北美内部审计脉搏调查

2. 提高工作效率可以为 CAE 发挥咨询服务功能创造条件。2018 年 2 月，IIA 刊发于《全球视角和见解》上的《变革时代的内部审计》一文提到，哥伦比亚内部审计师协会秘书长 Ana Cristina Zambrano Preciado 认为，"如果审计部门不得不花费大量的精力来处理合规问题，那首席审计执行官就不可能认真思考变革，难以发挥值得信赖的顾问的作用。"一个人的精力总是有限的，要想切实发挥 CAE 的战略咨询和顾问作用，就必须为他们创造相应的条件，而解决这一问题的直接办法就是提高内部审计的工作效率和工作质量。例如，内部审计部门可以创新工作方法，通过利用数据分析、人工智能、机器人流程自动化等技术来代替传统的电子工作文件提高工作效率；利用机器

---

① 认知计算是认知科学的核心技术子领域之一，是人工智能的重要组成部分，是模拟人脑认知过程的计算机系统。

人流程自动化来开发软件，帮助组织的第一道防线①实现对整个数据库的分析，而不仅限于小样本的抽样分析。内部审计能够通过这种方式推动变革，为第一道防线提供一种风险管理活动自动化的方法。这样一来至少能为 CAE 留出更充足的时间，从而省下精力来从战略层面思考如何应对业务风险。

（二）加大培训投入，提升工作能力

5G 时代到来之际，组织必须加大对内审人员的培训投入，通过培训的方式，不断增加内审人员的知识储备，培养精通各项审计技术、具备较强技术能力的专业人才，为内部审计人员创新工作方法，在审计工作中应用新技术提高工作效率和工作质量提供有力保证。因为即使内审人员已经知晓了这些先进技术对于审计工作的重要性，但是却在理解和应用这些技术所需的知识储备方面尚有欠缺。例如，众所周知，数据分析能够帮助内审人员对全样本及其中的相关性进行分析，从而提升内审人员开展确认服务的能力，并为组织提供建议和前瞻性意见，但在 2018 年北美内部审计脉搏调查中，当被问到所在审计团队能否整体掌握数据挖掘/分析所必需的知识、技能和其他能力时，只有 62% 的 CAE 给出了"强烈同意"或"较为同意"的答案。由此可见，CAE需要对内审人员进行数据分析技术方面的培训，扩大该技术在实际工作中的应用程度和应用范围，不断增强内审部门提供咨询服务和战略思考水平。

（三）增强对新兴风险的识别

内部审计和高管层一定要注意组织在创新中可能遇到的风险和危险。例如，5G 会推动大数据的使用，但大数据还伴随着组织必须考虑的诸如数据安全、数据保密、数据的存储和管理成本、数据质量等相关风险。内部审计可以利用这些数据对风险进行更全面的评估，改善审计工作，还能为各个行业的组织提供更高水平的确认服务。

此外，当组织引进 AI、RPA 和其他相似技术的时候，内部审计要对其可能伴随的风险进行确认、评估和监督。这需要内部审计能够对新兴风险有深入的理解和认识，采取完善的控制措施，并利用相应的工具和资源（如 IIA 的《人工智能审计框架》）提供所需服务。

（四）与 IT 部门和利益相关者保持密切联系

IT 部门作为 5G 技术变革的主要推动者，内部审计人员为了加深对 5G 技术的了解，及时关注行业的创新趋势，必须与 IT 部门保持紧密的联系。加深对 5G 技术的了解有助于提高内部审计发现组织面临的新威胁和漏洞的能力，还能帮助内部审计部门找到有效应对网络安全问题的更好办法。

除此之外，内部审计的工作方向必须与利益相关者的期待保持一致。通过预测利益相关者对新技术、战略和业务模式的期待，内部审计要在必要时为他们提供有价值的帮助和服务。例如，利益相关者越来越希望内部审计能够关注组织文化，尤其是组织文化对组织的整体影响。由于内部审计在确定由组织文化引起的风险是否已经得到确认和解决方面处于优势地位，因此能够就如何引进和利用新技术以及新技术将如何

---

① COSO 风险管理"三道防线"指出，第一道防线为直接面对和管理风险与控制的运营管理、业务经营等部门。

改变组织文化提供重要的见解。

四、对人民银行内审工作的启示

(一) 加强审计信息化建设

5G的到来促使内部审计要与时俱进,进一步加强审计信息化建设。一是探索大数据、云计算和人工智能等新技术辅助审计方式,积极运用新技术引进和开发多种计算机辅助审计软件,同时,鼓励有专业特长的内审人员进行工作创新,建立各类辅助审计工具,完善辅助审计系统。二是强化数据分析,扩大辅助审计系统的应用程度和范围,精准筛选、挖掘审计线索,提高非现场审计调查能力和审计效率。

(二) 加强风险评估

5G技术变革下,数据安全、数据保密等相关风险将大大增加,在开展风险评估工作时,要将这些风险纳入评估范围,并格外关注,确保及时、完整、准确识别风险,堵塞漏洞。同时,也对风险评估人员的知识储备、专业技能提出了更高的要求,必要时可借助业务条线专家,甚至聘请外部专家,共同参与风险评估,提高评估结果的科学性、合理性、有效性。

(三) 加强人才队伍建设

一是树立超前培养、复合培养观念,增强信息化审计方式方法和SQL、SAS、SPSS等数据分析工具的培训力度,提高审计人员运用数据分析工具的技能,培养具备信息化理念和技术辅助审计思维的复合型审计人才。二是加强与科技部门的沟通,通过跟班学习、专题讲座、专家授课、集体研讨等方式,使内审人员加深对5G技术的了解,及时掌握5G技术在人民银行系统的应用情况,调整风险关注方向,做好应对各种风险的准备。

内部评估控制系统：综合评估模式①

中国人民银行固原市中心支行　周正福

摘要：国际内部审计师协会研究基金会（IIAR F）发表了《内部评估控制系统：基于企业风险管理的综合评估模式》的研究报告。报告阐述了一种名为综合评估模式（CAM）的新型内部评估控制模式，该模式的部分内容对人民银行的内部控制具有一定借鉴意义。固原市中心支行内审科将主要内容进行了编译整理，现予编发，供参阅。

关键词：内部评估控制系统　综合评估模式　风险控制

一、CAM 的基本含义

综合评估模式（CAM）是一种考虑到所有相关业务目标，对控制和风险管理过程客观、系统评价的创新方法，目的是为有效监督提供坚实、可靠的基础，从而推动内部审计行业的发展。

（一）CAM 对内部控制的定义

- 某种预期的结果，无论是正式的标准还是管理层的期望。
- 一种收集实际情况信息的方法。
- 一种比较实际与预期的方法。
- 一种对偏差作出反应的方法。

（二）CAM 衡量内部控制系统控制程度的标准

- 有能力对具体的业务和治理目标作出反应。
- 能够减轻预期的风险。
- 以前定义控制过程可以完整地反映。
- 设定期望的程度。
- 收集数据的过程。
- 审查、比较和纠正过程。

（三）CAM 判断内部控制系统有缺陷的标准

- 没有真正说明纠错过程。
- 基于无标准的控制。

---

① IIAR R. Evaluating Internal Control Systems：A Comprehensive Assessment Model（CAM）for Enterprise Risk Management［R/OL］.（2019）. https：//www. theiia. org/research.

- 仅捕获关于有缺陷过程部分信息的控件。

同时，还应考虑以下因素：

- 与确定的业务和治理目标有关的所有风险的覆盖程度。
- 选定的控制措施的力度，包括：控制的信息来源独立性；IT 自动化可追踪的角色划分。
- 控制措施及时应对负面事件的能力。

（四）CAM 评价内部控制有效性的标准

- 实施控制所需资源的可得性。
- 遵守既定控制设计的情况。
- 监测残余风险的情况。

二、CAM 下内部控制的基本程序

根据控制目标，控制基本上分三步进行：

- 识别或测量某种现有的情况（行为、信息、间接情况等），一般称为输入。
- 确定偏离所定的标准或期望/预期。
- 启动纠正行动，并在合理水平内达到预期结果。

在总体评估中必须考虑到以下控制步骤或组成部分：

- 确定可接受的例外标准或预期结果的限制。
- 获取输入（确定实际情况和如何收集信息）。
- 能够将输入或实际情况与期望的结果或标准进行比较。
- 在标准与实际之间有差距的情况下采取纠正行动的类型和时间。
- 支持交流控制结果（口头、书面、数据处理等）。

任何控制，无论是简单的还是复杂的，手动的还是自动的，都可以根据这些组件的组合进行分析。

三、CAM 模式下内部控制的标准

CAM 给定过程的控制标准具有不同程度的重要性，其重要程度是基于相关业务和治理目标的重要性和数量，同时考虑标准面临相关潜在风险的程度。各种标准是基于定量尺度来衡量的，这将最大限度地减少分析师判断的随意性，增加该模式的客观性。

（一）相关性

相关性是衡量内部控制程序在所有基本步骤中处理分析具体控制目标的相关程度。具体表现为：

- 控制者具有完全或部分拦截负面事件的能力，可以识别和诊断负面事件。
- 控制者有能力通过具体的纠正行动将意外情况减少到可接受的水平，而不干扰常规行动。

（二）及时性

即控制对负面事件的反应需要多长时间。

它是衡量在下列方面采取行动或作出反应的时间：

- 收集控制信息并识别异常的时间。
- 启动控制活动的纠正阶段，以消除或减少异常影响的时间。

（三）覆盖范围

所有重大风险是否都被包含。

（四）强度

控制的强度是由一系列因素决定的，这些因素会影响相关风险产生时控制有效性的总体评价。

1. 自由裁量权：控制是主观的，它基于严格的标准和人的判断。

2. 隔离：隔离是将业务活动与控制活动分开，以避免违规情况发生。

3. 独立性：衡量控制权所有人在管理执行控制权本身所需资源方面的独立程度。

4. 综合控制因子：也称综合控制因素或综合标准是指衡量在统一控制目标下以协同方式加强和综合其他控制的能力，可以提高内部控制系统的总体效力。

5. 自动化：衡量使用自动化手段和 IT 来执行控制过程的控制评估标准，它的补充是依赖人的因素来执行内部控制。

6. 适应性：控制对波动有多大的适应性（如果控制易受控制活动波动性的影响，那么它就不那么有效）。

7. 可追溯性：可追溯性是指内部控制系统在执行后能够验证内部控制有效性的程度。

四、CAM 下内部控制评估的方法

内部控制标准制度制定的无论如何简单或复杂，都应遵循以下规则：

- 评估细则要明确。
- 评估细则要用自上而下的逻辑制定。
- 评估细则的应用应自下而上。
- 评估细则必须得到一致和充分的适用。
- 评估细则的应用必须记录在案，以便能够追踪验证结论。

（一）定量与定性相结合的方法

CAM 评估方法能够采取自下而上的办法，将控制过程与评价结合起来，以达到对内部控制系统的实体一级的评估。

控制目标的测量可以使用：

- 定量，采用定量的方法来确定系统的数值。例如，控制的成本因素可以用所占用的全部等价物的价值来考虑。
- 半定性，即评级以离散尺度为基础，分类部分是主观/酌定的。

（二）内部控制系统评估流程

1. 对内部控制各项指标进行评估。

2. 对内部控制系统的总体业务过程进行评估。上一阶段对各种控制目标进行了单独评估，这一评估阶段是在风险分析的基础上进一步对上一阶段单独评估结果进行合并加权，并考虑对业务流程进行总体评估。

3. 对内部控制系统的进程执行情况进行评估。此项为由内部审计者对内部管理系统进行评价并向所有者和任何其他涉众表达简洁和可理解的意见。

表1 内部控制系统的总体评估

评级1	健全的控制系统：能够实现控制目标的系统，能够减轻与流程相关的业务和治理目标相关的风险（基于风险接受策略）
评级2	适当的内部控制系统但需要改进一些领域：旨在减轻与流程相关的业务和治理目标相关风险控制目标（基于风险接受战略）的系统，但某些领域（不是关键领域）需要改进，以满足健全控制的要求
评级3	适当的内部控制系统但需要改进一些关键域：该系统实现了旨在减轻与流程相关的业务和治理目标相关的风险的控制目标。但一些控制并不完全符合健全控制的必要条件（缺乏自动化、可追溯性、隔离等）
评级4	内部控制制度不健全，需要重大改进：控制措施只能部分实现旨在减轻与流程相关的业务和治理目标相关风险的控制目标
评级5	内部控制系统失效：控制的组合不足以实现旨在减轻与流程相关的业务和治理目标相关的风险的控制目标

五、对人民银行的启示

（一）明确内部控制系统评估细则，提高控制系统适应性

CAM模式要求，内部控制系统评估细则要明确细化，并尽量减少受活动的波动性的影响。因此，各级人民银行应当根据自身实际情况，尽量明确细化内部控制系统的标准，同时在标准制定时充分考虑活动中出现波动的影响，提高系统适应性。

（二）提高内部控制系统的独立性，更好发挥内控系统风险防范功能

CAM模式要求，内部控制系统的独立性要求内部控制所有权人要能够独立获得控制所需资源（包括：不依赖来自区域以外来源的信息来进行控制活动；可以视需要增加或减少控制所需人力资源；可以视需要获取控制所需资金和技术等）。因此，这要求人民银行各级党委要高度重视内部控制的重要性，加大对内部控制部门所需资源的支持力度，尤其针对市县一级基层央行内部控制部门人员老化较为严重，学习能力不能适应履职需求等现象，及时补充人员，提高内部控制部门防控风险能力。

（三）提高内部控制系统的风险覆盖水平，做到重大风险全覆盖

CAM模式要求，有效的内部控制系统必定覆盖所有的重大风险。因此，人民银行在制定内部控制评估细则时要尽量包含其在管理履职中的所有风险，尤其要注意对外

依法行政、合同管理、"三重一大"事项决策等易出现重大风险的领域，做到出现风险及时预警、及时处置。

（四）提高内部控制系统的自动化水平，减少人为风险因素

CAM 要求，一个有效的内部控制系统应该有较高的自动化水平，并且控制过程的所有要素（信息输入、测量、标准、比较和纠正）都应由自动化系统或 IT 予以支持。因此，人民银行系统要充分利用自动化和大数据技术开展内部控制风险管理相关工作，争取对内部控制各个系统的所有要素自动进行输入、分析、比较和矫正。

澳大利亚审计署公共资源绩效审计对央行绩效审计工作的启示

中国人民银行巴州中心支行　李海霞

摘要：绩效审计是有别于财务审计、合规审计的一大审计类型，是现代审计的重要组成部分之一，已成为当今各国政府及公共部门审计的主流，也是我国政府及事业单位审计的发展方向。澳大利亚国家审计组织（以下简称 ANAO）在 2019 年发表的《公共资源绩效审计实施报告》（以下简称《报告》）中对如何加强公共部门绩效审计工作进行了专门阐释。自 20 世纪 70 年代以来，ANAO 开始对联邦公共部门开展绩效审计，长期以来积累了丰富的经验并取得显著成效，他们的有益经验和做法值得我们借鉴学习。人民银行巴州中心支行对《报告》内容进行了提炼，并借鉴其中的主要观点对人民银行内审工作提出几点启示。

关键词：绩效审计　公共部门　评价

一、《报告》的主要内容及观点

ANAO 以评价与监督政府部门所管理的公共资源或公共支出的经济性、效率性和效果性为目标，是控制政府开支以及评价其受托经济责任的一个有效武器。

（一）开展公共部门绩效审计的必要性

1. 有利于评价公共部门效益。公共部门能否很好地履行管理国家和管理社会的职责，很大程度上取决于其能力大小，而能力大小又需要通过履职绩效反映。公共部门如果能够以最小的运作成本实施管理，能够对社会资源实行最有效的利用，则说明公共部门活动取得了良好的绩效。反之，如果公共部门成本高昂、资源浪费、机构臃肿、人浮于事、效率低下以及寻租滋生等，则表明公共部门活动绩效不佳或低效甚至无能。通过对公共部门效益的评价，动态反映政策的优点与缺点，便于公共部门及时调整管理办法，优化政府行为，提升政府或公共部门的服务和成本意识，进而提高公共服务供给的质量和效率。

2. 有利于监督公共部门活动。公共部门作为政府公权力的执行者，其行为也需受到制约和监督，绩效审计通过对公共部门的效益评估，一方面可以发现其是否符合国家政策、法律法规等情况，使绩效审计起到防护性作用，另一方面也可以揭示其管理中存在的问题和薄弱环节，通过分析原因提出合理化改进建议，从而使公共部门克服缺陷，提高管理绩效，使绩效审计起到建设性作用。

3. 有利于提高政府信誉和形象。绩效评估使公共部门管理效果及资源配置相关信息进一步公开化、透明化，更有利于公共行为从"暗箱操作"到"阳光执政"的转变，有助于巩固政府或公共部门行为的合法性和合理性，控制监督行政供给行为。

（二）规范绩效审计评价体系的重要性

根据 ANAO 多年来对各领域公共部门及政府的审计评估经验来看，可以得出结论：绩效审计评价体系的规范与严谨性，不仅关系审计实施本身的可信度。同时也直接影响了绩效审计结果的质量。在程序不规范条件下得出的绩效审计结论，不利于议会决策，也会误导公众。

澳大利亚公共行动和审计联合委员会在其第 439 号报告中强调了制定一个有效绩效审计评价框架的重要性，该框架不仅更好地考虑到澳大利亚实体的多样性，同时向政府和议会提供了有意义的、可靠的业绩指标。

1. 预备研究以确定是否进行绩效审计。此项工作在正式审计前开展，通过调查或评价被审计单位的管理、运作或履职情况，确定是否需要对其开展进一步的绩效审计，如需开展则应制订相应的项目审计实施方案，方案应包括以下内容：了解被审计单位的管理及业务情况，包括目标、责任关系、资源、程序、系统及外部环境等；确定审计范围；具体审计标准；评估审计影响；明确审计时间、进度和经费预算等。

2. 有针对性地制定审计评价体系。《报告》中，ANAO 明确提出业绩评价体系的制定包括但不限于：《公共部门内部审计良好实务指南》评价标准、行业政策文件或规范、行业领域或部门制定的技术手册、审计对象对自己制定或采用的效益标准、国际同行业水平参照、确保系统有效实施的保障条件等。

3. 审计实施应具备的基本步骤。一是审计进点会的召开，向被审计公共部门进行项目开展说明，就审计事项进行沟通，给被审计单位提供发表意见和建议的机会，并与管理层建立合适的联络，明确双方的责任和义务。二是审计取证。主要通过查看、调查及信息分析取得审计证据。

（三）管理层持续关注审计成果的有效性

早在 1997 年颁布的《审计长法》中，澳大利亚就将"绩效审计"检查活动的法律地位加以明确，"审计长可以根据实际情况随时组织对联邦政府部门、事业单位和联邦所属公司及其下属单位开展绩效审计"。这样的立法不仅明确了审计长组织开展绩效审计的权威地位，也在一定程度上促进了澳大利亚绩效审计的发展，使澳大利亚绩效审计在其公共管理过程中发挥了积极作用。

在《公共治理、业绩和问责法》中规定，公共部门具有衡量、评估和报告业绩的义务，这是一项特别重要的要求。该法案要求每个联邦实体衡量和评估业绩，并每年编写一份年度业绩说明，作为其年度报告的一部分提交议会。该法案还包括在主管部长或财政部部长提出要求时对实体年度业绩报表进行审计的规定。

与此同时，ANAO 正在继续执行 2013 年度开始的"IT 溢出"计划，试点方案涉及对年度组合预算报表中公布的业绩适当性及报告信息的完整性和准确性进行审查和评估。

二、对人民银行绩效审计工作的借鉴和启示

鉴于人民银行的特殊地位和职能，在开展绩效审计时也更应注重行政行为的效率和质量。近些年，人民银行在规范绩效审计、提高审计质效方面也作出了许多有益的尝试和创新，逐步引导内审人员跳出传统的、单一追求查错纠弊的审计思维模式，开展对更广泛的经济、管理活动在经济性、效率性和效果性方面的审查，进而客观评价被审计对象的行政管理效能或履职情况。现结合澳大利亚经验内容谈几点启示。

（一）科学构建绩效审计评价体系

根据人民银行工作实际，在构建绩效评价体系时可从以下四方面进行把握：即审计对象特性决定评价指标设置；审计内容和范围决定评价指标内容和范围；审计对象业务性质和管理特点决定评价指标具体指向；评分及权重设置应科学合理、突出审计重点。一是根据人民银行法定职能和具体业务的特殊性在宏观上进行把握的同时，也可参考政府机构和商业银行内部控制管理方面的成功经验。二是微观方面在更关注合规性的同时，紧紧围绕绩效审计的"3E"标准，将绩效评价的触角向货币政策、金融稳定、征信管理、调查统计和外汇管理等方面延伸，提高对具体业务活动经济性、效率性和效果性的评估。三是根据管理水平的不同，评价指标建立的侧重点也应不同。在管理水平较低，业务真实性、安全性受到威胁时，审计重心应更多放在合规审计上；在管理逐渐规范，对资源配置有更高要求时，需要更加关注审计对象的绩效。

（二）不断优化绩效评估环境基础

绩效审计的最终目的是对各项管理活动进行效益评价，这就要求绩效审计评价具有明确的审计法律、依据和准则。近些年，人民银行总行在开展绩效审计改革的同时，也在具体领域作出了具体的制度安排，如《中国人民银行内审工作制度》《中国人民银行领导干部履职审计办法（试行）》等，但针对绩效审计而言，仍缺少一个较为系统的、规范的标准或操作强的指导性文件。另外各地区人民银行分支机构也多用专项审计替代业绩考评，影响了央行绩效审计工作的深入开展。这里可以借鉴澳大利亚政府发布的《公共部门绩效审计实务指南》，该指南为审计部门执行政务绩效审计评价提供了全面系统的载体和工具，更为绩效评估创造了较好的环境和基础，提供了评价判断的依据，使得对监管的审计不再局限于合规性审计，这也是澳大利亚绩效审计走在世界前列的一个重要原因。

（三）注重维护内审工作独立地位

借鉴澳大利亚审计模式，一是进一步健全央行内部审计机构，实行顶层设计，集中审计权，减少对审计过程的干预，保证内审人员能够客观公正地发表审计意见，以监督制约管理层行为，确保审计质量。二是加强审计公示制度的落实，在适当范围内及时公开审计结论，督促问题整改到位，尽量避免审计部门与审计对象在利益牵连、考评制约、人员联系等方面的因素干扰，增强内审独立性。三是管理层应提高对内审部门审计结果应用的重视，充分发挥内部审计作为央行治理和风险管理重要环节的作

用，倡导透明、问责、风险导向等公共治理理念，促使这些理念尽快融入各职能部门的审计监管之中。

参考文献

ANAO. The Australian Government Performance Measurement and Reporting Framework［R/OL］. Review of Auditor-Generat's Reports，2018，https：//www. anao. gov. au/work/speech/strategic-governance-risk-lessons-learnt-public-sector-audit.